भारत में व्यावसायिक विकास
एवं
वित्तीय प्रबन्ध

भारत में व्यावसायिक विकास एवं वित्तीय प्रबन्ध

डॉ. अभिषक त्रिपाठी

इशिका पब्लिशिंग हाउस
जयपुर दिल्ली

इशिका पब्लिशिंग हाउस

ए –25, "गणेश सदन", गली न. 4, आदर्श बस्ती,
बी.एल. हाउस के पास, टोंक फाटक,
जयपुर–302018 (राजस्थान) भारत
फोन : 0141-2761280, Mob. 9887532741
Email: ishikapublishinghouse@yahoo.in

दिल्ली कार्यालय : 102, प्रथम मंजिल, 'सत्यम हाउस'
4324/3, अंसारी रोड़, दरियागंज, नई दिल्ली – 110 002
फोन : 011–45652440

ISBN: 9788189471194

टाइपसेटिंग : बी.एस. कम्प्यूटर्स, जयपुर

मुद्रक : थॉमसन प्रेस, नई दिल्ली

भूमिका

बीसवीं शताब्दी के प्रारम्भ होने के पूर्व तक वित्त का अध्ययन अर्थशास्त्र के अन्तर्गत किया जाता था, परन्तु बीसवीं शताब्दी के प्रारम्भ होने के बाद छोटे उद्योगों के विलीनीकरण द्वारा बड़े उद्योगों की स्थापना होने से प्रबन्धकों के सामने बड़े उद्योगों की वित्तीय व्यवस्था करने की समस्याएँ उत्पन्न हुईं। इन समस्याओं के समाधान में वित्त विषय का विशेष योगदान होने के कारण 'वित्त' का एक पृथक् विषय के रूप में अध्ययन किया जाने लगा। अधिकांश बड़े उपक्रम, निगम पद्धति पर संगठित होने के कारण 'निगम वित्त' के नाम से अनेक पुस्तकें इस विषय पर प्रकाशित हुईं। 'निगम वित्त' नामक पुस्तकों में निगमों के प्रवर्तन, पूँजीकरण, पूँजी ढाँचे के चुनाव, प्रतिभूतियों के विपणन, वित्तीय अनुबन्धों की शर्तों आदि का विस्तृत वर्णन देखने को मिलता है। इसलिए व्यावसायिक वित्त विषय प्रारम्भ में वर्णनात्मक विषय था। विषय के प्रारम्भिक विकासकर्ताओं में ग्रीन, मीड, डेविंग, लिओन आदि के नाम विशेष रूप से उल्लेखनीय हैं। तीसा की महान मन्दी के पूर्व तक 'निगम-वित्त' में विभिन्न प्रकार की प्रतिभूतियों से वित्तीय साधन प्राप्त करने तथा वित्तीय संस्थाओं के कार्यों एवं भूमिका को अधिक महत्त्व प्रदान किया गया। बीसवीं शताब्दी के तीसरे दशक में अमेरिका के आर्थिक पटल पर रेडियो, रसायन, इस्पात, मोटरगाड़ी जैसे नवीन उद्योगों का तेजी से विकास हुआ तथा राष्ट्रीय विज्ञापन, उन्नत वितरण विधियों एवं ऊँचे लाभों का महत्त्व बढ़ गया।

वित्तीय प्रबन्ध व्यावसायिक प्रबन्ध का एक कार्यात्मक क्षेत्र है तथा यह सम्पूर्ण प्रबन्ध का ही एक भाग होता है। वित्तीय प्रबन्ध उपक्रम के वित्त तथा वित्तीय क्रियाओं के सफल तथा कुशल प्रबन्ध के लिए जिम्मेदार होता है। यह कोई उच्च कोटि की लेखांकन अथवा वित्तीय सूचना प्रणाली नहीं होता है। यह फर्म के वित्त तथा वित्त से सम्बन्धित पहलुओं पर निर्णय करने तथा नीति निर्धारित करने से सम्बन्धित क्रियाओं का समूह होता है। इसमें पूँजी, रोकड़ प्रवाह, साख, मूल्य एवं लाभ नीतियाँ, निष्पत्ति नियोजन एवं मूल्यांकन तथा बजटरी नियंत्रण नीतियाँ एवं प्रणालियाँ शामिल होती हैं। बजटरी नियंत्रण एवं प्रणालियाँ प्रमुख रूप से वित्तीय प्रबन्ध के क्षेत्र में आती हैं। परन्तु ये अन्य विभागों के सहयोग एवं सहमति के बगैर प्रभावपूर्ण ढंग से कार्यान्वित नहीं किये जा सकते हैं। सार्वजनिक उपक्रम में वित्तीय प्रबन्ध का अध्ययन करने से पूर्व यह उचित ही होगा कि हम सार्वजनिक उपक्रमों के अर्थ तथा भारत में इनके विकास

पर एक दृष्टि डालें। भारत एक विकासशील राष्ट्र है जिसमें अन्य विकासशील देशों की तरह से सार्वजनिक उपक्रमों का विकास एक अनिवार्य वास्तविकता समझा गया है। व्यापक निर्धनता, जनसंख्या विस्फोट, बेरोजगारी में निरन्तर वृद्धि, अदृश्य बेरोजगारी, अशोषित प्राकृतिक साधन, निर्बल अवसंरचना, विकास के अनुरूप सामाजिक तथा आर्थिक संस्थाओं का न होना, अत्यधिक आर्थिक एवं सामाजिक विषमता आदि अनेक ऐसी समस्याएँ हैं जिनका समाधान सार्वजनिक क्षेत्र का विस्तार करके सम्भव माना गया है।

लेखक

अनुक्रमणिका

1

भारत में व्यवसाय का मौलिक रूप एवं वित्त

वित्त व्यवसाय का मूलाधार है। कोई भी व्यवसाय वित्त के बगैर न तो प्रारम्भ किया जा सकता है और न उसका विकास सम्भव है। व्यवसाय की सफलता वित्त की पर्याप्त एवं वित्त के प्रभावपूर्ण प्रबन्ध पर निर्भर करती है। व्यक्तिगत व्यावसायिक संगठनों (एकाकी स्वामित्व एवं साझेदारी संगठनों) की वित्तीय व्यवस्था करना सरल होता है। इनका स्वरूप व्यक्तिगत होता है तथा इनकी वित्तीय आवश्यकताएँ सीमित होती हैं। परन्तु व्यावसायिक संगठनों का स्वरूप अव्यक्तिगत होने पर उनकी वित्तीय व्यवस्था करना अधिक कठिन हो जाता है। निगम उपक्रमों की वित्त व्यवस्था उनके अव्यक्तिगत स्वरूप तथा वित्त की अधिक मात्रा में आवश्यकता के कारण अत्यधिक जटिल एवं कठिन होती है। वित्तीय प्रबन्ध इन जटिलताओं एवं कठिनाइयों का समाधान करता है।

सामान्यतया वित्त के निम्न दो प्रकार बताये गये हैं—

1. सार्वजनिक वित्त (Public Finance) तथा

2. निजी वित्त (Private Finance)।

सार्वजनिक वित्त का तात्पर्य राजकीय वित्त से होता है। सार्वजनिक वित्त में इस बात का अध्ययन किया जाता है कि विभिन्न सार्वजनिक सत्ताएँ किस प्रकार अपनी वित्तीय व्यवस्था करती हैं। सार्वजनिक सत्ताओं में केन्द्रीय सरकार, राज्य सरकारें तथा स्थानीय निकाय सम्मिलित होते हैं। सार्वजनिक वित्त में यह देखा जाता है कि सार्वजनिक सत्ताएँ किस प्रकार अपनी आय प्राप्त करती हैं तथा इस आय को किस प्रकार सार्वजनिक हित में व्यय करती हैं। सार्वजनिक वित्त में सार्वजनिक ऋण को भी शामिल किया जाता है। संक्षेप में, सार्वजनिक वित्त में सार्वजनिक आय, व्यय तथा ऋण सिद्धान्तों एवं व्यवहारों का अध्ययन किया जाता है।

निजी वित्त का तात्पर्य निजी व्यक्तियों एवं संस्थाओं के वित्त से होता है। इसके अन्तर्गत इस बात का अध्ययन किया जाता है कि विभिन्न व्यक्ति तथा निजी संस्थाएँ किस प्रकार आय प्राप्त करती हैं तथा इस आय को किस प्रकार अपने उद्देश्यों की पूर्ति के लिए व्यय करती हैं। निजी वित्त को तीन उप-विभागों में बाँटा जा सकता है–वैयक्तिक वित्त (Personal Finance), व्यावसायिक वित्त (Business Finance) तथा गैर-लाभ कमाने वाली संस्थाओं का वित्त (Non-profit Earning Institutions' Finance) **वैयक्तिक वित्त** में व्यक्ति के द्वारा दैनिक कार्यों में धन के प्रबन्ध की आधारभूत बातों का अध्ययन किया जाता है। **व्यावसायिक वित्त** में लाभोपार्जन के उद्देश्य से संचालित किये जाने वाले उपक्रमों की वित्तीय व्यवस्था का अध्ययन किया जाता है। **गैर-लाभ कमाने वाली** संस्थाओं के वित्त में शैक्षिक, मूर्त तथा धार्मिक संस्थाओं के वित्त सम्बन्धी सिद्धान्तों एवं व्यवहारों का अध्ययन किया जाता है।

वित्त के उपरोक्त प्रकारों के अतिरिक्त आज वित्त के नये-नये क्षेत्र वित्त की विशिष्ट आवश्यकताओं एवं समस्याओं के समाधान हेतु विकसित हुए हैं जैसे बड़े उपक्रमों की वित्तीय व्यवस्था के लिए **संस्थागत वित्त** (Institutional Finance) का विकास हुआ है। अनेक विशिष्ट औद्योगिक वित्त संस्थाएँ इस कार्य के लिए स्थापित हुई हैं जैसे भारतीय औद्योगिक वित्त निगम, भारतीय औद्योगिक विकास बैंक, राज्य वित्त निगमें आदि। दुनियां के सभी देशों का विदेशी व्यापार तेजी से बढ़ रहा है। विदेशी व्यापार की सुगम वित्त व्यवस्था तथा जटिल प्रक्रियाओं को हल करने हेतु **अन्तर्राष्ट्रीय वित्त** (International Finance) का विकास हुआ तथा अनेक नई राष्ट्रीय या अन्तर्राष्ट्रीय संस्थाएँ वित्त की व्यवस्था हेतु स्थापित की गई हैं। विदेशी मुद्रा एवं विनिमय सम्बन्धी समस्यायें भी इसी के अन्तर्गत हल की जाती हैं।

व्यावसायिक वित्त का सम्बन्ध लाभोपार्जन के उद्देश्य से संचालित किये जाने वाले उपक्रमों की वित्तीय व्यवस्था करने से होता है। यह एक व्यापक शब्द है, जिसका वास्तविक अर्थ समझने के लिए व्यवसाय एवं वित्त शब्दों का अर्थ समझना आवश्यक है। सामान्य बोलचाल की भाषा में **व्यवसाय का अर्थ** किसी छोटी अथवा बड़ी दुकान अथवा स्टोर में वस्तुओं के बेचने से लिया जाता है। परन्तु यह व्यवसाय का बहुत संकुचित अर्थ है। व्यवसाय का विस्तृत अर्थ उन समस्त मानवीय क्रियाओं से है जो लाभके उद्देश्य से संचालित की जाती हैं और जिनके द्वारा मानवीय आवश्यकताओं की वस्तुएँ एवं सेवाएँ उत्पादित की जाती हैं। इस अर्थ में कृषि, मत्स्य-पालन, खनन, औद्योगिक, वाणिज्यिक तथा परिवहन के कार्य व्यवसाय के अन्तर्गत आते हैं। इस तरह वकालत, डॉक्टरी, नर्सिंग, लेखांकन आदि सेवाएँ व्यावसायिक क्रियाएँ हैं जिनके द्वारा मानवीय आवश्यकताओं की सन्तुष्टि होती है। **वित्त का तात्पर्य** मुद्रा से होता है तथा वित्त में इस बात का अध्ययन किया जाता है कि किस प्रकार परिवार, व्यवसायी, विनियोक्ता, सरकारें तथा वित्तीय संस्थाएँ अपनी मुद्रा का प्रबन्ध अथवा संचालन करती हैं। अत: अब हम कह सकते हैं कि **व्यावसायिक वित्त का तात्पर्य** समस्त प्रकार के व्यावसायिक संगठनों की समस्त क्रियाओं की वित्तीय व्यवस्था करना होता है। व्यावसायिक वित्त में व्यावसायिक आवश्यकताओं के लिए विभिन्न साधनों से उचित शर्तों पर वित्त प्राप्त करना तथा व्यावसायिक उद्देश्यों की पूर्ति हेतु उसका उपयोग एवं प्रबन्ध करना शामिल होता है।

व्यावसायिक वित्त का प्रादुर्भाव
(Evolution of Business Finance)

बीसवीं शताब्दी के प्रारम्भ होने के पूर्व तक वित्त का अध्ययन अर्थशास्त्र के अन्तर्गत किया जाता था, परन्तु बीसवीं शताब्दी के प्रारम्भ होने के बाद छोटे उद्योगों के विलीनीकरण द्वारा बड़े उद्योगों की स्थापना होने से प्रबन्धकों के सामने बड़े उद्योगों की वित्तीय व्यवस्था करने की समस्याएँ उत्पन्न हुईं। इन समस्याओं के समाधान में वित्त विषय का विशेष योगदान होने के कारण 'वित्त' का एक पृथक् विषय के रूप में अध्ययन किया जाने लगा। अधिकांश बड़े उपक्रम, निगम पद्धति पर संगठित होने के कारण 'निगम वित्त' के नाम से अनेक पुस्तकें इस विषय पर प्रकाशित हुईं। 'निगम वित्त' नामक पुस्तकों में निगमों के प्रवर्तन, पूँजीकरण, पूँजी ढाँचे के चुनाव, प्रतिभूतियों के विपणन, वित्तीय अनुबन्धों की शर्तों आदि का विस्तृत वर्णन देखने को मिलता है। इसलिए व्यावसायिक वित्त विषय प्रारम्भ में वर्णनात्मक विषय था। विषय के प्रारम्भिक विकासकर्ताओं में ग्रीन, मीड, डेविंग, लिओन आदि के नाम विशेष रूप

से उल्लेखनीय हैं। तीसा की महान मन्दी के पूर्व तक 'निगम-वित्त' में विभिन्न प्रकार की प्रतिभूतियों से वित्तीय साधन प्राप्त करने तथा वित्तीय संस्थाओं के कार्यों एवं भूमिका को अधिक महत्त्व प्रदान किया गया। बीसवीं शताब्दी के तीसरे दशक में अमेरिका के आर्थिक पटल पर रेडियो, रसायन, इस्पात, मोटरगाड़ी जैसे नवीन उद्योगों का तेजी से विकास हुआ तथा राष्ट्रीय विज्ञापन, उन्नत वितरण विधियों एवं ऊँचे लाभों का महत्त्व बढ़ गया।

तीसा की महान् मन्दी के परिणामस्वरूप अधिकांश व्यवसायों के सामने तरलता की विकट समस्या उत्पन्न हो गई थी। व्यवसायी लोग अपने व्यवसाय की दिन-प्रति-दिन की आवश्यकताओं की पूर्ति के लिए बैंकों तथा अन्य वित्तीय संस्थाओं से वित्त प्राप्त करने में अत्यधिक कठिनाइयाँ अनुभव करने लगे थे। इसलिए उन्हें तरलता की माँग को पूरा करने के लिए अपने निर्मित माल के स्टॉक को शीघ्र तथा अधिक मात्रा में बेचने के लिए विवश होना पड़ता था, परन्तु माल के मूल्यों में कमी के कारण उन्हें पर्याप्त वित्त उपलब्ध नहीं हो पाता था। इससे फर्मों के वित्तीय प्रबन्ध में अनेक परिवर्तन हुए। वित्तीय नियोजन एवं नियन्त्रण को अधिक महत्त्व दिया जाने लगा। मन्दी के समय वित्तीय प्रबन्धकों द्वारा व्यावसायिक संगठनों को दिवालिया तथा बन्द होने की समस्या से बचाने के लिए रक्षात्मक नीति का अनुसरण किया गया। भूतकाल की तरह से व्यावसायिक वित्त के क्षेत्र में इस दशक में भी फर्मों के जीवनकाल में घटित होने वाले वित्तीय संकटों पर ही अधिक ध्यान दिया जाता था।

द्वितीय विश्वयुद्ध के बाद उद्योगों के पुनर्गठन ने शान्तिकालीन आवश्यकताओं के लिए व्यवसाय के सामने पूँजी बाजार में बड़ी मात्रा में पूँजी प्राप्त करने की समस्याएँ उत्पन्न कीं। बीसवीं शताब्दी के इस पंचक दशक में भी वित्तीय विशेषज्ञों ने भूतकाल की तरह से उद्योगों को ऐसे वित्तीय ढाँचे को चुनने को अधिक महत्त्व प्रदान किया जो युद्धोपरान्त के समायोजनों के दबाव एवं भार को वहन कर सकें।

इस प्रकार व्यावसायिक वित्त की परम्परागत धारणा, जिसका विकास बीसवीं शताब्दी के प्रारम्भ में शुरू हुआ था, 1950 तक अत्यधिक लोकप्रिय रही। सन् 1950 के बाद अनेक नवीन परिवर्तन हुए जिनके कारण व्यावसायिक वित्त की परम्परागत विचारधारा का महत्त्व समाप्त हो गया तथा व्यावसायिक वित्त की नवीन विचारधारा का विकास हुआ। बीसवीं शताब्दी के छठे दशक में अमेरिका की अर्थव्यवस्था में एक तरफ व्यावसायिक क्रियाओं में तेजी से वृद्धि हुई तथा दूसरी तरफ निराश स्टॉक एक्सचेन्ज तथा कठोर मुद्रा बाजार की परिस्थितियाँ उत्पन्न हुईं। ऐसी स्थिति में लाभ विश्लेषण की तुलना में रोकड़ विश्लेषण को अधिक महत्त्व दिया जाने लगा। वित्तीय

विशेषज्ञों को यह दायित्व सौंपा गया कि वे फर्म के रोकड़ प्रवाहों को इस प्रकार नियन्त्रित करें जिससे फर्म अपने उद्देश्यों को सन्तोषप्रद ढंग से पूरा कर सके तथा अपने दायित्वों को देय होने पर चुका सके। अब संस्थागत तथा बाह्य वित्त की अपेक्षा फर्म के दिन-प्रति-दिन के कार्यों की वित्तीय व्यवस्था को अधिक महत्त्व प्रदान किया जाने लगा। रोकड़ पूर्वानुमान, रोकड़ बजट, प्राप्य बिलों के प्रबन्ध, क्रय विश्लेषण तथा सामग्री नियन्त्रण आदि को वित्तीय प्रबन्ध में विशेष स्थान दिया जाने लगा।

इस शताब्दी के छठे दशक में व्यावसायिक वित्त के प्रति अपनाये जाने वाले दृष्टिकोण में जो परिवर्तन दिखायी दिया था वह 1960 के बाद अधिक तेज हो गया। 1960 के बाद प्रतिष्ठित उद्योगों में लाभ के अवसर कम होने तथा मुद्रा बाजार की आसान स्थिति के कारण पूँजी को ऐसे क्षेत्रों में विनियोजित करने की समस्या उत्पन्न हुई जिसमें अधिकतम लाभ के अवसर विद्यमान हों। ऐसे समय में वित्तीय प्रबन्धकों को यह दायित्व सौंपा गया कि वे ऐसी औद्योगिक परियोजनाओं का चुनाव करें जिससे भविष्य में फर्म को अनुकूल लाभ प्राप्त हो सके। इस उद्देश्य की पूर्ति हेतु वित्तीय प्रबन्धकों द्वारा पूँजी बजट, परियोजना मूल्यांकन, पूँजी व्यय नियंत्रण जैसी नई तकनीकों का विकास किया गया। अब व्यावसायिक वित्त का अध्ययन **वर्णनात्मक** न रह कर **विश्लेषणात्मक** हो गया है तथा इस विषय का नाम 'निगम वित्त' अथवा 'व्यावसायिक वित्त' से बदल कर 'प्रबन्धकीय वित्त' अथवा 'वित्तीय प्रबन्ध' हो गया।

वित्तीय प्रबन्ध का अर्थ एवं परिभाषा

(Meaning and Definition of Financial Management)

वित्तीय प्रबन्ध व्यावसायिक प्रबन्ध का एक कार्यात्मक क्षेत्र है तथा यह सम्पूर्ण प्रबन्ध का ही एक भाग होता है। वित्तीय प्रबन्ध उपक्रम के वित्त तथा वित्तीय क्रियाओं के सफल तथा कुशल प्रबन्ध के लिए जिम्मेदार होता है। यह कोई उच्च कोटि की लेखांकन अथवा वित्तीय सूचना प्रणाली नहीं होता है। यह फर्म के वित्त तथा वित्त से सम्बन्धित पहलुओं पर निर्णय करने तथा नीति निर्धारित करने से सम्बन्धित क्रियाओं का समूह होता है। इसमें पूँजी, रोकड़ प्रवाह, साख, मूल्य एवं लाभ नीतियाँ, निष्पत्ति नियोजन एवं मूल्यांकन तथा बजटरी नियंत्रण नीतियाँ एवं प्रणालियाँ शामिल होती हैं। बजटरी नियंत्रण एवं प्रणालियाँ प्रमुख रूप से वित्तीय प्रबन्ध के क्षेत्र में आती हैं। परन्तु ये अन्य विभागों के सहयोग एवं सहमति के बगैर प्रभावपूर्ण ढंग से कार्यान्वित नहीं किये जा सकते हैं। वित्तीय प्रबन्ध उपक्रम के व्यापक हितों का प्रतिनिधित्व करता है तथा यह इनके लिए संस्था का रखवाला कुत्ता होता है। वित्तीय प्रबन्ध का अर्थ स्पष्ट करने के लिए कुछ परिभाषाओं का अध्ययन किया जा सकता है—

(i) **हॉवर्ड एवं उपटन** (Howard and Upton) के शब्दों में, "वित्तीय प्रबन्ध नियोजन तथा नियंत्रण को वित्त कार्य पर लागू करना है।"[1]

(ii) **वैस्टन एवं ब्राइगम** (Weston and Brigham) के अनुसार, "वितीय प्रबन्ध वित्तीय निर्णय लेने की वह क्रिया है जो व्यक्तिगत उद्देश्यों और उपक्रम के उद्देश्यों में समन्वय स्थापित करती है।"[2]

(iii) **जे. एल. मैसी** (J.L. Massie) "वित्तीय प्रबन्ध एक व्यवसाय की वह संचालनात्मक प्रक्रिया है जो कुशल प्रचालनों के लिए आवश्यक वित्त को प्राप्त करने तथा उसका प्रभावशाली ढंग से उपयोग करने के लिए दायी होती है।"[3]

(iv) **जे. एफ. ब्रेडले** (J.F. Bradley) के अनुसार, "वित्तीय प्रबन्ध व्यावसायिक प्रबन्ध का वह क्षेत्र है जिसका सम्बन्ध पूँजी के विवेकपूर्ण उपयोग एवं पूँजी साधनों के सतर्क चयन से है; ताकि व्यय करने वाली इकाई (फर्म) अपने उद्देश्यों की प्राप्ति की ओर बढ़ सके।"[4]

(v) **इजरा सोलोमन** (Ezra Soloman) के अनुसार, "वित्तीय प्रबन्ध का तात्पर्य एक महत्त्वपूर्ण आर्थिक स्रोत अर्थात् पूँजी कोष के कुशलतम उपयोग से होता है।"[5]

(vi) **व्हीलर** (Wheeler) के अनुसार, "वित्तीय प्रबन्ध का अर्थ उस क्रिया से होता है, जो उपक्रम के उद्देश्यों एवं वित्तीय आवश्यकताओं की पूर्ति हेतु पूँजी कोषों के संग्रहण एवं उनके प्रशासन से सम्बन्ध रखती है।"[6]

उपर्युक्त परिभाषाओं के आधार पर कहा जा सकता है–वित्तीय प्रबन्ध व्यावसायिक प्रबन्ध का एक वह क्षेत्र है जिसके अन्तर्गत व्यवसाय की वित्तीय क्रियाओं एवं वित्त कार्य का कुशल संचालन किया जाता है। इसके लिए नियोजन, आवंटन एवं नियंत्रण के कार्य किये जाते हैं।

वित्तीय प्रबन्ध की प्रकृति अथवा विशेषताएँ

(Nature or Characteristics of Financial Management)

आधुनिक विचारधारा के अनुसार वित्त कार्य व्यावसायिक प्रबन्ध में अत्यधिक महत्त्वपूर्ण है। अत: इससे वित्तीय प्रबन्धक की भूमिका भी महत्त्वपूर्ण बन गई है। आधुनिक विचारधारा के अनुसार वित्त कार्य अथवा वित्तीय प्रबन्ध की निम्न विशेषताएँ होती हैं—

1. व्यावसायिक प्रबन्ध का एक अभिन्न अंग (An indispensable organ of business management)—वित्तीय प्रबन्ध की परम्परागत विचारधारा के प्रचलन

के समय वित्तीय प्रबन्धक को व्यवसाय के प्रबन्ध में अमहत्त्वपूर्ण व्यक्ति माना जाता था, परन्तु आधुनिक व्यावसायिक प्रबन्ध में वित्तीय प्रबन्ध व्यावसायिक प्रबन्ध का एक प्रमुख अंग है तथा वित्तीय प्रबन्धक उच्च प्रबन्ध टोली के सक्रिय सदस्यों में से एक होता है। व्यवसाय की गतिविधि के साथ वित्त का प्रश्न जुड़ा हुआ है, अतः वित्तीय प्रबन्धक सभी महत्त्वपूर्ण व्यावसायिक निर्णयों में आधारभूत भूमिका निभाता है।

2. सतत् प्रक्रिया (Continuous process)—परम्परागत वित्तीय प्रबन्ध की धारणा के अन्तर्गत वित्तीय प्रबन्ध की प्रक्रिया निरन्तर नहीं चलती थी, बल्कि यह प्रक्रिया कुछ विशिष्ट घटनाओं के घटित होने पर जाग्रत होती थी तथा उनसे उत्पन्न वित्त प्राप्ति की समस्याओं के समाधान होने पर मन्द हो जाती थी। परन्तु आधुनिक विचारधारा के अनुसार वित्तीय प्रबन्ध की प्रक्रिया सतत् चलने वाली प्रक्रिया है तथा व्यवसाय की सफलता के लिए वित्तीय प्रबन्धक को निरन्तर महत्त्वपूर्ण भूमिका निभानी पड़ती है।

3. वर्णनात्मक कम तथा विश्लेषणात्मक अधिक (Less descriptive and more analytical)—परम्परागत वित्तीय प्रबन्ध वर्णनात्मक अधिक तथा विश्लेषणात्मक कम था, जबकि आधुनिक वित्तीय प्रबन्ध वर्णनात्मक कम तथा विश्लेषणात्मक अधिक है। आज वित्तीय विश्लेषण की सांख्यिकीय तथा गणितात्मक विधियाँ विकसित हो गई हैं, जिनके द्वारा किन्हीं दी हुई आन्तरिक तथा बाह्य परिस्थितियों के सन्दर्भ में सम्भावित विकल्पों में से श्रेष्ठ विकल्प को चुना जा सकता है।

4. लेखांकन कार्य से भिन्न (Different from accounting function)—बहुत-से लोग वित्त कार्य तथा लेखांकन कार्य को एक ही मानते हैं, क्योंकि दोनों में बहुत सी शर्तें एवं अभिलेख (Terms and records) एक समान ही होते हैं, परन्तु वित्त कार्य लेखांकन कार्य से भिन्न होता है। लेखांकन कार्य में वित्तीय एवं सम्बन्धित समंकों का संग्रहण किया जाता है, जबकि वित्त कार्य में इनका निर्णयों के लिए विश्लेषण एवं उपयोग किया जाता है।

5. केन्द्रीयकृत स्वभाव (Centralised nature of finance function)—आधुनिक व्यावसायिक प्रबन्ध के विभिन्न क्षेत्रों में वित्तीय प्रबन्ध का स्वभाव केन्द्रीयकृत है। जहाँ उत्पादन, विपणन तथा कर्मचारी प्रबन्ध के कार्यों का अत्यधिक विकेन्द्रीकरण सम्भव है। वहाँ वित्त कार्य का व्यावहारिक दृष्टिकोण से विकेन्द्रीकरण वांछनीय नहीं है तथा वित्त कार्य के केन्द्रीयकरण द्वारा ही व्यवसाय के उद्देश्यों को अधिक प्रभावशाली ढंग से प्राप्त किया जा सकता है।

6. व्यापक क्षेत्र (Wide scope)—वित्तीय प्रबन्ध का क्षेत्र बड़ा व्यापक है। वित्तीय प्रबन्ध का कार्य उपक्रम की अल्पकालीन तथा दीर्घकालीन वित्तीय आवश्यकताओं के लिए साधनों को प्राप्त करना, उनका आबंटन करना तथा अनुकूलतम उपयोग करना है। वित्तीय प्रबन्ध लेखांकन, अंकेक्षण, लागत लेखांकन, व्यावसायिक बजटन, रोकड़ व साख प्रबन्ध, सामग्री प्रबन्ध आदि के लिए भी उत्तरदायी होता है।

7. उच्च प्रबन्धकों के निर्णय में सहायक (Helpful in decisions of top management)—वित्तीय प्रबन्ध की आधुनिक विचारधारा के अनुसार वित्तीय प्रबन्धक उपक्रम के सर्वोच्च प्रबन्ध को निर्णय लेने में सहायता पहुँचाता है। वित्तीय प्रबन्धक उपक्रम की वित्तीय स्थिति तथा किसी अवधि विशेष के कार्यों की निष्पत्ति के सम्बन्ध में आवश्यक तथ्य, आँकड़े तथा प्रतिवेदन उच्च प्रबन्धकों को प्रस्तुत करता है जिनके आधार पर उच्च प्रबन्धक ठोस निर्णय लेते हैं। इसलिए आजकल वित्तीय प्रबन्धक अथवा नियंत्रक संचालक मण्डल का सदस्य होता है।

8. कार्य निष्पत्ति का मापक (Measurement of performance)—आधुनिक युग में व्यावसायिक उपक्रमों में विभिन्न कार्यों की निष्पत्ति (Performance) को वित्तीय परिणामों (Financial Results) में मापा जाता है। यदि एक उपक्रम पूर्व निर्धारित मात्रा में आगम प्राप्त कर सका है तथा लागतों को उचित स्तर पर रख सका है तो वह अपने लाभ उद्देश्य अथवा सम्पदा के मूल्य को अधिक करने के उद्देश्य को प्राप्त करने में सफल होता है। वित्तीय प्रबन्धक को संस्था के लिए तरलता तथा लाभदायकता के कार्यों (Liquidity and Profitability Functions) को पूरा करना होता है। इन कार्यों के लिए उसे जोखिम तथा लाभदायकता का सही विभाजन करना होता है। ऐसा करने पर ही वांछित निष्पत्ति का स्तर प्राप्त किया जा सकता है।

(9) उपक्रम के अन्य विभागों से समन्वय आवश्यक (Co-ordination with other departments of the enterprise)—एक वित्तीय प्रबन्धक उपक्रम के अन्य विभागों के सहयोग तथा समन्वय के बगैर प्रभावपूर्ण ढंग से कार्य नहीं कर सकता है। हर विभाग के कार्यों का वित्तीय परिणामों पर प्रभाव पड़ता है, अत: किसी भी एक अन्य विभाग के असहयोग की स्थिति में वांछित परिणाम प्राप्त नहीं होते हैं। वित्त कार्य का अन्य सभी कार्यों से पूर्व समन्वय आवश्यक होता है।

10. वित्तीय नियोजन, नियंत्रण एवं अनुवर्तन (Financial planning, control and follow up)—आधुनिक विचारधारा के अनुसार वित्तीय प्रबन्ध में साधनों की प्राप्ति तथा उपयोग के लिए योजना बनाना, उनके अनुसार साधन प्राप्त करना, प्रभावी उपयोग

करना, बजट के अनुसार नियंत्रण करना, विचलनों की खोज करना तथा अनुवर्तन (Feedback) द्वारा सुधारात्मक कार्य करना शामिल होता है।

11. सभी प्रकार के संगठनों पर लागू (Applicable to all types of organisations)—वित्तीय प्रबन्ध सभी प्रकार के संगठनों में लागू होता है, चाहे वे संगठन निर्माणी हों अथवा सेवा संगठन हों अथवा एकाकी स्वामित्व वाले अथवा निगमित संगठन। यह गैर-लाभकारी संगठनों की क्रियाओं पर भी लागू होता है।

वित्तीय प्रबन्ध के उद्देश्य

(Objectives of Financial Management)

एक व्यावसायिक उपक्रम में वित्तीय प्रबन्ध के उद्देश्य क्या होते हैं? यह एक महत्त्वपूर्ण प्रश्न है। संकुचित दृष्टिकोण से देखने पर कहा जा सकता है कि वित्तीय प्रबन्ध का तात्कालिक उद्देश्य उपक्रम के लिए पर्याप्त तरल एवं लाभदायक वित्त की व्यवस्था करना होता है। परन्तु विस्तृत रूप से देखने पर कहा जा सकता है कि वित्तीय प्रबन्ध का उद्देश्य फर्म के उद्देश्यों की प्राप्ति में अधिकतम सहायता पहुँचाना होता है। इस बात पर सामान्य सहमति है कि फर्म का वित्तीय उद्देश्य फर्म के स्वामियों के आर्थिक कल्याण को अधिकतम करना होना चाहिए। स्वामियों के आर्थिक कल्याण को किस प्रकार अधिकतम किया जा सकता है, इसके लिए अत्यधिक चर्चित दो आधार बताये जाते हैं, ये हैं-(i) लाभ को अधिकतम करना, तथा (ii) सम्पदा के मूल्य को अधिकतम करना। हम इन दोनों ही आधारों का अध्ययन करेंगे तथा यह स्पष्ट करेंगे कि स्वामियों के कल्याण को अधिकतम करने के लिए सम्पदा को अधिकतम करने का आधार व्यवहार में लागू करने की दृष्टि से अधिक प्रामाणिक आधार है।

लाभ को अधिकतम करना (Profit Maximisation)

परम्परागत रूप से व्यवसाय को एक आर्थिक संस्था माना गया है तथा संस्था की कुशलता को जाँचने के लिए लाभ को एक अच्छा प्रमाप माना गया है। इसलिए व्यवसाय का यह एक प्राकृतिक उद्देश्य है कि अधिकतम लाभ अर्जित करे। **लाभ को अधिकतम करने के उद्देश्य की उपयुक्तता को निम्नलिखित तर्कों के आधार पर न्यायोचित बताया जाता है—**

1. लाभ अधिकतम करना विवेक के आधार पर ठीक है (Profit maximisation is justified on the ground of rationality)—एक व्यक्ति कोई आर्थिक क्रिया विवेकपूर्ण ढंग से करता है तो उसका उद्देश्य उपयोगिता को अधिकतम करना

होता है। यह तर्क दिया जाता है कि उपयोगिता को लाभ के रूप में मापा जा सकता है। अतः विवेक के आधार पर लाभ को अधिकतम करना उचित ठहराया जा सकता है।

2. आर्थिक कुशलता का सूचक (Indicator of economic efficiency)—एक उपक्रम में लाभ उसकी आर्थिक कुशलता का सूचक होता है जबकि हानि आर्थिक अकुशलता का।

3. साधनों का कुशल आबंटन एवं उपयोग (Efficient allocation and utilisation of resources)—उपलब्ध साधनों का कुशल आबंटन एवं प्रयोग लाभ के आधार पर किया जा सकता है। वित्तीय प्रबन्ध साधनों को कम लाभदायक उपयोगों से निकाल कर अधिक लाभदायक उपयोगों में लगाता है जिससे कुशलता बढ़ती है।

4. व्यावसायिक निर्णयों की सफलता का मापक (Measurement of success of business decisions)—सभी व्यावसायिक निर्णय लाभोपार्जन के उद्देश्य को ध्यान में रखकर लिये जाते हैं, अतः यह निर्णयों की सफलता का प्रमुख मापक है। एक उपक्रम अपने उत्पादन, विक्रय तथा निष्पादन में कुशलता अर्जित करके ही लाभ अर्जित कर सकता है, प्रबन्ध का कोई कार्य अथवा निर्णय सफल हुआ अथवा नहीं, इसका मापन लाभ के आधार पर किया जा सकता है।

5. प्रेरणा का स्रोत (Source of Incentive)—लाभ व्यवसाय में प्रेरणा का एक प्रमुख स्रोत होता है। अधिक लाभ अर्जित करने के लिए एक फर्म अन्य फर्मों से अधिक कुशल बनने का प्रयत्न करती है, अतः लाभ व्यावसायिक कुशलता का आधार है। यदि व्यावसायिक उपक्रमों से लाभ की प्रेरणा समाप्त कर दी जाये तो प्रतियोगिता का अन्त हो जायेगा तथा इससे विकास एवं प्रगति की दर धीमी पड़ जायेगी।

6. सामाजिक लाभ को अधिकतम बनाना (Maximisation of social benefit)—एक फर्म अपने लाभ अधिकतम करने के उद्देश्य का पालन करके सामाजिक-आर्थिक कल्याण को अधिकतम करती है, क्योंकि फर्म लाभ अर्जित करके ही विभिन्न सामाजिक कार्यों, जैसे-शिक्षा, चिकित्सा, श्रम कल्याण, आवास, मनोरंजन आदि पर व्यय करके लोगों के कल्याण को बढ़ा सकती है।

व्यवसाय के लाभ **अधिकतम करने के उद्देश्य की पिछले वर्षों में अनेक आलोचनाएँ की गई हैं। प्रथम**—अब अनेक विद्वानों द्वारा यह माना जाता है कि एक व्यवसाय लाभ को अधिकतम करने का उद्देश्य केवल पूर्ण प्रतियोगिता की स्थिति में ही प्राप्त कर सकता है, जबकि आजकल सभी देशों में तथा सभी बाजारों में अपूर्ण

प्रतियोगिता देखने को मिलती है। अत: अपूर्ण प्रतियोगिता की दशाओं में लाभ को अधिकतम करने का उद्देश्ध्य उचित नहीं जान पड़ता है। **द्वितीय**—यह भी कहा जाता है कि जब 19वीं शताब्दी के आरम्भ में लाभ को अधिकतम करने को व्यवसाय का उद्देश्य स्वीकार किया गया, उस समय व्यवसाय के ढाँचे की विशेषताएँ स्वयं वित्त, निजी सम्पत्ति तथा एकाकी संगठन थे। एकाकी स्वामी के उद्देश्य अपनी निजी सम्पत्ति एवं शक्ति को बढ़ाना होता था जो लाभ को अधिकतम करने के उद्देश्य द्वारा सन्तुष्ट किये जा सकते थे। परन्तु आधुनिक व्यवसाय की प्रमुख विशेषताएँ सीमित दायित्व एवं प्रबन्ध तथा स्वामित्व में पृथक्करण हैं। आज व्यवसाय के लिए वित्त की व्यवस्था अंशधारियों तथा लेनदारों द्वारा की जाती है तथा उसका प्रबन्ध पेशेवर प्रबन्धकों द्वारा किया जाता है। **तृतीय**—व्यवसाय से अन्य पक्षकार ग्राहक, कर्मचारी, सरकार एवं समाज भी सम्बन्धित होते हैं। परिवर्तित व्यावसायिक ढाँचे के अन्तर्गत स्वामी प्रबन्धक का स्थान पेशेवर प्रबन्धकों ने ले लिया है, जिसे व्यवसाय से सम्बन्धित सभी पक्षों के विभिन्न टकराव वाले हितों में मेल बैठाना होता है। इस नवीन व्यावसायिक वातावरण में लाभ को अधिकतम करने का उद्देश्य अवास्तविक, कठिन तथा अनैतिक लगता है। उपर्युक्त आलोचनाओं के अतिरिक्त लाभ को अधिकतम करने का विचार व्यवसाय के स्वामियों के आर्थिक कल्याण को प्राप्त करने के आधार के रूप में भी अव्यावहारिक लगता है। इसके द्वारा वैकल्पिक कार्यों का श्रेणीबद्ध करना (Ranking of alternative courses of action) सम्भव नहीं है। **लाभ को अधिकतम करने के उद्देश्य की निम्न सीमाएँ अथवा आलोचनाएँ भी हैं**—

1. अस्पष्ट धारणा (It is vague)—लाभ की धारणा एक अस्पष्ट धारणा है। फर्म अल्पकालीन लाभ को अधिकतम करे अथवा दीर्घकालीन लाभ को? लाभ के अनेक रूप हो सकते हैं, जैसे—सकल लाभ, ब्याज एवं कर के पूर्व लाभ, कर के बाद लाभ, शुद्ध लाभ आदि। इनमें से कौनसे लाभ को अधिकतम किया जाये?

2. मुद्रा के समय मूल्य की उपेक्षा (It ignores time value of money)—लाभ को अधिकतम करने के उद्देश्य की इस आधार पर भी आलोचना की जाती है कि यह विभिन्न समय अवधियों में प्राप्त की गई लाभ की राशियों में अन्तर नहीं करता है अर्थात् यह मुद्रा के समय मूल्य को महत्त्व नहीं देता है। आज जो लाभ होता है, तथा एक साल, दो अथवा अधिक सालों बाद प्राप्त होने वाले लाभ मुद्रा के मूल्य की दृष्टि से समान नहीं हो सकते हैं। आज प्राप्त होने वाले एक रुपये का मूल्य आज से एक साल बाद प्राप्त होने वाले एक रुपये के मूल्य से निश्चित रूप से अधिक होगा। इसका कारण यह है कि आज प्राप्त होने वाले लाभ की राशि को आय अर्जित

करने के लिए पुन: विनियोग किया जा सकता है। इसे मुद्रा का समय मूल्य कहा जाता है, जिसकी इस विचारधारा द्वारा अपेक्षा की जाती है।

3. भावी क्रियाओं से लाभ के उत्कर्ष तत्त्व की उपेक्षा (It overlooks quality aspect of profit from future activities)—यह सिद्धान्त लाभ के उत्कर्ष तत्त्व (Quality aspect of profit) की ओर ध्यान नहीं देता है। किसी कार्य के करने पर प्राप्त होने वाले लाभ की निश्चितता का अंश अधिक अथवा अनिश्चितता का कम मात्रा में हो सकता है जो जोखिम की न्यून मात्रा का प्रतीक होता है, जबकि किसी कार्य में अनिश्चितता अधिक हो सकती है जो अधिक जोखिम का प्रतीक होगा। किसी कार्य के फलस्वरूप लाभ की निश्चितता अधिक परन्तु थोड़ा कम लाभ हो, इसके विपरीत लाभ की अधिकता परन्तु बहुत अधिक अनिश्चितता हो, तो पहली स्थिति को अधिक पसन्द किया जाना चाहिए। यह सिद्धान्त इस पर विचार नहीं करता है।

4. व्यवसाय के सामाजिक दायित्व की उपेक्षा (Ignores social responsibility of business)—यह विचारधारा स्वामियों के लाभ को अधिकतम करता है तथा व्यवसाय के सामाजिक दायित्व की उपेक्षा करता है। इसमें श्रमिकों, उपभोक्ताओं, सामान्य जनता व सरकार की उपेक्षा की गई है।

उपर्युक्त अध्ययन के बाद यह कहा जा सकता है कि लाभ को अधिकतम करने का उद्देश्य आज की परिवर्तित व्यावसायिक परिस्थितियों में ठीक नहीं जान पड़ता तथा इसको व्यवहार में वित्तीय निर्णयों पर लागू करना भी कठिन है।

सम्पदा के मूल्य को अधिकतम करना (Maximisation of Wealth)

अब लाभ को अधिकतम करने के स्थान पर फर्म की सम्पदा के मूल्य को अधिकतम करना व्यवसाय का मूल उद्देश्य माना जाता है, अत: वित्तीय प्रबन्ध का उद्देश्य भी फर्म की सम्पदा के मूल्य को अधिकतम करना होता है। वित्तीय प्रबन्ध को फर्म के लिए ऐसे कार्य करने चाहिए जिससे फर्म की सम्पदा का मूल्य बढ़ता है तथा ऐसे कार्य नहीं करने चाहिए जिससे सम्पदा का मूल्य कम होता है। वह कार्य अवश्य किया जाना चाहिए जिससे सम्पदा का निर्माण होता है तथा फर्म का शुद्ध मूल्य (Net worth of the firm) बढ़ता है। यदि वित्तीय प्रबन्ध के सामने एक से अधिक वैकल्पिक कार्यों में किसी एक को चुनने की समस्या हो, तो वह कार्य चुना जाना चाहिए जिससे सर्वाधिक सम्पत्ति अथवा शुद्ध मूल्य का निर्माण हो। किसी आर्थिक कार्य को करने से शुद्ध वर्तमान मूल्य (Net present value or worth) धनात्मक होता है तो उस कार्य को किया जाना चाहिए, क्योंकि इससे फर्म की सम्पदा के मूल्य में

वृद्धि होती है। किसी कार्य का शुद्ध वर्तमान मूल्य उस कार्य से प्राप्त कुल वर्तमान मूल्य में से उस कार्य में की गई प्रारम्भिक पूँजी विनियोजन की राशि को घटाने से प्राप्त हो सकता है।

सम्पदा के मूल्य को अधिकतम करने का सिद्धान्त परिवर्तित व्यावसायिक परिस्थितियों में निगमित उपक्रमों के लिए भी उपयुक्त होता है। यह सिद्धान्त सम्भावित लाभों के समय मूल्य को मान्यता देता है तथा जोखिम एवं अनिश्चितता का भी विश्लेषण करता है। इस सिद्धान्त के अनुसार विभिन्न विकल्पों में से सर्वोत्तम विकल्प का चुनाव किया जा सकता है।

जो कम्पनियाँ साधारण अंश निर्गमित करती हैं तथा जिनके अंशों का मूल्य बाजार में उद्धृत किया जाता है, उनमें अंशों के बाजार मूल्य के आधार पर यह देखा जा सकता है कि कम्पनी की सम्पत्तियों का मूल्य बढ़ रहा है अथवा नहीं। अंशों का बाजार मूल्य कम्पनी की सम्पत्तियों के मूल्य को व्यक्त करता है। कम्पनी के अंशधारियों की विनियोजित सम्पत्ति तभी बढ़ती है जब उनके अंशों के बाजार मूल्य में बढ़ोत्तरी हो। कम्पनी के अंशों का मूल्य उसके द्वारा अर्जित लाभों की मात्रा से प्रभावित होता है, परन्तु यह भी सम्भव है कि लाभ कमाने वाली कम्पनियों के अंशों के बाजार मूल्य में पर्याप्त वृद्धि न हो, क्योंकि अंशों का बाजार मूल्य कम्पनी लाभ की मात्रा के साथ-साथ उसके भावी लाभ कमाने की क्षमता, कम्पनी की लाभांश नीति, सम्पत्तियों की तरलता तथा कम्पनी की शोधन क्षमता जैसे अन्य तत्त्वों पर भी निर्भर करता है। इसीलिए दो अथवा अधिक कम्पनियों में लाभ की मात्रा समान होने पर भी उनके अंशों के बाजार मूल्यों में भिन्नता होती है। कम्पनी के अंशों का बाजार मूल्य कम्पनी की समृद्धि तथा सम्पन्नता का सूचकांक तथा प्रबन्ध की कुशलता का प्रतीक माना जाता है। इसीलिए वित्तीय प्रबन्ध का उद्देश्य उपक्रम की सम्पत्तियों के मूल्यों को अधिकतम करना होना चाहिए। निगमित उपक्रमों में यदि अंशों का मूल्य एक लम्बे समय में लगातार बढ़ रहा है तो यह कहा जा सकता है कि वित्त प्रबन्ध निगम उद्देश्यों की पूर्ति में सक्षम रहा है।

सम्पदा के मूल्य को अधिकतम करने के सिद्धान्त के निम्न लाभ हैं—

- सम्पदा मूल्य अधिकतम करना **एक स्पष्ट अवधारणा** है, इसमें भावी रोकड़ प्रवाहों का वर्तमान मूल्य लिया जाता है।
- यह सिद्धान्त **मुद्रा के समय मूल्य** पर विचार करता है जिससे रोकड़ प्रवाहों के वर्तमान मूल्य के आधार पर प्रबन्ध महत्त्वपूर्ण निर्णय ले सकता है।

- इस सिद्धान्त को सार्वभौमिक स्वीकृति प्राप्त हुई है क्योंकि यह वित्तीय संस्थाओं, स्वामियों, कर्मचारियों तथा समाज सब के हित का ध्यान रखता है।
- यह सिद्धान्त प्रबन्ध को सुदृढ़ लाभांश नीति अपनाने का निर्देशन देता है जिससे समता अंशधारियों को अधिकतम प्रत्याय प्राप्त हो।
- यह सिद्धान्त जोखिम तत्त्व को विनियोग निर्णयों में आवश्यक महत्त्व प्रदान करता है।

एक फर्म जो अपने अंशधारकों की सम्पत्ति का मूल्य अधिकतम बनाने का कार्य करती है, उसे निम्न कार्य करने चाहिए—

1. ऊँचे स्तर की जोखिमों से बचा जाये (Avoid high level of risks)—यदि फर्म के दीर्घकालीन व्यावसायिक प्रचालनों को देखा जाये तो उनमें अनावश्यक तथा अधिक मात्रा वाली जोखिमों से बचना चाहिए। अधिक जोखिमपूर्ण कार्यों की तुलना में कम जोखिमपूर्ण तथा अधिक लाभदायकता वाले क्षेत्रों को चुनना चाहिए। ऊँचे स्तर की जोखिम की क्रियाएँ फर्म के लिए बड़ी घातक सिद्ध हो सकती हैं।

2. लागत में कमी (Reduction in cost)—संस्था को एक तरफ पूँजी की लागत कम करनी चाहिए अर्थात् साधन न्यूनतम लागत पर प्राप्त किये जायें तथा द्वितीय इसे अपने कार्यचालन की लागत (Operating Cost) को कम करना चाहिए।

3. लाभांश का भुगतान (Pay dividends)—लाभांशों का भुगतान फर्म तथा अंशधारियों की आवश्यकताओं के अनुरूप होना चाहिए। फर्म के जीवन के प्रारम्भिक वर्षों में नीची दर से लाभांश दिया जाये तथा जैसे-जैसे फर्म परिपक्व हो तथा उसे विस्तार के लिए धन की कम आवश्यकता हो, वैसे-वैसे अधिक लाभांश बाँटा जाये। निरन्तर उपयुक्त मात्रा में लाभांश दिये जाने पर विनियोक्ता आकर्षित होते हैं। फर्म के अंशों का बाजार मूल्य तथा फर्म की वर्तमान सम्पदा बढ़ती है।

4. विकास अथवा वृद्धि की प्राप्ति (Seek growth)—एक फर्म को अपने वर्तमान मूल्य को अधिकतम करने के लिए अपने विक्रय तथा लाभों में वृद्धि करनी होती है। उसे विकास एवं विस्तार की योजनाएँ बनाकर लागू करनी चाहिए। कोई भी संस्था या तो विकास करती है या उसका पतन हो जाता है। इसलिए फर्म को सदैव विकास व विस्तार के लिए कार्यशील रहना चाहिए।

5. अंशों के बाजार मूल्य को बनाये रखना (To maintain market price of shares)—जो प्रबन्ध फर्म की सम्पदा के मूल्य को अधिकतम करना चाहता है, उसका कर्त्तव्य है कि वह फर्म के अंशों का बाजार में ऊँचा मूल्य बनाये रखे। वित्तीय प्रबन्धक को उपक्रम के स्वास्थ्य के साथ-साथ स्वामी-हित भी अक्षुण्ण रखना होता है।

वित्तीय प्रबन्ध का क्षेत्र अथवा कार्य

(Scope or Functions of Financial Management)

एक व्यावसायिक उपक्रम में वित्तीय प्रबन्ध को कुछ महत्त्वपूर्ण कार्य करने होते हैं, जिन्हें वित्त के कार्यों के रूप में जाना जाता है। इन्हें वित्त कार्य के क्षेत्र अथवा वित्त कार्य की विषय वस्तु के रूप में भी जाना जाता है। वित्तीय प्रबन्ध के कार्यों तथा उनके नामों के बारे में वितीय विशेषज्ञ एक मत के नहीं हैं। विंभिन्न विशेषज्ञ वित्तीय प्रबन्ध के विभिन्न कार्य बताते हैं तथा एक ही कार्य को विभिन्न विशेषज्ञ विभिन्न नामों से पुकारते हैं, उदाहरण के लिए कुछ विशेषज्ञों ने वित्तीय प्रबन्धकों द्वारा किये जाने वाले निर्णयों के अनुसार इनके कार्यों को विनियोग-निर्णय (Investment Decisions), वित्तयन निर्णय (Financing Decisions) तथा लाभांश नीति निर्णय (Dividend Policy Decisions) का नाम दिया है तथा कुछ अन्य ने वित्तीय नियोजन, सम्पत्तियों का प्रबन्ध, कोषों का संग्रहण तथा विशेष समस्या का समाधान नाम दिया है। कुछ विशेषज्ञों ने वित्तीय प्रबन्ध के कार्यों को आवर्ती वित्त कार्यों (Recurring Finance Functions), अनावर्ती वित्त कार्यों (Non-recurring Finance Functions) तथा नैत्यक कार्यों (Routine Functions) में बाँटकर इनका वर्णन किया है। हम यहाँ पर सुविधा की दृष्टि से इन तीनों प्रकार के वित्त कार्यों का वर्णन कर सकते हैं।

आवर्ती वित्त कार्य (Recurring Finance Functions)

आवर्ती वित्त कार्य वे होते हैं जो फर्म के कुशल संचालन तथा फर्म के उद्देश्य की पूर्ति हेतु निरन्तर पूरे किये जाते हैं। कोषों का नियोजन एवं संग्रहण, कोषों एवं आय का आबंटन, कोषों का नियंत्रण तथा वित्त कार्य का संस्था के अन्य कार्यों से समन्वय आवर्ती वित्त कार्य माने जाते हैं। आवर्ती वित्त कार्यों का संक्षिप्त वर्णन निम्न प्रकार है—

1. कोषों का नियोजन (Planning for Funds)—एक वित्तीय प्रबन्धक का सर्वप्रथम कार्य व्यवसाय के लिए चाहे, वह नया हो अथवा पुराना, एक सुदृढ़ वित्तीय योजना तैयार करना होता है। वित्तीय योजना का तात्पर्य उस योजना से होता है जिसके

द्वारा व्यवसाय के वित्तीय कार्यों का अग्रिम निर्धारण किया जाता है। फर्म की वित्तीय योजना का निर्धारण इस प्रकार किया जाना चाहिए जिससे फर्म के कोषों का समुचित उपयोग हो सके तथा उनकी तनिक-सी भी बर्बादी न हो। वित्तीय योजना के निर्माण के लिए फर्म के दीर्घकालीन तथा अल्पकालीन वित्तीय उद्देश्यों का निर्धारण करना होता है। इन उद्देश्यों की पूर्ति के लिए विभिन्न वित्तीय नीतियों एवं व्यवहारों की रचना की जाती है। **वित्तीय नियोजन के लिए निम्न नीतियों का निर्माण किया जाता है—**

(अ) पूँजी की मात्रा तथा अवधि को निर्धारित करने वाली नीतियाँ;

(ब) पूँजीकरण को निर्धारित करने वाली नीतियाँ;

(स) कोष प्राप्त करने के लिए विभिन्न स्रोतों के चुनाव को निर्धरित करने वाली नीतियाँ;

(द) स्थायी तथा चालू सम्पत्तियों के विनियोजन से सम्बन्धित नीतियाँ; तथा

(य) आय के निर्धारण एवं वितरण के सम्बन्ध में नीतियाँ।

2. कोषों का संग्रहण (Raising of Funds)—वित्तीय प्रबन्धक को वित्तीय योजना के निर्माण के बाद उसमें निर्धारित साधनों से कोषों का संग्रहण करना आवश्यक है। व्यवसाय की स्थापना के समय दीर्घकालीन कोषों की प्राप्ति के लिए अंशों का निर्गमन किया जाता है तथा इसके लिए अभिगोपकों की सेवाओं का प्रयोग किया जाता है। पूर्व-स्थापित प्रतिष्ठित उपक्रम की स्थिति में वित्तीय प्रबन्धक को यह निर्णय लेना होता है कि दीर्घकालीन वित्तीय साधन अंशों के निर्गमन से प्राप्त किये जायें अथवा ऋणपत्रों द्वारा अथवा दोनों से। **वित्तीय प्रबन्धक यह निर्णय उपक्रम की लाभदायकता, वर्तमान वित्तीय स्थिति, पूँजी एवं मुद्रा बाजार की स्थिति, वित्तीय संस्थाओं की सहायता करने की नीति आदि बातों को ध्यान में रखकर कर सकता है।** वित्तीय प्रबन्धक को विभिन्न स्रोतों से पूँजी प्राप्त करने के वित्तीय परिणामों पर विचार करके दी हुई परिस्थितियों में श्रेष्ठ साधन का चुनाव करना चाहिए तथा उस साधन से अनुकूलतम शर्तों पर वित्त प्राप्त करना चाहिए। वित्तीय प्रबन्धक को चुने गये स्रोत से वित्त प्राप्त करने के लिए आवश्यक समझौता करना चाहिए।

3. कोषों का आबंटन (Allocation of Resources)—वित्तीय प्रबन्धक का एक अन्य महत्त्वपूर्ण कार्य विभिन्न सम्पत्तियों में साधनों का आबंटन करना होता है। **साधनों के आबंटनों में प्रतियोगी प्रयोगों, लाभदायकता, अनिवार्यता, सम्पत्तियों के प्रबन्ध तथा फर्म के समग्र प्रबन्ध को ध्यान में रखा जाना चाहिए।** यद्यपि स्थायी

सम्पत्तियों का प्रबन्ध करने की जिम्मेदारी वित्तीय प्रबन्धक की नहीं होती है परन्तु उसे उत्पादन प्रबन्धक को स्थायी सम्पत्तियों की व्यवस्था करने में सहायता पहुँचानी चाहिए। वित्तीय प्रबन्ध ही उत्पादन प्रबन्धक को पूँजी परियोजनाओं के विश्लेषण तथा फर्म के पास उपलब्ध पूँजी की जानकारी देता है। वित्तीय प्रबन्धक रोकड़, प्राप्यों तथा सामग्री के कुशल प्रशासन के लिए जिम्मेदार होता है। वित्तीय प्रबन्धक को चालू सम्पत्तियों में कोषों का विनियोजन करते समय लाभदायकता तथा तरलता में उचित समायोजन करना होता है।

4. आय का आबंटन (Allocation of Income)—वित्तीय प्रबन्धक को ही फर्म की वार्षिक आय विभिन्न प्रयोगों में आबंटित करनी होती है। फर्म की आय को विस्तार कार्यों के लिए रोका जा सकता है अथवा इसे देय ऋणों के भुगतान के लिए प्रयुक्त किया जा सकता है अथवा इसे मालिकों को लाभांश के रूप में वितरित किया जा सकता है। **इस सम्बन्ध में निर्णय फर्म की वित्तीय स्थिति, वर्तमान तथा भावी नगदी आवश्यकताओं एवं अंशधारियों की रुचि के अनुसार लिये जाते हैं।**

5. कोषों का नियंत्रण (Control of Funds)—वित्तीय प्रबन्धक का एक अन्य महत्त्वपूर्ण कार्य साधनों के प्रयोग को नियन्त्रित करना है। इस कार्य के लिए वित्तीय निष्पादन प्रमाप निर्धारित किया जाता है तथा उनके सन्दर्भ में वास्तविक निष्पादन की जाँच करके विचलनों को ज्ञात किया है। यदि ज्ञात विचलन सह्य सीमा (Tolerance Limit) के बाहर होते हैं तो वहाँ शीघ्र सुधारात्मक कार्यवाही की जाती है। कोषों का नियन्त्रण कार्य कोषों की कमी के समय अधिक महत्त्वपूर्ण बन जाता है।

6. फर्म के अन्य विभागों से समन्वय (Co-ordination with other Departments of the Firm)—किसी भी उपक्रम की सफलता उपक्रम के विभिन्न विभागों के कार्यों में पाये जाने वाले समन्वय पर निर्भर करती है। वित्त कार्य व्यवसाय के प्रत्येक कार्य को प्रभावित करता है, अत: वित्त विभाग तथा अन्य विभागों में अच्छा समन्वय होना चाहिए। वित्तीय प्रबन्धक का यह दायित्व है कि वह फर्म में लिये गये विभिन्न निर्णयों में इस प्रकार का समन्वय स्थापित करे कि जिससे उनमें एकरूपता हो तथा वित्तीय उद्देश्यों की पूर्ति हो तथा वित्तीय साधनों की बाधाएँ कार्यों को विपरीत रूप से कम से कम प्रभावित करें।

2. अनावर्ती वित्त कार्य (Non-Recurring Finance Functions)

अनावर्ती वित्त कार्य वे कार्य होते हैं जो एक वित्तीय प्रबन्धक को यदा-कदा सम्पन्न करने होते हैं। कम्पनी के प्रवर्तन के समय वित्तीय योजना का निर्माण, संविलयन

के समय सम्पत्तियों का मूल्यांकन, तरलता के अभाव के समय पुनर्समायोजन का कार्य आदि अनावर्ती वित्त कार्यों के कुछ उदाहरण हैं। इन विशिष्ट घटनाओं के घटने के समय उत्पन्न होने वाली वित्तीय समस्याओं के समाधान के कार्य वित्तीय प्रबन्ध को ही करने होते हैं।

3. नैत्यक कार्य अथवा दैनिक कार्य (Routine Functions)

इस वर्ग में वे कार्य शामिल किये जाते हैं जो नैत्यक प्रवृत्ति अथवा दैनिक प्रवृत्ति के होते हैं। ये कार्य प्रतिदिन निम्नस्तरीय कर्मचारियों जैसे—लेखाकार, रोकड़िया, लिपिक आदि द्वारा किये जाते हैं। सामान्यत: इनमें निम्नलिखित कार्यों को शामिल किया जाता है—

(i) रोकड़ प्राप्ति एवं उसके वितरण का पर्यवेक्षण।

(ii) रोकड़ शेषों को व्यवस्थित व सुरक्षित रखना।

(iii) प्रत्येक व्यवहार का लेखा करके लेखों को सुरक्षित रखना।

(iv) उधार के व्यवहारों का प्रबन्ध करना।

(v) प्रतिभूतियों व महत्त्वपूर्ण प्रलेखों की सुरक्षा करना।

(vi) पेन्शन व कल्याण योजनाओं का प्रशासन

(vii) शीर्ष प्रबन्ध को सूचनाएँ भोजना।

(viii) राजकीय नियमों का पालन करना।

वित्तीय प्रबन्ध का महत्त्व
(Importance of Financial Management)

व्यावसायिक संगठनों में वित्तीय प्रबन्ध का महत्त्व पिछले 50-60 वर्षों में अत्यधिक बढ़ गया है। द्वितीय विश्वयुद्ध के पूर्व तक प्रबन्ध की परम्परागत विचारधारा के अन्तर्गत वित्तीय प्रबन्ध का कार्य संस्था के लिए उचित शर्तों पर पूँजी प्राप्त करना था। परन्तु आधुनिक विचारधारा के अनुसार वित्तीय प्रबन्ध का कार्य केवल पूँजी प्राप्त करना ही नहीं है, बल्कि व्यवसाय में पूँजी का अनुकूलतम उपयोग करना भी है। साधारण व्यावसायिक संगठनों में वित्तीय प्रबन्ध का कार्य बड़ा सरल होता है, परन्तु निगमित व्यवसायों में वित्तीय प्रबन्ध का कार्य बड़ा कठिन होता है। आज उद्योग, व्यापार, बैंकिंग, बीमा, परिवहन आदि सभी क्षेत्रों में निगमित उपक्रमों का महत्त्व बढ़

रहा है। निगमित उपक्रमों के प्रबन्ध में सभी अंशधारी प्रत्यक्ष रूप से भाग नहीं ले सकते हैं, अतः इनका संचालन सामान्य अंशधारियों द्वारा चुने गये संचालक मण्डल द्वारा किया जाता है। संचालक मण्डल के निर्देशन में प्रबन्धकीय विशेषज्ञ निगमों के विभिन्न कार्यों को पूरा करते हैं। निगमों के सफल संचालन में वित्तीय प्रबन्ध का महत्त्वपूर्ण योगदान होता है। अंशधारी, संचालक तथा प्रबन्धक वित्तीय प्रबन्ध के बारे में जानकारी रखते हैं तो वे निगम के कार्यों को सही दिशा दे सकते हैं तथा निगम के उद्देश्यों की प्राप्ति में सहायक हो सकते हैं। वित्तीय प्रबन्ध का महत्त्व निगमित उपक्रमों के लिए ही नहीं बल्कि गैर-निगमित उपक्रमों के लिए भी बहुत होता है।

वित्त आधुनिक औद्योगिक व्यवस्था का जीवन रक्त है। यह समस्त क्रियाओं का आधार है। इसके अभाव में न तो उपक्रम को आरम्भ किया जा सकता है और न ही उसे सफलतापूर्वक संचालित किया जा सकता है। आवश्यकतानुसार पर्याप्त वित्त की व्यवस्था व्यावसायिक सफलता का मूल-मन्त्र है। किसी भी व्यापार एवं उद्योग को चाहे वह बड़े पैमाने पर हो या छोटे पैमाने पर, प्रारम्भ करने एवं उसके भावी विस्तार के लिए पर्याप्त वित्त की आवश्यकता होती है। वर्तमान समय में देश की औद्योगिक उन्नति वित्त प्रबन्ध पर ही निर्भर है। वित प्रबन्ध की उचित व्यवस्था के अभाव में अनेक औद्योगिक विकास की योजनाएँ मात्र कागजी योजनाएँ बनकर रह जाती हैं। जिस प्रकार एक इंजिन को चलाने के लिए कोयले अथवा बिजली की आवश्यकता होती है उसी प्रकार प्रत्येक व्यापार एवं उद्योग को स्थापित करने तथा चलाने के लिए वित्तीय प्रबन्ध की आवश्यकता होती है। **हसबैंड एवं डोकरे** के अनुसार—''विभिन्न आर्थिक एवं व्यावसायिक गतिविधियों को एक सूत्र में बाँधने के लिए वित्तीय प्रबन्ध की आवश्यकता होती है।'' **प्रो. सोलेमन** ने भी वित्तीय प्रबन्ध का अर्थ बताते हुए लिखा है कि, ''वित्तीय प्रबन्ध आज केवल वित्तीय साधन संकलित करने की एक विशेषज्ञ क्रिया मात्र नहीं है, अपितु सम्पूर्ण प्रबन्धकीय विज्ञान का एक अभिन्न अंग बन गया है-वित्तीय संसाधन एकत्रित करने के साथ-साथ वित्तीय प्रबन्ध उत्पादन, विपणन और उपक्रम में प्रत्येक निर्णयात्मक क्रिया से प्रत्यक्ष रूप से सम्बन्धित रहता है।''

वित्त एक ऐसी धुरी है, जिसके आस-पास समस्त व्यावसायिक क्रियायें चक्कर लगाती हैं। इसके सफल प्रबन्ध में समस्त वर्गों तथा पूरी फर्म का जीवन, विकास तथा कल्याण निर्भर है। वित्त प्रबन्ध का कार्य एक कुशल, विशेषज्ञ, अनुभवी, निष्ठावान तथा उत्तरदायी व्यक्ति को सौंपा जाना चाहिए। वित्तीय प्रबन्ध के महत्त्व अथवा इसकी उपयोगिता को निम्न शीर्षकों में देखा जा सकता है—

1. उपक्रम की सफलता का आधार (Basis of Sucess of the Enterprise)—चाहे वह उपक्रम छोटा हो अथवा बड़ा, चाहे उपक्रम निगमित हो अथवा गैर निगमित, चाहे उपक्रम निर्माणी हो अथवा सेवा संस्थान, उसकी सफलता वित्तीय प्रबन्ध की कुशलता पर निर्भर करती है। कुशल वित्तीय प्रबन्ध हानि में चलने वाले उपक्रम को लाभ में बदल सकता है तथा अकुशल वित्तीय प्रबन्ध लाभ में चलने वाले उपक्रम को बर्बाद कर सकता है, अत: उपक्रम की सफलता वित्तीय प्रबन्ध पर निर्भर करती है।

2. साधनों का अनुकूलतम आबंटन एवं उपयोग (Optimum Allocation and Utilisation of Resources)—एक कुशल वित्तीय प्रबन्धक उपक्रम के उपलब्ध साधनों का अनुकूलतम आबंटन एवं उपयोग सम्भव बनाता है, तथा इस कार्य के द्वारा फर्म के सम्पदा मूल्य को अधिक बनाने में सहायक होता है।

3. निर्णय का केन्द्र बिन्दु (Central focal point of decision making)—व्यवसाय में पहले प्रबन्धकों द्वारा (Intuition) तथा अनुभव के आधार पर निर्णय लिये जाते थे, परन्तु आज अधिकांश निर्णय वित्तीय विश्लेषण एवं तुलना के आधार पर लिये जाते हैं। सभी निर्णयों के वित्तीय प्रभावों को पूर्वानुमानित करके ही उचित निर्णय लिये जाते हैं।

4. कार्य निष्पति एवं कुशलता का मापन (Measurement of performance and efficiency)—उपक्रम में जो कुछ कार्य होता है अन्तिम रूप से उसका मापन एवं उसकी कुशलता वित्तीय आधार पर जाँची जाती है। इस जाँच के लिए वित्तीय प्रबन्ध में अनेक तकनीकों का विकास हुआ है।

5. नियोजन, समन्वय एवं नियंत्रण का आधार (Basis of planning, co-ordination and control)—वित्तीय प्रबन्ध उपक्रम में नियोजन, समन्वय तथा नियंत्रण का आधार प्रस्तुत करता है। वित्तीय पूर्वानुमानों के आधार पर योजना बनाई जाती है जिसमें सभी विभागों के कार्यों को समन्वित किया जाता है तथा विभिन्न विभागों के कार्य-कलापों पर बजटरी नियंत्रण लागू किया जाता है।

6. राष्ट्रीय महत्त्व (National Importance)—भारत जैसे विकासशील देशों में विभिन्न विकास कार्यों पर करोड़ों रुपयों का विनियोग किया जाता है। इस विनियोग की कुशलता द्वारा राष्ट्रीय विकास की दर ऊँची की जा सकती है। सार्वजनिक विनियोग का अकुशल प्रबन्ध हमारी गरीबी का एक कारण है।

7. व्यावसायिक प्रबन्धकों के लिए उपयोगिता (Usefull for Business Managers)—वित्तीय प्रबन्ध विषय की सर्वाधिक उपयोगिता व्यावसायिक प्रबन्ध के

क्षेत्र में होती है। निगमों में जनता की पूँजी विनियोजित होती है। प्रबन्धक जनता की पूँजी के प्रन्यासी होते हैं। यह उनका दायित्व है कि वे जनता के विभिन्न वर्गों द्वारा विनियोजित पूँजी को सुरक्षा प्रदान करें तथा उस पर उचित प्रत्याय की व्यवस्था करें। ऐसा तब ही हो सकता है जब व्यावसायिक प्रबन्ध वित्तीय प्रबन्ध के सिद्धान्तों से पूर्ण रूप से परिचित हों तथा संस्था के लिए प्रभावपूर्ण वित्तीय नीति का निर्धारण कर सकें।

8. अंशधारियों के लिए उपयोगिता (Useful for Shareholders)—कम्पनी तथा निगमन के वास्तविक स्वामी अंशधारी होते हैं। इनकी संख्या अधिक होने के कारण ये प्रबन्ध में प्रत्यक्ष रूप से भाग नहीं ले सकते हैं। प्रबन्ध का कार्य इनके द्वारा चुने गये संचालकों को सौंप दिया जाता है। संचालक मण्डल अंशधारियों के हित में कार्य करते हैं अथवा नहीं, इसको देखना अंशधारियों का कार्य है। यदि अंशधारी वित्तीय प्रबन्ध विषय का पर्याप्त ज्ञान रखते हैं तो वे कम्पनी की आर्थिक स्थिति का सही मूल्यांकन कर सकते हैं तथा कम्पनी की वार्षिक सभाओं में अच्छे सुझाव दे सकते हैं। यदि संचालक अंशधारियों के हितों के विरुद्ध कार्य करते हैं तो अंशधारी उन्हें उचित वित्तीय नीति अपनाने के लिए बाध्य कर सकते हैं।

9. विनियोक्ताओं के लिए उपयोगिता (Useful for Investors)—देश के बहुत से विनियोक्ता बचत करके अपनी बचतों को कम्पनियों के अंशों में विनियोजित करते हैं। भारत में विनियोग बैंकों का अभाव होने के कारण विनियोक्ताओं को प्रतिभूति विक्रेताओं एवं दलालों पर निर्भर रहना पड़ता है। वे लोग विनियोक्ताओं को सही सलाह नहीं दे सकते हैं। यदि विनियोक्ता स्वयं वित्तीय प्रबन्ध के सिद्धान्तों एवं व्यवहार से परिचित हों तो वे स्वयं यह निर्णय कर सकते हैं कि उन्हें कौन-सी कम्पनी की प्रतिभूतियों में विनियोग करना चाहिए जिससे उन्हें पर्याप्त लाभ प्राप्त हो सके।

10. वित्तीय संस्थाओं के लिए उपयोगिता (Useful for Financial Institutions)—विभिन्न वित्तीय संस्थाओं जैसे—विनियोग बैंकों, व्यापारिक बैंकों, अभिगोपकों, प्रन्यास कम्पनियों, स्वीकृति गृहों, बट्टा गृहों आदि के व्यवस्थापकों को वित्तीय प्रबन्ध का विस्तृत ज्ञान होना चाहिए। इन संस्थाओं के प्रबन्धकों को विषय का पूर्ण ज्ञान न होने पर वे गलत कम्पनियों को अधिक उधार दे सकते हैं अथवा खराब प्रतिभूतियों में विनियोजन कर सकते हैं अथवा गलत अभिगोपन द्वारा अनावश्यक हानि उठाने के लिए बाध्य हो सकते हैं। इसीलिए वित्तीय संस्थाओं में वित्तीय विशेषज्ञों को नियुक्त किया जाता है।

11. अन्य व्यक्तियों के लिए उपयोगिता (Useful for Others)—वित्तीय प्रबन्ध, विषय का ज्ञान समाज के विभिन्न व्यक्तियों के लिए लाभदायी होता है। राजनीतिज्ञ, अर्थशास्त्री, समाजशास्त्री, वाणिज्य एवं प्रबन्ध विषय के विद्यार्थी इससे लाभान्वित होते हैं। भारत में स्वतन्त्रता प्राप्ति के बाद विभिन्न पंचवर्षीय योजनाओं में भारी मात्रा में सरकारी उपक्रमों में विनियोग किया गया है। इस विनियोग की सफलता वित्तीय प्रबन्ध की प्रभावशीलता पर ही निर्भर करती है। भारत में सरकारी उद्यमों की अकुशलता के कारण करोड़ों रुपयों की पूँजी पर उचित एवं पर्याप्त लाभ प्राप्त नहीं हो रहा है। इस स्थिति को वित्तीय प्रबन्ध के आधुनिक सिद्धान्तों एवं व्यवहारों के उपयोग द्वारा ही ठीक किया जा सकता है।

वित्त कार्य का संगठन

(Organisation of Finance Function)

सभी व्यावसायिक संस्थाओं में वित्त कार्य समान रूप से लागू होता है, परन्तु वित्त कार्य का संगठन एक उपक्रम से दूसरे उपक्रम में भिन्न होता है। वित्त कार्य का संगठन फर्म की प्रकृति, आकार, परम्परा तथा अन्य विशेषताओं पर निर्भर करता है। उदाहरण के तौर पर एक छोटे उपक्रम में वित्त कार्य के लिए अलग से किसी वित्त अधिकारी की नियुक्ति नहीं की जाती है, बल्कि स्वामी स्वयं ही समस्त वित्त कार्यों को सम्पन्न करता है। वही उपक्रम की आवश्यकताओं का अनुमान लगाकर रोकड़ बजट बनाता है तथा उपक्रम के लिए आवश्यक कोषों की व्यवस्था करता है। ऐसे छोटे उपक्रमों में स्वामी ही समस्त प्राप्तियों एवं भुगतानों को देखता है, साख-सुविधाएँ प्रदान करता हे, प्राप्य बिलों की वसूली करता है, नगदी का प्रबन्ध करता है तथा अतिरिक्त कोषों की व्यवस्था करता है। ऐसे उपक्रमों में वित्त कार्य का कोई व्यवस्थित संगठन नहीं होता है, बल्कि वित्त कार्य उत्पादन तथा विपणन के साथ संलग्न रहता है। परन्तु उपक्रम के आकार में विस्तार होने पर वित्त कार्य में विशिष्टीकरण बढ़ता है तथा इस कार्य की व्यवस्था के लिए अलग से विशेषज्ञों की सेवाएँ प्राप्त की जाती हैं। मध्यम आकार के व्यावसायिक संगठन में वित्त कार्य को सम्पन्न करने के लिए वरिष्ठ प्रबन्धक, जिसे वित्तीय नियंत्रक, संचालक, वित्त प्रबन्धक अथवा कोषाध्यक्ष के नाम से पुकारा जाता है, नियुक्त किया जाता है। यही व्यक्ति साख वसूलियों, लेखांकन, विनियोग तथा अंकेक्षण कार्यों को देखता है। वार्षिक रिपोर्ट भी इसी व्यक्ति द्वारा तैयार की जाती है। वह संचालक मण्डल से प्रत्यक्ष रूप से सम्बद्ध होता है। निर्णयन में उसकी भूमिका उसकी स्वयं की योग्यता तथा संचालक मण्डल में उसकी पहुँच पर निर्भर करती है।

बड़े व्यावसायिक उपक्रमों में वित्त प्रबन्धक अथवा अधिकारी की स्थिति अत्यधिक महत्त्वपूर्ण होती है। सामान्यतया वह कम्पनी के शीर्ष प्रबन्ध टोली का सदस्य होता है। उसका पद वित्त संचालक अथवा उपाध्यक्ष वित्त अथवा वित्त प्रबन्धक के नाम से जाना जाता है। बड़ी कम्पनियों अथवा निगमों में वित्तीय कार्यों में भी अत्यधिक विशिष्टीकरण हो चला है। वित्त प्रबन्धक के लिए यह सम्भव नहीं है कि वह स्वयं समस्त वित्तीय कार्यों को सम्पन्न करे तथा सभी अधिकारियों से सम्पर्क रख सकें। अत: वित्त कार्य को दो उपविभागों में बाँट दिया जाता है जो क्रमश: वित्त (Finance) तथा वित्तीय नियंत्रण (Financial Control) होते हैं, जिनकी व्यवस्था के लिए वित्त प्रबन्धक के नियंत्रण में कोषाध्यक्ष (Treasurer) और वित्त नियंत्रक (Financial Controller) की नियुक्ति की जाती है। इनमें से प्रत्येक के अधीन भी अनेक उप-विभाग होते हैं।

बहुत बड़े निगमों में वित्तीय नियोजन एवं नियंत्रण के कार्यों को बहुत अधिक महत्त्वपूर्ण माना जाता है। ऐसी स्थिति में वित्त कार्य प्रबन्ध संचालक पर ही नहीं छोड़ा जाता है बल्कि संचालक मण्डल तथा प्रबन्ध संचालक के मध्य एक **वित्तीय समिति** नियुक्त की जाती है, जिसमें कुछ संचालकों के प्रतिनिधि तथा विभिन्न विभागाध्यक्षों अथवा प्रबन्धकों को रखा जाता है। इस समिति की अध्यक्षता प्राय: प्रबन्ध संचालक करता है। वित्त समिति का कार्य संचालक मण्डल को वित्तीय नियोजन एवं नियंत्रण के लिए सलाह देना होता है।

▣▣▣

2

व्यवसाय और वित्त

एक व्यवसाय की स्थापना करने से पूर्व उद्यमी को विभिन्न पहलुओं पर विचार करना होता है। ये पहलू व्यवसाय के स्थल के चुनाव, उत्पादन प्रक्रिया के चुनाव, कच्चे माल की उपलब्धि तथा वित्त की पर्याप्तता आदि से सम्बन्धित होते हैं। इन सभी पहलुओं में व्यावसायिक वित्त का पहलू सबसे अधिक महत्त्वपूर्ण है। एक व्यवसाय की स्थापना के विचार के जन्म लेने से लेकर उसके प्रवर्तन, संचालन, विकास, विस्तार तथा समापन सभी परिस्थितियों में वित्त का विशेष महत्त्व है। एक व्यवसाय के लिए सदैव ही पर्याप्त व्यावसायिक वित्त उपलब्ध होना चाहिए अन्यथा वह कुशलतापूर्वक नहीं चल सकता है। व्यावसायिक वित्त की समुचित व्यवस्था करने के लिए ठोस वित्तीय नियोजन आवश्यक है।

वित्तीय नियोजन का अर्थ

(Meaning of Financial Planning)

वित्तीय नियोजन के अर्थ के सम्बन्ध में विभिन्न विद्वानों के विचारों में भिन्नता पाई जाती है। वित्तीय नियोजन के सम्बन्ध में विभिन्न विद्वानों के विचारों को दो वर्गों में विभाजित किया जा सकता है—

(i) संकीर्ण अर्थ में वित्तीय नियोजन, तथा

(ii) विस्तृत अर्थ में वित्तीय नियोजन।

(i) संकीर्ण अर्थ में वित्तीय नियोजन—इस अर्थ में वितीय नियोजन का तात्पर्य संस्था के लिए आवश्यक पूँजी के पूर्वानुमान से लगाया जाता है। इस विचार के समर्थकों के अनुसार वित्तीय नियोजन का तात्पर्य संस्था की पूँजी संरचना (Capital structure) निश्चित करने से होता है। अर्थात् संस्था पूँजी का कितना भाग अंश पूँजी से तथा कितना भाग ऋण पूँजी से प्राप्त करे। यह विचारधारा त्रुटिपूर्ण है, क्योंकि यह वित्तीय नियोजन के केवल एक पक्ष पर विचार करती है कि संस्था अपनी पूँजी किन साधनों से प्राप्त करे। यह विचार संकीर्ण भी है, क्योंकि इसके द्वारा संस्था की वित्त सम्बन्धी समस्त समस्याओं का अध्ययन एवं विश्लेषण सम्भव नहीं है।

(ii) विस्तृत अर्थ में वित्तीय नियोजन—विस्तृत अर्थ में वित्तीय नियोजन का तात्पर्य व्यवसाय के लिए वित्तीय उद्देश्यों का निर्धारण, वित्तीय नीतियों का निर्माण तथा वित्तीय प्रविधियों का विकास करना है। इस अर्थ में वित्तीय नियोजन के अन्तर्गत फर्म के लिए आवश्यक साधनों का अनुमान लगाने, उनको प्राप्त करने के लिए विभिन्न साधनों का चुनाव करने तथा वित्तीय नीतियों के निर्धारण एवं लागू करने को शामिल किया जाता है। **आर्थर एस. डेविंग** के मतानुसार वित्तीय नियोजन में निम्न तीन बातें सम्मिलित की जाती हैं—

(i) पूँजीकरण (Capitalisation)—पूँजी की आवश्यक मात्रा का अनुमान लगाना;

(ii) पूँजी संरचना (Capital Structure)—पूँजी के विभिन्न स्रोत निश्चित करना तथा पूँजी में विभिन्न प्रतिभूतियों का पारस्परिक अनुपात निश्चित करना; तथा

(iii) पूँजी का प्रबन्ध (Management of Capital)—यह देखना कि पूँजी का लाभप्रद एवं उचित ढंग से प्रयोग हो रहा है।

डेविंग की वित्तीय नियोजन की उपरोक्त धारणा काफी उचित है, परन्तु यह वित्तीय नियोजन के स्वभाव व कार्य-क्षेत्र को स्पष्ट नहीं करती है। इस सम्बन्ध में **वाकर एवं बॉघन** की परिभाषा अधिक उपयुक्त है। उनके शब्दों में, "वित्तीय नियोजन वित्त कार्य से सम्बन्धित है, जिसमें फर्म के वित्तीय लक्ष्यों का निर्धारण, वित्तीय नीतियों का निर्माण एवं अनुमान तथा वित्तीय प्रविधियों का विकास सम्मिलित है।"[1]

विस्तृत अर्थ में वित्तीय नियोजन में निम्न बातें सम्मिलित होती हैं—

(1) वित्तीय लक्ष्यों का निर्धारण (Determining Financial Objectives)—वित्तीय योजना का पहला तत्त्व फर्म के दीर्घकालीन तथा अल्पकालीन वित्तीय लक्ष्यों का निर्धारण करना होता है। वित्तीय लक्ष्यों के निर्धारण में वित्त कार्य में संलग्न व्यक्तियों को दिशा-निर्देश मिलता रहता है। फर्म का दीर्घकालीन वित्तीय लक्ष्य उसके उत्पादक साधनों का अधिकतम तथा मितव्ययी उपयोग करना होना चाहिए जिससे फर्म की सम्पत्तियों का मूल्य अधिकतम हो सके तथा फर्म का अल्पकालीन वित्तीय उद्देश्य फर्म की प्रत्येक प्रक्रिया के लिए आवश्यक तरलता की व्यवस्था करना होना चाहिए।

(2) वित्तीय नीतियों का निर्माण (Formulation of Financial Policies)—वित्तीय नियोजन का दूसरा महत्त्वपूर्ण पहलू ऐसी वित्तीय नीतियों का निर्माण करना है जिससे वित्तीय लक्ष्यों की पूर्ति हो सके। इस सम्बन्ध में निम्न वित्तीय नीतियाँ महत्त्वपूर्ण हैं—

(i) पूँजी की आवश्यक मात्रा निश्चित करने वाली नीतियाँ,

(ii) पूँजी प्रदान करने वाले पक्षों से फर्म के सम्बन्ध निश्चित करने वाली नीतियाँ,

(iii) स्वामी-पूँजी एवं ऋण-पूँजी का अनुपात निर्धारित करने वाली नीतियाँ,

(iv) विभिन्न स्रोतों से पूँजी प्राप्त करने के सम्बन्ध में निर्णय लेने में सहायक नीतियाँ,

(v) आय के वितरण में सहायक नीतियाँ, तथा

(vi) स्थायी सम्पत्तियों व चालू सम्पत्तियों के कुशल प्रबन्ध में सहायता देने वाली नीतियाँ।

ये नीतियाँ वित्त विभाग में विभिन्न स्तरों पर काम करने वाले अधिकारियों द्वारा बनायी जाती हैं। इन नीतियों के पालन से पूँजी के अनुकूलतम तथा कुशलतम प्रयोग में सहायता मिलती है।

(3) वित्तीय प्रविधियों का विकास (Developing Financial Procedures)—वित्तीय नियोजन का तीसरा पहलू वितीय प्रविधियों का विकास करना है। इस कार्य के लिए वित्त कार्य को छोटे-छोटे टुकड़ों में बाँटना, उन कार्यों को अधीनस्थ अधिकारियों को सौंपना तथा वित्तीय निष्पादन की व्यवस्था करना होता है। वित्तीय निष्पादन के लिए प्रमाप निर्धारित किये जाते हैं तथा वास्तविक प्रगति को प्रमापों के सन्दर्भ में जाँच कर विचलन ज्ञात किये जाते हैं। विचलनों एवं विसंगतियों को रोकने के लिए वित्तीय नियन्त्रण आवश्यक है। वित्तीय नियन्त्रण के लिए बजटरी नियन्त्रण,

लागत नियन्त्रण, वित्तीय विवरणों का विश्लेषण एवं निर्वचन आदि विधियों का प्रयोग किया जाता है।

वित्तीय नियोजन के प्रकार
(Types of Financial Planning)

सामान्य अवधि के अनुसार वित्तीय नियोजन तीन प्रकार का होता है—

(i) अल्पकालीन वित्तीय नियोजन (Short-term Financial Planning)—सामान्यतया एक व्यवसाय में एक वर्ष की अवधि के लिए जो वित्तीय योजना बनाई जाती है, वह अल्पकालीन वित्तीय योजना कहलाती है। अल्पकालीन वित्तीय योजनाएँ मध्यकालीन तथा दीर्घकालीन योजनाओं का ही भाग होती हैं। अल्पकालीन वित्तीय योजना में प्रमुख रूप से वित्तीय व्यवस्था करने का कार्य किया जाता है। विभिन्न प्रकार के बजट एवं प्रक्षेपित लाभ-हानि विवरण, कोषों की प्राप्ति एवं उपयोग का विवरण तथा चिट्ठा बनाये जाते हैं।

(ii) मध्यकालीन वित्तीय नियोजन (Medium-term Financial Planning)—एक व्यवसाय में एक वर्ष से अधिक तथा पाँच वर्ष से कम अवधि के लिये जो वित्तीय योजना बनाई जाती है, उसे मध्यकालीन वित्तीय नियोजन कहते हैं। मध्यकालीन वित्तीय योजना सम्पत्तियों के प्रतिस्थापन, रख-रखाव, शोध एवं विकास कार्यों को चलाने, अल्पकालीन उत्पादन कार्यों की व्यवस्था करने तथा बढ़ी हुई कार्यशील पूँजी की विशिष्ट आवश्यकताओं को पूरा करने के लिए बनायी जाती है।

(iii) दीर्घकालीन वित्तीय नियोजन (Long-term Financial Planning)—एक व्यवसाय में पाँच वर्ष अथवा अधिक अवधि के लिए बनाई गई वित्तीय योजना दीर्घकालीन वित्तीय योजना कहलाती है। दीर्घकालीन वित्तीय योजना विस्तृत दृष्टिकोण पर आधारित योजना होती है जिसमें संस्था के सामने आने वाली दीर्घकालीन समस्याओं के समाधान हेतु कार्य किया जाता है। इस योजना में संस्था के दीर्घकालीन वित्तीय लक्ष्यों को प्राप्त करने हेतु पूँजी की मात्रा, पूँजी ढाँचे, स्थायी सम्पत्तियों के प्रतिस्थापन, विकास एवं विस्तार हेतु, अतिरिक्त पूँजी प्राप्त करने, आदि को शामिल किया जाता है।

वित्तीय नियोजन की प्रक्रिया
(Process of Financial Planning)

वित्तीय नियोजन को एक ऐसी प्रक्रिया के रूप में देखा जा सकता है, जिसके द्वारा—

(i) एक फर्म को उपलब्ध वित्त तथा निवेश विकल्पों के अन्तर्सम्बन्धों का विश्लेषण किया जा सके।

(ii) वर्तमान निर्णयों के भावी परिणामों का पूर्वानुमान लगाया जा सके ताकि प्रबन्धक असमंजसों का सामना करने से बच सके तथा वर्तमान एवं भावी निर्णयों का सम्बन्ध भली प्रकार समझ सके।

(iii) स्वीकार किये जाने वाले विकल्पों पर निर्णय लिया जा सके तथा वित्तीय योजना का अन्तिम सम्पादन किया जा सके।

(iv) योजना में वर्णित उद्देश्यों तथा मानकों के सम्बन्ध में भावी निष्पादनों का मापन किया जा सके।

वित्तीय योजना की अवधि एक वर्ष या उससे अधिक हो सकती है। अल्पकालीन योजना प्राय: एक वर्ष की अवधि के लिए निर्मित की जाती है तथा दीर्घकालीन योजनाएँ पाँच वर्ष या इससे अधिक के लिए होती हैं।

वित्तीय योजना एक समूचे उपक्रम या प्रतिष्ठान के लिए की जाती है जिसमें प्रतिष्ठान के सम्पूर्ण निवेश कार्यक्रमों को शामिल किया जाता है। वित्तीय योजना छोटे-छोटे विभागों अथवा छोटे-छोटे निवेश प्रस्तावों के लिए नहीं की जाती है। प्रतिष्ठान अथवा संस्था के सभी प्रस्तावों को संगठित कर लिया जाता है तथा आयोजन समस्त प्रस्तावों तथा विभागों पर सम्मिलित रूप से लागू होते हैं। व्यवहार में ऐसा भी हो सकता है कि संस्था का आयोजन विभाग सभी विभागों अथवा डिवीजनों से आगामी पाँच वर्षों के लिए तीन-तीन वैकल्पिक योजनाएँ बनाकर प्रस्तुत करने को कह सकता है। ये वैकल्पिक योजनाएँ निम्न प्रकार की हो सकती हैं :

1. एक तीव्र विकास योजना जिसके अधीन नये उत्पादों, नये बाजारों तथा विद्यमान बाजारों में अतिरिक्त अंश प्राप्ति के लिए भारी निवेश प्रस्तावित हो।

2. एक सामान्य विकास योजना जिसके अधीन विभाग सामान्य गति से बढ़ना चाहता है तथा प्रतियोगियों से कुछ छीनना नहीं चाहता है।

3. एक संकुचित योजना जिसके अन्तर्गत विभाग या तो अपनी क्रियाओं को समाप्त करना चाहता है अथवा अधिक विशेषीकरण करना चाहता है। यह निवेश को न्यूनतम करेगी। विभाग विनिवेश अथवा विक्रय की योजना भी तैयार कर सकता है।

वित्तीय नियोजन की विषय-वस्तु
(Subject Matter of the Financial Planning)

एक सम्पूर्ण वित्तीय योजना में निम्न विषयों का समावेश किया जाता है :

(1) पूर्वानुमान वित्तीय विवरण (Forcasted or Projected Financial Statements)—इनमें स्थिति विवरण, आय विवरण, रोकड़ प्रवाह तथा कोष प्रवाह विवरण मुख्य हैं। इन विवरणों में फर्म के वित्तीय लक्ष्य सन्निहित होंगे, अतः ये निष्पक्ष पूर्वानुमान नहीं कहे जा सकते हैं। परन्तु फिर भी जहाँ तक सम्भव हो, पूर्वानुमानों को ईमानदारी से बनाया जाना चाहिए।

(2) पूँजी निवेश प्रस्ताव (Capital Investment Proposals)—प्रस्तावित पूँजी निवेश को विभागों अथवा व्यापार के प्रकार के अनुसार अथवा प्रतिस्थापन, विस्तार अथवा नये पदार्थों पर निवेश के आधार पर प्रदर्शित किया जा सकता है। प्रत्येक निवेश के कारणों का उल्लेख किया जायेगा तथा उन नीतियों की ओर संकेत किया जायेगा जिनकी सहायता से वित्तीय लक्ष्य को प्राप्त किया जावेगा। स्मरण रहे कि ये विवरण सभी स्तर के प्रबन्धकों के परस्पर विचार विनिमय के पश्चात् ही प्रस्तुत किये जाने चाहिए। इससे सभी प्रबन्धक जान पायेंगे कि उन्हें क्या करना है तथा योजना का निष्पादन सबकी भागीदारी के कारण अधिक प्रभावी होगा।

(3) नियोजित वित्त व्यवस्था (Planned Financing)—किन साधनों से वित्त जुटाया जाये, यह एक जटिल प्रश्न है। इसके लिए अनेक बातों पर ध्यान देना होता है। यदि कम्पनी उदार लाभांश नीति का अनुसरण करती है तथा निवेश आवश्यकताएँ भारी हैं तो बाह्य साधनों से वित्त जुटाना आवश्यक हो जाता है। यदि वर्तमान आय में गिरावट की प्रवृत्ति है तो समस्या अधिक गम्भीर होती है तथा कम्पनी के लिए अल्पकालीन ऋण अथवा परिवर्तनशील ऋणपत्र निर्गमन करना अभीष्ट माना जाता है।

इसके विपरीत कुछ कम्पनियों के समक्ष निवेश के अवसर शून्य होते हैं किन्तु उनके रोकड़ प्रवाह यथेष्ट होते हैं तथा लाभांश नीतियाँ भी अनुदार होती हैं। ऐसी कम्पनियों की वित्तीय योजनाएँ एक रूढ़ि की भाँति होती हैं तथा प्रबन्धकों के समक्ष तनावपूर्ण स्थितियाँ नहीं आती हैं।

वित्तीय आवश्यकताओं का अनुमान करना
(Estimating Financial Requirements)

व्यापार की सफलता बहुत कुछ उसके लिए पूँजी की आवश्यकताओं के ठीक-

ठीक अनुमान पर निर्भर करती है। यह अनुमान न केवल किसी संस्था की स्थापना करते समय ही किया जाता है बल्कि विद्यमान उपक्रमों के लिए भी समय-समय पर उनकी पूँजी की आवश्यकताओं का अनुमान लगाना पड़ता है। नये उपक्रम के लिए यह कार्य प्रवर्तक स्वयं सम्पन्न करता है जबकि विद्यमान उपक्रम की अवस्था में पूँजी की आवश्यकता की गणना करने की जिम्मेदारी वित्तीय प्रबन्धक की होती है। किसी संस्था के लिए आवश्यक पूँजी का अनुमान लगाते समय उद्यमी को उन समस्त आवश्यकताओं की विस्तृत जाँच-पड़ताल कर लेनी चाहिए जिसके लिए धन की आवश्यकता होगी—

सामान्यतया एक नये उपक्रम की स्थापना करते समय उद्यमी या प्रवर्तक को निम्नलिखित कार्यों के लिए पूँजी की आवश्यकता पड़ती है—

1. स्थायी सम्पत्तियों के क्रय के लिए;
2. चालू सम्पत्तियों के क्रय के लिए; तथा
3. अमूर्त सम्पत्तियों (Intangible Assets) के क्रय के लिए।

स्थायी सम्पत्तियाँ (Fixed Assets)—इनमें उन समस्त सम्पत्तियों का समावेश किया जाता है जिन्हें व्यापार में दीर्घकाल तक के लिए प्रयुक्त किया जाता है तथा जिन्हें पुन: बिक्री करके लाभ अर्जित करने के उद्देश्य से क्रय नहीं किया जाता। संयंत्र एवं मशीन, भूमि एवं भवन, फर्नीचर, आदि सम्पत्तियाँ स्थिर सम्पत्तियों की श्रेणी में रखी जाती हैं। इन सम्पत्तियों में लगायी गयी पूँजी स्थिर पूँजी या स्थायी पूँजी कहलाती है। इस प्रकार की पूँजी की आवश्यकता अधिकतर व्यवसाय प्रारम्भ करते समय पड़ती है। विद्यमान उद्यमों के विस्तार तथा मशीनों की प्रतिस्थापना के समय भी ऐसी पूँजी की आवश्यकता पड़ती है।

स्थायी सम्पत्तियों के लिए पूँजी की आवश्यकता अनेक तत्त्वों से प्रभावित होती है जैसे व्यवसाय की प्रकृति, व्यवसाय का आकार, व्यवसाय का कार्यक्षेत्र, पट्टे पर सम्पत्तियों की प्राप्ति, पुरानी मशीनों व संयंत्रों की प्राप्ति, किराये पर स्थान, अन्तर्राष्ट्रीय स्थिति, देश की वर्तमान तथा भावी आर्थिक स्थिति, जनसंख्या प्रवृत्तियाँ, प्रतिस्पर्धा की स्थिति आदि-आदि। इन सब को ध्यान में रखकर स्थायी सम्पत्तियों के लिए पूँजी का अनुमान करना चाहिए।

चालू सम्पत्तियाँ (Current Assets)—एक व्यापार के लिए स्थायी सम्पत्तियों के अतिरिक्त **चालू सम्पत्तियों** की भी आवश्यकता पड़ती है। व्यापार के सुचारु ढंग से संचालन के लिए इन सम्पत्तियों का पर्याप्त मात्रा में होना परम आवश्यक है। एक

निर्माणी संस्था में बिना किसी कठिनाई के उत्पादन कार्य के लिए कच्ची सामग्री का पर्याप्त भण्डार रखना जरूरी है। इसी प्रकार भावी माँग की आशा में उद्यमी को निर्मित वस्तुओं का पर्याप्त स्टॉक रखना पड़ता है। इन सामग्रियों का स्टॉक रखने के लिए पूँजी की आवश्यकता पड़ती है। इसके अतिरिक्त कुछ वस्तुएँ उत्पादन प्रक्रिया के विभिन्न चरण में होने के कारण अर्द्धनिर्मित अवस्था में रहती हैं। इन वस्तुओं में जब तक वे पूर्ण निर्मित होकर बिक नहीं जातीं तब तक के लिए पैसा फँसा रहता है। वस्तुएँ निर्मित हो जाने के बाद बाजार में बिकने के लिए आती हैं। इन वस्तुओं की बिक्री रोकड़ और उधार दोनों में ही होती है। उधार बिक्री की अवस्था में रोकड़ राशि तुरन्त नहीं मिल जाती। सामान्यतया प्राप्य विपत्रों के आधार पर वस्तुएँ उधार शर्तों पर बेची जाती हैं। जब तक इन विपत्रों की वसूली नहीं हो जाती तब तक के लिए इनमें पूँजी फँसी रहती है। सामग्री तथा प्राप्यों के अतिरिक्त एक व्यापारी को श्रमिकों एवं कर्मचारियों को तात्कालिक पारिश्रमिक का भुगतान करने के लिए, कारखाने के उपरिव्ययों जैसे मशीनों की मरम्मत, कर, बीमा, वस्तुओं की बिक्री पर किये गये व्यय आदि के लिए रोकड़ राशि की आवश्यकता पड़ती है। व्यावसायिक सुअवसरों का लाभ उठाने तथा आकस्मिक संकटों से निपटने के लिए भी नकद धन की जरूरत पड़ती है।

संक्षेप में, किसी संस्था को अपने दैनिक कार्य-संचालन के लिए निम्नलिखित चालू सम्पत्तियों (Current Assets) में विनियोग की आवश्यकता पड़ती है :

1. आवश्यक कच्चा माल, अर्द्धनिर्मित माल तथा निर्मित माल;
2. प्राप्य बिलों के लिए;
3. दिन-प्रति-दिन के व्ययों के भुगतान के लिए नकद राशि; और
4. आकस्मिकताओं से निपटने के लिए नकद राशि।

उक्त सम्पत्तियों में विनियोजित पूँजी 'कार्यशील पूँजी' कहलाती है। कुछ विद्वानों के अनुसार कार्यशील पूँजी का तात्पर्य चालू सम्पत्तियों के कुल योग से है। इसके विपरीत कुछ ऐसे विद्वान हैं जिनके मतानुसार कार्यशील पूँजी का आशय उस रकम से है जो चालू सम्पत्तियों में से चालू दायित्वों को घटा देने से जो शेष बचा रहता है।

कार्यशील पूँजी के लिए धन की आवश्यकता अनेक तत्त्वों से प्रभावित होती है, जैसे व्यवसाय की प्रकृति, व्यवसाय का आकार, उत्पादन प्रक्रिया, रोकड़ की आवश्यकता, माल की आपूर्ति, क्रय-विक्रय की शर्तें, बैंकों से सम्बन्ध, लाभांश नीतियाँ आदि। अतः कार्यशील पूँजी का आकलन करते समय इनको ध्यान में रखा जाना चाहिए। कार्यशील

पूँजी की प्रत्येक मद का अलग-अलग अनुमान करके कुल कार्यशील पूँजी का अनुमान किया जा सकता है।

अमूर्त सम्पत्तियों (Intangible Assets) के क्रय के लिए भी प्रवर्तक को पूँजी की आवश्यकता पड़ती है। इस वर्ग के अन्तर्गत निम्नलिखित मदों पर किये गये व्ययों का समावेश किया जाता है—

(अ) प्रवर्तन लागत—व्यावसायिक विचार की अवधारणा के समय से कम्पनी के चालू होने तक के समस्त व्यय प्रवर्तन लागत कहलाते हैं। व्यावसायिक प्रस्ताव की वाणिज्यिक सम्भावनाओं की खोजबीन के सम्बन्ध में किये गये व्यय, व्यवसाय में भाग लेने के इच्छुक पक्षों को जुटाने के सम्बन्ध में किये गये व्यय, निगम प्रवर्तन के लिए विभिन्न विशेषज्ञों की सेवाओं के लिए दिये गये शुल्क, प्रवर्तकों को उनकी सेवाओं के एवज में दी गयी क्षतिपूर्ति, आदि जैसे व्यय प्रवर्तन लागत की कोटि में गिने जाते हैं।

(ब) संगठन के खर्चे—कम्पनी को वैधानिक स्वरूप देने के सम्बन्ध में किये गये समस्त खर्चे संगठन के खर्चे माने जाते हैं, जैसे कम्पनी के समामेलन के लिए अनेक दस्तावेजों की तैयारी एवं प्रकाशन के खर्चे, विभिन्न दस्तावेजों के फाइल करने के लिए दिये गये शुल्क, आदि।

(स) व्यवसाय के लिए पूँजी जुटाने के सम्बन्ध में किये गये खर्चे, जैसे अभिगोपकों को दिये गये कमीशन, दलाली आदि।

(द) ख्याति, पेटेंट आदि सम्पत्तियों के क्रय के सम्बन्ध में किये गये खर्चे।

(य) सम-विच्छेद अवस्था तक पहुँचने के पूर्व की प्रारम्भिक कार्यशील पूँजी की आवश्यकता।

(र) व्यवसाय को सुदृढ़ करने के उद्देश्य से विस्तृत विज्ञापन पर किये गये व्यय, अन्वेषण तथा विकास सम्बन्धी कार्यक्रमों पर किये गये व्यय, आदि।

अमूर्त सम्पत्तियों के लिए **पूँजी** की आवश्यकता का ठीक-ठीक आकलन करना अपेक्षाकृत बहुत कठिन काम है। फिर भी जहाँ तक सम्भव हो, मोटे तौर से एक अनुमान तो कर ही लेना चाहिए ताकि उसके लिए आवश्यक धनराशि की व्यवस्था की जा सके। अलग-अलग सम्पत्तियों के लिए पृथक्-पृथक् गणना की जानी चाहिए। इनकी गणना निम्नलिखित ढंग से की जा सकती है—

1. प्रवर्तन व्यय (Promotion Expenses)—इसके अन्तर्गत व्यापार निर्माण के सम्बन्ध में प्रवर्तक द्वारा किये गये व्ययों का भुगतान एवं उसकी प्रवर्तन सम्बन्धी सेवाओं की क्षतिपूर्ति का भुगतान सम्मिलित किया जाता है। वैसे तो प्रवर्तक की व्यक्तिगत सेवाओं का उचित मूल्यांकन करना आसान काम नहीं, तथापि प्रवर्तक के लिए पारितोषक की राशि निश्चित करते समय प्रबन्धकों को प्रवर्तन के सम्बन्ध में प्रवर्तक द्वारा लगाये गये समय, उसका कौशल एवं निर्णय आदि बातों का समुचित ध्यान रखना युक्ति संगत होगा।

2. समामेलन व्यय (Incorporation Expenses)—इसके अन्तर्गत समामेलन के लिए विभिन्न दस्तावेजों को तैयार कराने के खर्चे, विधिविज्ञ का शुल्क, दस्तावेजों के प्रस्तुत करने तथा उनके पंजीयन कराने के सम्बन्ध में दिया गया शुल्क, जैसे व्यय सम्मिलित किये जाते हैं। इन समस्त खर्चों का पूर्वानुमान लगाना आवश्यक है।

3. कार्यशील हानि (Working Losses)—सम-विच्छेद अवस्था तक पहुँचने के पूर्व की प्रारम्भिक कार्यशील हानि की पूर्ति के लिए अतिरिक्त धनराशि की आवश्यकता पड़ती है। ऐसे उपक्रमों में जिनमें भारी मात्रा में प्रारम्भिक पूँजी विनियोजित करनी पड़ती है (जैसे जनोपयोगी संस्थाएँ) और जो नवीन वस्तुओं के उत्पादन एवं विपणन के लिए स्थापित की जाती हैं, कार्यशील हानि की राशि अधिक होने के साथ-साथ दीर्घकालिक होती है।

4. वित्त पोषण की लागत (Issue Expenses)—निगम के लिए आवश्यक पूँजी संग्रह करने के सम्बन्ध में उपक्रमों को अनेक व्यय करने पड़ते हैं जैसे अभिगोपकों को दिये गये कमीशन, प्रविवरण के **निर्गमन** पर किये गये व्यय, आदि। वित्त पोषण की लागत का आकलन करते समय वित्तीय प्रबन्ध को विभिन्न स्रोतों से एकत्रित की जाने वाली पूँजी की राशि, प्रबन्धकों की प्रतिभूति बाजार में पहुँच, पूँजी निर्गमन का नियन्त्रण, मुद्रा तथा पूँजी बाजार में चालू बाजार दर, औसत लाभांश दर आदि आधारभूत बातों को दृष्टि में रखना श्रेयस्कर होगा।

5. पेटेंट्स तथा ख्याति के लिए किये गये व्यय (Expenditure for Patents Goodwill etc.)—यदि उद्यमी व्यापार के लिए पेटेंट्स अथवा ख्याति जैसी अमूर्त सम्पत्तियाँ क्रय करने की योजना बनाता है, तो उसके लिए आवश्यक पूँजी का ठीक-ठीक अनुमान करना होगा।

वित्तीय नियोजन को प्रभावित करने वाले तत्त्व

(Factors Affecting Financial Planning)

एक व्यवसाय के वित्तीय नियोजन को अनेक तत्त्व प्रभावित करते हैं, अतः वित्तीय योजना बनाते समय उनका अवश्य ध्यान रखा जाना चाहिए। वित्तीय नियोजन को निम्न तत्त्व प्रभावित करते हैं—

1. व्यवसाय का स्वभाव (Nature of the Business)—व्यवसाय का स्वभाव वित्तीय नियोजन को प्रभावित करता है। सामान्यतया पूँजी प्रधान व्यवसायों में अधिक वित्त की आवश्यकता होती है जबकि श्रम प्रधान व्यवसायों में कम वित्त की आवश्यकता होती है। निर्माणी व्यवसायों में व्यापारिक व्यवसायों की तुलना में अधिक वित्त की आवश्यकता होती है।

2. व्यवसाय की आय (Income of the Business)—व्यवसाय की आय की प्रकृति भी वित्तीय नियोजन को प्रभावित करती है। जिन व्यवसायों में नियमित एवं स्थिर आय प्राप्त होती है, उनमें कम पूँजी एवं वित्त से कार्य चलाया जा सकता है जबकि ऐसे व्यवसाय जिनकी आय में अत्यधिक उच्चावचन होते हैं, उनमें अधिक पूँजी व वित्त की आवश्यकता होती है।

3. व्यवसाय में जोखिम (Risk in the Business)—जिस व्यवसाय में जितनी अधिक जोखिम होती है, उस व्यवसाय में स्वामी-पूँजी की अधिक आवश्यकता होती है क्योंकि अधिक जोखिमपूर्ण व्यवसायों में ऋण कम प्राप्त होता है जबकि कम जोखिमपूर्ण व्यवसायों में ऋण पूँजी सरलतापूर्वक मिल जाती है। ऐसे व्यवसायों में स्वामी-पूँजी कम रखकर 'समता पर व्यापार' (Trading on Equity) का लाभ प्राप्त किया जा सकता है।

4. विस्तार योजनाएँ (Plans of Expansion)—एक व्यवसाय के लिए वित्तीय योजना का निर्माण केवल वर्तमान आवश्यकताओं को ध्यान में रखकर ही नहीं किया जाता है बल्कि इसमें भविष्य की विस्तार योजनाओं का भी ध्यान रखा जाता है। भावी विस्तार योजनाओं वाले व्यवसाय के लिए लोचदार वित्तीय नियोजन अपनाया जाता है।

5. व्यवसाय की प्रतिष्ठा एवं आकार (Status and the size of the Business)—व्यवसाय की प्रतिष्ठा, आयु, कार्यक्षेत्र, आकार आदि तत्त्व उसके वित्तीय नियोजन को प्रभावित करते हैं। सामान्यतया जिस व्यवसाय की प्रतिष्ठा अच्छी होती

है वह अपनी आवश्यकताओं के अनुसार सुगमतापूर्वक वित्त प्राप्त कर सकता है। छोटे तथा अप्रतिष्ठित व्यवसायों को वित्त प्राप्त करने में कठिनाई होती है।

6. प्रबन्धकों का दृष्टिकोण (Attitude of Management)—वित्तीय नियोजन का स्वरूप प्रबन्धकों के दृष्टिकोण पर निर्भर करता है। यदि वर्तमान स्वामी एवं प्रबन्धक व्यवसाय का नियन्त्रण अपने ही हाथों में केन्द्रित रखना चाहते हैं तो वे समता अंशों का अधिक निर्गमन नहीं करेंगे तथा यदि करेंगे तो उनका अधिक क्रय वे स्वयं ही कर लेंगे। ऐसे प्रबन्धक अपने विस्तार के लिए संस्थागत ऋणों अथवा लाभों के पुनर्विनियोजन पर निर्भर रहेंगे।

7. सरकारी नियन्त्रण (Government Control)—वित्तीय योजना का निर्माण सरकारी नीतियों, नियन्त्रणों एवं वैधानिक व्यवस्थाओं को ध्यान में रखकर किया जाना आवश्यक है।

8. वैकल्पिक वित्तीय साधन (Alternative Sources of Finance)—एक व्यवसाय की वित्तीय योजना समय विशेष पर व्यवसाय को उपलब्ध वैकल्पिक वित्तीय साधनों पर निर्भर करती है। सामान्यतया उपलब्ध वित्तीय साधनों में से उन साधनों को चुना जाना चाहिए जो संस्था के लिए सर्वोत्तम हों। साधनों का चुनाव उपक्रम की प्रतिष्ठा, लाभदायकता, प्रबन्धकों के दृष्टिकोण, व्यवसाय पर नियन्त्रण बनाये रखने आदि तथ्यों को ध्यान में रखकर करना चाहिए।

9. श्रेष्ठ प्रतिभूतियाँ व पूँजी ढाँचा (Capital Structure and High Grade Securities)—वित्तीय योजना कानिर्माणकरते समय इसबात का ध्यान रखा जाना चाहिए कि व्यवसाय काजो पूँजी ढाँचा निर्मित किया जाए वह अत्यन्त सुदृढ़ हो। विभिन्न प्रकारकी प्रतिभूतियों का चुनाव इस प्रकारसे किया जाना चाहिए जिससे संस्था पर असहनीय स्थायी भार न पड़ें। संस्था संकटकाल में भी आवश्यकताके समय धन एकत्र करने की स्थिति में होनी चाहिए।

10. बाह्य पूँजी आवश्यकता की मात्रा (Magnitude of External Capital Requirement)—व्यवसाय को अस्थायी तौर पर वित्त की आवश्यकता होती है तो उसके लिए शोधनीय पूर्वाधिकार अंश अथवा ऋण-पत्र निर्गमित किये जाने चाहिए। संस्था ऐसे वित्त के लिए वित्तीय संस्थाओं से भी ऋण प्राप्त कर सकती है।

एक सुदृढ़ वित्तीय नियोजन की विशेषताएँ
(Characteristics of a Sound financial Plan)

किसी भी व्यवसाय का भविष्य एवं उसकी सफलता बहुत बड़ी सीमा तक उसकी वित्तीय योजना पर निर्भर करती है। अत: एक व्यवसाय की वित्तीय योजना बहुत अधिक सावधानीपूर्वक तैयार की जानी चाहिए। एक श्रेष्ठ वित्तीय योजना में निम्न विशेषताएँ होती हैं—

1. सरलता (Simplicity)—व्यवसाय की वित्तीय योजना जटिल नहीं होनी चाहिए। व्यवसाय की वित्तीय योजना सरल होनी चाहिए जिससे विनियोक्ता विनियोग के लिए सहज ही आकर्षित हो सकें। बहुत अधिक प्रकार की प्रतिभूतियाँ नहीं होनी चाहिए अन्यथा व्यवसाय का पूँजी ढाँचा जटिल हो जायेगा। व्यवसाय की वित्तीय योजना ऐसी होनी चाहिए जिससे वर्तमान में ही नहीं, बल्कि भविष्य में व्यवसाय की आवश्यकताओं के अनुसार पर्याप्त वित्त प्राप्त किया जा सके।

2. लोचशीलता (Flexibility)—एक व्यवसाय की वित्तीय योजना लोचशील होनी चाहिए जिससे तेजी-मन्दी के समय व्यवसाय की वित्तीय आवश्यकताओं के अनुसार समायोजन किया जा सके। व्यवसाय की वित्तीय योजना इस प्रकार निर्मित की जानी चाहिए जिससे कम लाभ के समय व्यवसाय पर स्थायी भार अधिक न हो। व्यवसाय की वित्तीय योजना में समता अंश, पूर्वाधिकार अंश तथा ऋण-पत्र का सन्तुलित भाग होना चाहिए तथा उसमें परिवर्तन करने की पर्याप्त व्यवस्था होनी चाहिए।

3. दूरदर्शिता (Foresightedness)—एक व्यवसाय की वित्तीय योजना इस प्रकार की होनी चाहिए जिसमें उसकी वर्तमान आवश्यकताओं का ही नहीं बल्कि भविष्य की आवश्यकताओं का ध्यान रखा गया हो। व्यवसाय की स्थायी तथा कार्यशील दोनों ही प्रकार की आवश्यकताओं की पूर्ति का ध्यान रखा जाना चाहिए। व्यवसाय की वित्तीय योजना अधिक दूरदर्शी होनी चाहिए।

4. तरलता (Liquidity)—व्यवसाय के सफलतापूर्वक संचालन के लिए यह आवश्यक है कि व्यवसाय में सदैव पर्याप्त तरलता उपलब्ध रहे। अनेक बार तरलता के अभाव में व्यवसाय अपनी देनदारियों का समय पर भुगतान नहीं कर पाता है जिसका उसकी ख्याति तथा स्थायित्व पर बुरा प्रभाव पड़ता है तथा अनेक बार व्यवसाय का समापन करना पड़ता है।

5. उपयोगिता (Useful)—व्यवसाय की वित्तीय योजना ऐसी होनी चाहिए जो व्यवसाय में उपलब्ध विभिन्न वित्तीय साधनों का श्रेष्ठ उपयोग कर सके। स्थायी तथा

कार्यशील पूँजी के मध्य उचित सम्बन्ध होना चाहिए। व्यवसाय में अल्पपूँजीकरण तथा अतिपूँजीकरण की स्थिति नहीं होनी चाहिए।

6. पूर्णता (Completeness)—वित्तीय योजना हर दृष्टि से पूर्ण होनी चाहिए उसमें सभी भावी आकस्मिकताओं का ध्यान रखा जाना चाहिए। भविष्य में घटित होने वाली घटनाओं का पूर्वानुमान लगा कर उनके लिए वित्त की पर्याप्त व्यवस्था की जानी चाहिए।

7. मितव्ययी (Economical)—वित्तीय योजना का निर्माण इस प्रकार से किया जाना चाहिए जिससे पूँजी प्राप्त करने एवं उसका विनियोग करने में कम से कम व्यय हो। पूँजी निर्गमन के विभिन्न खर्चे, जैसे—अभिगोपन कमीशन, दलाली, बट्टा, छपाई, इत्यादि कम से कम होने चाहिए।

8. संचार (Communication)—एक श्रेष्ठ वित्तीय नियोजन विनियोजकों तथा वित्त पूर्तिकर्ताओं को उपयुक्त सूचना का साधन होना चाहिए। इससे संस्था की योजना व कार्यों में उनका विश्वास बढ़ता है जो फर्म के लिए मनोवैज्ञानिक रूप से लाभदायक होता है।

9. सुगमता से लागू किया जाना (Easy Implementation)—वित्तीय योजना तब ही श्रेष्ठ कही जा सकती है.जब उसको सुगमता से लागू किया जा सके तथा उसके लाभ संस्था को प्राप्त हों।

10. नियन्त्रण (Control)—वित्तीय नियोजन एवं उससे निर्मित पूँजी ढाँचा ऐसा होना चाहिए जिससे संस्था का नियन्त्रण बाहरी लोगों के हाथों में जाने से रोक लगे तथा नियन्त्रण बनाये रखने के लिए यह भी आवश्यक है कि अंश पूँजी छितरी हुई हो।

11. कम जोखिम (Less Risks)—वित्तीय योजना इस तरह बनाई जानी चाहिए कि संस्था की जोखिम लगातार कम होती जावे।

वित्तीय नियोजन का महत्त्व

(Importance of Financial Planning)

एक व्यवसाय की सफलता बहुत बड़ी सीमा तक वित्तीय नियोजन की पूर्णता पर ही निर्भर करती है। व्यवसाय की अन्य सभी विस्तार एवं विकास से सम्बन्धित योजनाएँ वित्तीय योजना की सुदृढ़ता पर ही निर्भर करती हैं। वित्तीय नियोजन का महत्त्व निम्न शीर्षकों में देखा जा सकता है—

1. व्यवसाय का सफल प्रवर्तन (Successful Promotion of the Business)—एक व्यवसाय तभी सफल हो सकता है जब उसके प्रवर्तन के पूर्व ही उसके लिए सुदृढ़ वित्तीय योजना बना ली जाये। व्यवसाय की स्थापना के पूर्व ही व्यवसाय के प्रारम्भिक आकार तथा सम्भावित विस्तार को ध्यान में रखकर लोचदार वित्तीय योजना तैयार की जाए तो उस व्यवसाय के प्रवर्तन में सफलता मिलती है।

2. व्यवसाय का कुशल संचालन (Efficient Direction of the Business)—व्यवसाय की प्रत्येक क्रिया के लिए वित्त की आवश्यकता होती है तथा बगैर पर्याप्त वित्त के किसी भी व्यवसाय का सफल संचालन सम्भव नहीं है। व्यवसाय की स्थापना, सम्पत्तियों व सामग्री के क्रय तथा माल के निर्माण आदि सभी कार्यों में वित्त की आवश्यकता होती है। इन सभी कार्यों के लिए उपयुक्त समय पर पर्याप्त वित्त की उपलब्धि कुशल वित्तीय नियोजन पर ही निर्भर करती है।

3. व्यवसाय का विस्तार एवं विकास (Expansion and Development of the Business)—कोई भी व्यवसाय किन्हीं विशिष्ट उद्देश्यों की पूर्ति के लिए संचालित किया जाता है। प्राय: व्यवसाय का एक प्रमुख उद्देश्य अधिकतम लाभ कमाना अथवा व्यवसाय के मूल्य को अधिकतम करना होता है। इस उद्देश्य की पूर्ति के लिए व्यवसाय का अनुकूलतम स्तर तक विस्तार एवं विकास करना आवश्यक होता है। कुशल वित्तीय नियोजन करने पर भविष्य में व्यवसाय के विस्तार एवं विकास में वित्तीय कठिनाइयों का सामना नहीं करना पड़ता है तथा व्यवसाय कुशलतापूर्वक विकास करता है।

4. संचालन क्रियाओं में मितव्ययिता एवं समन्वय (Economy and co-ordination in Operating Activities)—वित्तीय नियोजन द्वारा जटिल संचालन क्रियाओं में मितव्ययिता लाने और अपव्यय को रोकने तथा समन्वय स्थापित करने में सहायता प्राप्त होती है।

5. व्यवसाय में पर्याप्त तरलता (Adequate Liquidity in the Business)—कुशल वित्तीय नियोजन की स्थिति में व्यवसाय में पर्याप्त तरल कोष विद्यमान रहते हैं तथा अतिव्यापार की स्थिति नहीं होती है। व्यवसाय देनदारियों का समय पर भुगतान करने की स्थिति में होता है।

6. विनियोजित पूँजी पर उचित प्रत्याय (Adequate Return on Capital Employed)—कुशल वित्तीय नियोजन के कारण एक तरफ वित्त के अभाव में व्यवसाय का कोई भी कार्य रुकता नहीं है तथा न ही वित्तीय साधन अप्रयोगिता रहते हैं। अत: व्यवसाय में विनियोजित पूँजी पर उचित प्रत्याय प्राप्त होता है।

7. मूल्य स्तर में परिवर्तन (Changes in Price Level)—आज विश्व के सभी देशों में मूल्य स्तर में तेजी से वृद्धि हो रही है। ऐसी स्थिति में स्थायी सम्पत्तियों की प्रतिस्थापन लागत उनकी मूल लागत से बहुत ऊँची होती है, अतः इन सम्पत्तियों में विनियोजित धन की सुरक्षा के साथ-साथ इनका बढ़ते हुए मूल्य पर प्रतिस्थापन जरूरी है। इसके लिए अतिरिक्त धन की आवश्यकता होती है जो अच्छे वित्तीय नियोजन द्वारा ही सम्भव है।

वित्तीय नियोजन की सीमाएँ

(Limitations of Financial Planning)

वित्तीय नियोजन व्यवसाय की सफलता में महत्त्वपूर्ण योगदान करता है परन्तु वित्तीय नियोजन भविष्य से अधिक सम्बन्धित होने के कारण उसकी निम्न सीमाएँ होती हैं—

1. पूर्वानुमानों पर आधारित (Based on Forecasts)—वित्तीय नियोजन भविष्य से सम्बन्धित होता है। भविष्य अनिश्चित होता है। इसका अनुमान पूर्वानुमानों के आधार पर लगाया जाता है। यदि पूर्वानुमान सही न होकर भ्रामक अथवा गलत सिद्ध होते हैं तो उसका प्रभाव बुरा होता है।

2. समन्वय का अभाव (Lack of Co-ordination)—वित्तीय नियोजन के लिए संस्था के वित्तीय तथा गैर-वित्तीय अधिकारियों में परस्पर समन्वय होना चाहिए। प्रायः इन अधिकारियों में अच्छा समन्वय न होने के कारण अच्छी वित्तीय योजना भी असफल हो जाती है।

3. समय के अनुसार परिवर्तन का अभाव (Lack of Changes According to Time)—वित्तीय योजना का निर्माण कुछ मान्यताओं व पूर्वानुमानों के आधार पर किया जाता है। परिस्थितियाँ बदल जाने पर इनमें परिवर्तन हो जाता है जिससे वित्तीय योजना में परिवर्तन करना आवश्यक होता है। परन्तु प्रबन्धक एक बार तैयार की गई वित्तीय योजना को ही कठोरतापूर्वक लागू करते हैं, जिससे वह असफल हो जाती है।

4. प्रभावहीन (Not-effective)—एक बार वित्तीय योजना बना कर प्रबन्ध उस पर कठोरता से अमल करता है तथा इसमें परिस्थितियों के बदलाव के अनुसार परिवर्तन के लिए तैयार नहीं होता है, अतः वित्तीय योजना धीरे-धीरे प्रभावहीन हो जाती है।

3

व्यवसाय एवं पूँजीकरण

पूँजी एक बहुअर्थी शब्द है। पूँजी के अर्थ के सम्बन्ध में अर्थशास्त्रियों, लेखापालों एवं प्रबन्धकों में एक मत प्रचलित नहीं है। पूँजी के अर्थ को समझने के लिए पूँजी की विभिन्न अवधारणाओं को समझना आवश्यक है—

(क) पूँजी का वैधानिक आशय (Legal Concept of Capital)—विधान में पूँजी शब्द का तात्पर्य दायित्व तथा सम्पत्ति से लगाया जाता है। दायित्व के अर्थ में पूँजी शब्द का तात्पर्य अंशों को निर्गमित कर प्राप्त की गई धनराशि से लिया जाता है। सम्पत्ति के अर्थ में पूँजी शब्द का तात्पर्य लेनदारों के लिए उपलब्ध समता कोषों से होता है। इसी कारण भारतीय कम्पनी अधिनियम में पूँजी कोषों से लाभांश का भुगतान मना है।

(ख) पूँजी का व्यावसायिक आशय (Business Concept of Capital)—व्यवसाय के क्षेत्र में पूँजी शब्द का अर्थ व्यवसाय में कुल विनियोजित धन से लिया जाता है। व्यवसाय में विनियोजित धन की गणना अनेक प्रकार से की जाती है। कुछ लोग व्यवसाय की समस्त सम्पत्तियों का योग ही व्यवसाय में विनियोजित धन से लेते हैं, परन्तु कुछ लोग व्यवसाय की कुल सम्पत्तियों के मूल्य का योग करते समय अमूर्त

तथा कृत्रिम सम्पत्तियों को इसमें सम्मिलित नहीं करते हैं। कुछ अन्य लोग कुल विनियोग के स्थान पर शुद्ध विनियोग शब्द का प्रयोग करते हैं। इसकी गणना करने के लिए शुद्ध मूर्त सम्पत्तियों के योग में से चालू दायित्व घटा दिये जाते हैं। कुछ विद्वानों का कहना है कि अमूर्त एवं कृत्रिम सम्पत्तियाँ भी व्यवसाय की ही सम्पत्तियाँ होती हैं जिन पर व्यवसाय के कोषों का विनियोजन किया जाता है। अतः सम्पत्तियाँ चाहे अमूर्त हों अथवा कृत्रिम, इन्हें पूँजी का ही भाग माना जाना चाहिए।

(ग) पूँजी का अर्थशास्त्रीय आशय (Economic Concept of Capital)—पूँजी की अर्थशास्त्रीय धारणा बड़ी व्यापक है। अर्थशास्त्र में धन के उस भाग को पूँजी माना जाता है जिसका उपयोग और अधिक धन उत्पन्न करने के लिए किया जाता है। **प्रो. फिशर** के अनुसार, ''पूँजी ऐसी सम्पत्ति है जो भूतकालीन श्रम द्वारा उत्पन्न होती है, परन्तु जिसका प्रयोग अधिक धनोत्पत्ति के साधन के रूप में किया जाता है।'' **प्रो. स्टोनियर** एवं **हेग** के अनुसार, ''पूँजी शब्द उत्पादन के उन सभी उपकरणों के लिए किया जाता है, जिन्हें मनुष्य जान-बूझ कर भविष्य में उत्पादन करने के उद्देश्य से बनाता है।'' अर्थशास्त्र में वे सभी मानव द्वारा निर्मित वस्तुएँ पूँजी के अन्तर्गत सम्मिलित की जाती हैं जो आय उत्पन्न करने के लिए प्रयोग की जाती हैं अथवा आय के उत्पादन में सहायक होती हैं। भूमि जो प्रकृति की निःशुल्क देन है, उसे पूँजी के अन्तर्गत सम्मिलित नहीं किया जाता है।

(घ) पूँजी का लेखांकन सम्बन्धी आशय (Accounting concept of Capital)—लेखांकन दृष्टिकोण के अनुसार पूँजी का आशय व्यवसाय के स्थिति विवरण के दायित्व पक्ष में दिखाई गई पूँजी से होता है। कुछ लेखापाल पूँजी का तात्पर्य व्यवसाय में स्वामिगत हित (Ownership interest) से लेते हैं। स्वामिगत हित का तात्पर्य अंशधारियों के कोष अथवा नेट वर्थ (Net worth) से लिया जाता है। नेट वर्थ का तात्पर्य समता अंश पूँजी, पूर्वाधिकार अंश पूँजी तथा लाभ व संचयों के योग से विविध खर्चे घटाने पर प्राप्त राशि से होता है।

वास्तव में वित्तीय प्रबन्ध में जब हम पूँजी शब्द का प्रयोग करते हैं तब हमारा अभिप्राय स्वामी पूँजी से ही होता है। यदि हम पूँजी को जोखिम पूँजी (Risk Capital or Equity Capital) तथा (Borrowed Capital) में विभाजित कर लें तो समस्त समस्या सुलझ जाती है। **वैस्टन** एवं **ब्राइघम** के अनुसार, ''जोखिम पूँजी का आशय व्यवसाय के स्वामियों द्वारा प्रदत्त कोशों से होता है, जबकि ऋण पूँजी का आशय ऋणदाताओं द्वारा प्रदत्त पूँजी से होता है।''[1]

पूँजी की अर्थशास्त्रीय बनाम लेखांकन अवधारणा (Economic vs. Accounting Concept of Capital)—अनेक बार यह प्रश्न उठता है कि प्रबन्धकीय निर्णयों के लिए पूँजी की कौनसी अवधारणा अधिक महत्त्वपूर्ण है? इसके लिए यह कहा जाता है कि प्रबन्धकीय निर्णयों के लिए अर्थशास्त्रीय अवधारणा की तुलना में पूँजी की लेखांकन अवधारणा ही अधिक महत्त्वपूर्ण होती है। पूँजी की अर्थशास्त्रीय अवधारणा के अनुसार भूमि को पूँजी में सम्मिलित नहीं किया जा सकता है, जबकि व्यवसाय में इस सम्पत्ति का प्रयोग भी अन्य सम्पत्ति की तरह से किया जाता है। व्यवसाय के स्वामियों की दृष्टि से यह निश्चित रूप से पूँजी है। इसके अतिरिक्त बहुत-सी अमूर्त सम्पत्तियों को पूँजी मानने के सम्बन्ध में अर्थशास्त्रियों में पर्याप्त मतभेद हैं। दूसरी ओर लेखांकन में स्वामित्व हित की गणना बहुत निश्चित एवं स्पष्ट होती है। अत: प्रबन्धकों द्वारा पूँजी की लेखांकन अवधारणा का ही अधिक प्रयोग किया जाता है।

पूँजी का वर्गीकरण
(Classification of Capital)

पूँजी शब्द बहुअर्थी है। इसका वर्गीकरण निम्न प्रकार से किया जाता है—

1. स्त्रोत के अनुसार पूँजी (Kinds of Capital on the Basis of Source)—स्त्रोत के अनुसार पूँजी को दो भागों में बाँटा जाता है—

(अ) स्वामी पूँजी (Owned Capital)—स्वामी पूँजी में साधारण अंश पूँजी, अधिमान अंश पूँजी व संचित कोष तथा अधिशेष को सम्मिलित किया जाता है।

(ब) ऋर्ण पूँजी (Borrowed Capital)—विभिन्न स्त्रोतों से प्राप्त किये गये सभी प्रकार के अल्पकालीन तथा दीर्घकालीन ऋण 'पूँजी' में सम्मिलित किये जाते हैं।

2. समयानुसार वर्गीकरण (On the Basis of Period)—समयानुसार पूँजी तीन प्रकार की होती हैं—

(अ) दीर्घकालीन पूँजी (Long-term Capital)—यह लम्बे समय के लिए व्यवसाय में लगी रहती है। एक संस्था दीर्घकालीन पूँजी अंशों, संचित कोषों, ऋणपत्रों आदि के द्वारा प्राप्त करती है।

(ब) मध्यकालीन पूँजी (Medium-term Capital)—यह वह पूँजी होती है जो एक व्यवसाय में एक वर्ष से अधिक परन्तु पाँच वर्ष से कम अवधि के लिए विनियोजित रहती है। यह व्यापारिक बैंकों, वित्तीय निगमों तथा जन-निक्षेपों से प्राप्त की जाती है।

(स) अल्पकालीन पूँजी (Short-term Capital)—वह पूँजी जो व्यवसाय में एक वर्ष या कम अवधि के लिए विनियोजित रहती है उसे अल्पकालीन पूँजी कहते हैं। यह पूँजी बैंकों से नकद साख एवं अधिविकर्षों, देय विपत्रों एवं व्यापारिक उधारों के द्वारा प्राप्त की जाती है।

3. प्रयोगानुसार पूँजी (On the Basis of Use)—प्रयोग के अनुसार पूँजी दो प्रकार की होती है—

(अ) स्थायी पूँजी (Fixed Capital)—इसे स्थायी अथवा अचल पूँजी भी कहते हैं। यह पूँजी व्यवसाय की दीर्घकालीन आवश्यकताओं के लिए विनियोजित रहती है। यह पूँजी प्राय: स्थायी सम्पत्तियों में अधिक विनियोजित रहती है। स्थायी सम्पत्तियों के अतिरिक्त प्रवर्तन व्यय, प्रारम्भिक विकास व्यय, विस्तार एवं सुधार के व्यय तथा स्थायी कार्यशील पूँजी में विनियोजन भी स्थायी पूँजी होती है।

(ब) कार्यशील पूँजी (Working Capital)—कार्यशील पूँजी के अर्थ के सम्बन्ध में विद्वानों में मतभेद है। कुछ विद्वान चालू सम्पत्तियों के योग को कार्यशील पूँजी कहते हैं, जबकि कुछ अन्य विद्वान चालू दायित्वों पर चालू सम्पत्तियों के आधिक्य को कार्यशील पूँजी कहते हैं।

4. विनियोजन के आधार पर (On the Basis of Capital Employed or Invested)—विनियोजन के आधार पर पूँजी को तीन वर्गों में बाँटा जाता है—

(i) कुल विनियोजित पूँजी (Gross Capital Employed)—इसका तात्पर्य संस्था की कुल स्थायी और कुल चालू सम्पत्तियों के योग से होता है।

(ii) शुद्ध विनियोजित पूँजी (Net Capital Employed)—स्थायी तथा चालू सम्पत्तियों के योग में से चालू दायित्वों को घटाने पर बचे शेष को शुद्ध विनियोजित पूँजी कहते हैं।

(iii) स्वामियों द्वारा विनियोजित पूँजी (Capital Invested by Owners) **या स्वामित्व कोष** (Proprietor's Funds)—कुल स्थायी और चालू सम्पत्तियों के योग में से चालू दायित्वों, दीर्घकालीन ऋण व बाह्य दायित्वों को घटाने पर प्राप्त शेष, स्वामियों द्वारा विनियोजित पूँजी कहलाती है।

संक्षेप में—

(a) कुछ विनियोजित पूँजी = कुल सम्पत्तियाँ

(b) शुद्ध विनियोजित पूँजी = कुल सम्पत्तियाँ — चालू दायित्व

(c) स्वामियों द्वारा विनियोजित = साधारण अंश पूँजी + पूर्वाधिकार अंश पूँजी
पूँजी या शुद्ध स्वामित्व + संचय कोष तथा विभाज्य लाभ

या

विनियोजित पूँजी —बाहरी दायित्व

उपर्युक्त के अतिरिक्त पूँजी के विभाजन के लिए वित्तीय प्रबन्ध में अधिकृत पूँजी (Authorised Capital), निर्गमित पूँजी (Issued Capital), अभिदत्त पूँजी (Subscribed Capital) प्रदत्त अथवा चुकता पूँजी (Paid up Capital), अप्रदत्त अथवा गैर चुकता पूँजी (Unpaid Capital) तथा याचित व अयाचित पूँजी (Called or Uncalled Capital) आदि शब्दों का प्रयोग प्रचलित है।

उपर्युक्त पूँजी के सभी विभाजनों को निम्नांकित उदाहरण द्वारा स्पष्ट किया गया है–

Illustration 1 :

Hindustan Chemicals Limited

Balance Sheet

as on 31st December, 2009

Liablities	Amount (Rs.)	Assets	Amount (Rs.)
Authorised Capital		**Fixed Assets**	
30,000 Preference Shares		(i) Land & Building	4,00,000
of Rs. 10 each	3,00,000	(ii) Plant & Machinery	2,00,000
50,000 Equity Shares		(iii) Furniture	10,000
of Rs. 10 each	5,00,000		
Issued Capital		**Current Assets**	
25,000 Preference Shares		(i) Stock	40,000
of Rs. 10 each	2,50,000	(ii) Sundry Debtors	1,50,000
45,000 Equity Shares		(iii) Bills Receivable	1,20,000
of Rs.10 each	4,50,000	(iv) Cash at Bank	50,000

Subscribed Capital			(v) Cash-in-hand	20,000
25,000 Preference Shares of Rs. 10 each		2,50,000		
45,000 Equity Shares of Rs. 10 each	4,50,000			
Less : Calls-in arrears	50,000	4,00,000		
General Reserve		40,000		
8% Debentures of Rs. 100 each		1,10,000		
Secured Loan (due on 30th Nov., 2010)		40,000		
Sundry Creditors		50,000		
Bills Payable		90,000		
Provision for Income tax		10,000		
		9,90,000		9,90,000

Calculate Capital with reference to : (a) source, (b)period, and (c) investment,

पूँजी की गणना : (a) स्रोत, (b) अवधि, तथा (c) विनियोजन के सन्दर्भ में कीजिए।

Solution :

(a) Calculation of Capital with Reference to Source

(i) Owned Capital = Equity Share Capital + Preference Share Capital + Reserve and Surplus

= Rs. 2,50,000 + Rs. 4,00,000 + Rs. 40,000= Rs. 6,90,000

(ii) Borrowed Capital = Long-term Loans (Debentures) + Short-term Loans + Sundry Creditors + Bills Payable

= Rs. 1,10,000 + Rs. 40,000 + Rs. 50,000 + Rs. 90,000

= Rs.2,90,000

(b) Calculation of Capital with Reference to Period

(i) Long-term Capital = Equity Share Capital + Preference Share Capital + Debentures

= Rs. 2,50,000 + Rs. 4,00,000 + Rs.1,10,000 = 7,60,000

(ii) Short-term Capital = Short-term Loans + Creditors + Bills Payable

= Rs. 40,000 + Rs. 50,000 + Rs. 90,000

Rs. 1,80,000

(c) Calculation of Capital with reference to Capital Employed

(i) Gross Capital Employed = total Assets

= Fixed Assets + Current Assets

= Rs. 9,90,000

(ii) Net Capital Employed = TotalAssets - Current Liabilities

= Rs. 9,90,000 - Rs. 1.90,000

= Rs. 8,00,000

पूँजीकरण

(Capitalisation)

पूँजीकरण का अर्थ एवं परिभाषा (Meaning and Definition of Capitalisation)—साधारण बोलचाल की भाषा में पूँजीकरण का तात्पर्य पूँजी की उस मात्रा से होता है, जिसका प्रतिनिधित्व अंशधारियों द्वारा धारित अंशों तथा ऋणपत्र-धारकों द्वारा धारित ऋण-पत्रों या बॉण्डों से होता है, परन्तु पूँजीकरण की यह परिभाषा दोषपूर्ण है, क्योंकि इसके द्वारा पूँजीकरण के अन्तर्गत संचित कोषों एवं अधिशेषों को

सम्मिलित नहीं किया जाता है, जबकि प्रबन्धकों द्वारा इन कोषों का प्रयोग लाभार्जन के लिए किया जाता है। **गेस्टनबर्ग** ने पूँजीकरण को परिभाषित करते हुए लिखा है कि, ''व्यावसायिक दृष्टि से पूँजीकरण से अभिप्राय बहुधा उस पूँजी से होता है, जिसका प्रयोग व्यवसाय के सामान्य उद्देश्य की पूर्ति के लिए नियमित रूप से किया जाता है।''[1] इस अर्थ में पूँजीकरण में अंश पूँजी, ऋण पूँजी एवं विभिन्न प्रकार के संचित कोष एवं अधिशेष शामिल किये जाते हैं।

उपर्युक्त दृष्टिकोण पूँजीकरण का परम्परागत दृष्टिकोण है, जिसके अनुसार पूँजीकरण में केवल दीर्घकालीन पूँजी ही सम्मिलित की जाती है तथा अल्पकालीन ऋण व व्यापारिक उधार की राशि को सम्मिलित नहीं किया जाता है।

आधुनिक वित्तीय प्रबन्धकों के अनुसार पूँजीकरण के अन्तर्गत दीर्घकालीन पूँजी के साथ-साथ अल्पकालीन पूँजी भी सम्मिलित की जाती है। इस सम्बन्ध में बॉकर एवं बॉगन ने लिखा है, ''पूँजीकरण का प्रयोग केवल दीर्घकालीन ऋण एवं स्वामी पूँजी को सम्बोधित करने के लिए करना भ्रामक है तथा इससे तो यह निष्कर्ष निकलता है कि अल्पकालीन ऋणदाता पूँजी प्रदायक नहीं होते हैं। व्यवहार में व्यापार के लिए कुल पूँजी अल्पकालीन ऋणदाताओं, दीर्घकालीन ऋणदाताओं एवं स्वामियों द्वारा प्रदान की जाती है।'' वॉकर एवं बॉगन के अनुसार पूँजीकरण में स्वामी पूँजी, दीर्घकालीन ऋण पूँजी एवं अल्पकालीन ऋण पूँजी सम्मिलित होती है।

कुछ विद्वान पूँजीकरण (Capitalization) **तथा पूँजी ढाँचा** (Capital Structure) को एक ही अर्थ में प्रयुक्त करते हैं, लेकिन दोनों में बहुत अन्तर है। पूँजीकरण का अर्थ संस्था में विनियोजित कुल पूँजी की मात्रा से है जिसमें अंश पूँजी, ऋण तथा संचित कोष व अधिकोष सम्मिलित किये जाते हैं। इसके विपरीत पूँजी ढाँचे से तात्पर्य संस्था द्वारा निर्गमित विभिन्न ऐसी प्रतिभूतियों की प्रकृति एवं पारस्परिक अनुपात से है, जिनके द्वारा संस्था के पूँजीकरण का निर्माण किया गया है।

साधारणतया पूँजीकरण की समस्या निम्न परिस्थितियों में उत्पन्न होती है—

1. जबकि एक नये संस्थान की स्थापना की जा रही हो।

2. जबकि एक पूर्व स्थापित संस्थान का विस्तार किया जा रहा हो।

3. जबकि संस्थान का पुनः पूँजीकरण, समायोजन अथवा पूँजी का पुनर्गठन किया जा रहा हो; तथा

4. जबकि दो संस्थाओं का संयोजन अथवा संविलयन हो रहा हो।

पूँजीकरण के सिद्धान्त

(Theories of Capitalisation)

पूँजीकरण की समस्या दो रूपों में उपस्थित हो सकती है : प्रथम, नई संस्था की स्थापना के समय तथा द्वितीय, विद्यमान संस्था में विस्तार अथवा परिवर्तन की दशा में। नये उद्योग की स्थिति में पूँजीकरण नये सिरे से करना होता है तथा भावी आवश्यकताओं का अनुमान अनुभव के आधार पर लगाना होता है, लेकिन विद्यमान उद्योग में ऐसा आवश्यक नहीं है। नये उद्योग की दशा में पूँजीकरण की राशि का निर्धारण किस प्रकार किया जाये? यह एक महत्त्वपूर्ण व जटिल प्रश्न है : अतः इस कार्य को कुशलता एवं सावधानी के साथ सम्पन्न किया जाना चाहिए। पूँजीकरण की कुल राशि का निर्धारण प्रायः जिन दो सिद्धान्तों पर किया जाता है, उनका वर्णन यहाँ किया गया है—

(1) पूँजीकरण का लागत सिद्धान्त (Cost Theory of Capitalisation)

(2) आय का पूँजीकरण-मूल्य सिद्धान्त (Capitalised Value of Earnings Theory)।

(1) पूँजीकरण का लागत सिद्धान्त (Cost Theory of Capitalisation)

लागत सिद्धान्त के अन्तर्गत फर्म का पूँजीकरण उसकी विभिन्न सम्पत्तियों में अनुमानित विनियोग लागत के आधार पर निश्चित किया जाता है। फर्म का निर्माण करते समय स्थायी सम्पत्तियों (जैसे यन्त्र एवं मशीनरी, पेटेन्ट, भूमि, भवन व अन्य) में विनियोग की आवश्यकता पड़ती है, फर्म के प्रवर्तन एवं संगठन पर विविध खर्चे करने होते हैं, दिन-प्रति-दिन में व्यापारिक कार्यों के लिए नियमित कार्यशील पूँजी की आवश्यकता होती है तथा दूसरी अन्य प्रारम्भिक लागतें वहन करनी होती हैं। लागत सिद्धान्त के अनुसार इन विभिन्न मदों पर की जाने वाली लागतों का योग कर लेने पर फर्म की पूँजीकरण की राशि ज्ञात हो जाती है। पूँजीकरण का यह सिद्धान्त युक्तिसंगत मालूम होता है, क्योंकि प्रारम्भ में किसी भी व्यवसाय को पूँजी की आवश्यकता सम्पत्तियों को ग्रहण करने के लिए ही पड़ती है तथा इस प्रकार इन सम्पत्तियों की लागत के आधार पर फर्म का पूँजीकरण करना तर्कसंगत है। फिर भी यह सिद्धान्त दोषपूर्ण एवं भ्रामक है। यह सिद्धान्त फर्म के वास्तविक मूल्य को प्रदर्शित करने में पूर्णतया असमर्थ है जो पूँजीकरण का प्रमुख उद्देश्य होता है। फर्म की स्थापना के थोड़े समय तक इस सिद्धान्त पर आधारित पूँजीकरण फर्म के वास्तविक मूल्य का बोध करा सकता है, लेकिन समय व्यतीत होने के साथ जैसे-जैसे संस्था सम्पत्तियों

का प्रयोग करने लगती है तथा अर्जित करने लगती है, यह सिद्धान्त वास्तविक स्थिति बतलाने में असमर्थ हो जाता है।

इस सिद्धान्त में एक कमी यह रह जाती है कि इसके अन्तर्गत फर्म की आय क्षमता का बिल्कुल ध्यान नहीं रखा जाता तथा सम्पत्तियों की लागत के आधार पर पूँजीकरण की राशि का निर्धारण कर लिया जाता है। वास्तव में सम्पत्तियों का वास्तविक मूल्य उसके द्वारा अर्जित आय पर निर्भर करता है। यदि सम्पत्तियाँ अधिक मूल्य पर खरीद ली गई हैं, अथवा कुछ सम्पत्तियाँ संस्था में निष्क्रिय पड़ी हों अथवा कुछ सम्पत्तियाँ अप्रचलित (obsolete) हो गई हों तो आय कम होगी तथा संस्था अपनी विनियोजित पूँजी पर एक निश्चित एवं उचित लाभांश दर घोषित करने में असमर्थ रहेगी। ऐसी स्थिति में फर्म का पूँजीकरण भ्रमपूर्ण होगा तथा फर्म अति पूँजीकरण का शिकार बन जायेगी। केवल लागत सिद्धान्त पर पूँजीकरण कर लेने पर हमें फर्म के केवल क्षणिक मूल्य का पता चलेगा, क्योंकि प्रारम्भिक लागतों की प्रकृति बहुत स्थैतिक होती है और भविष्य में अपेक्षित परिवर्तनों को प्रतिबिम्बित नहीं करती है। वस्तुतः एक संस्था के पूँजीकरण की राशि का निर्धारण उस स्तर पर किया जाना चाहिए जिस पर उचित दर से लाभांश दिया जा सके। अतः पूँजीकरण करते समय फर्म की उपार्जन क्षमता को ध्यान में रखना नितान्त आवश्यक है।

उपर्युक्त कमियों के होने के बावजूद भी लागत सिद्धान्त उन व्यवसायों के लिए उपयुक्त कहा जा सकता है, जिनमें स्थायी पूँजी की मात्रा अधिक होती है तथा आय नियमित एवं निरन्तर रूप से होती रहती है, जैसे जनोपयोगी व सरकार द्वारा पूर्णतः नियन्त्रित व्यवसाय। इन व्यवसायों को प्रायः एकाधिकार या पूर्वाधिकार प्राप्त होते हैं, अतः इनमें लागत के आधार पर पूँजीकरण की राशि पहले निर्धारित कर ली जाती है तथा बाद में उत्पाद या सेवा के लिए प्रति इकाई दर का निर्धारण किया जाता है। इस प्रकार लाभ नियमित होते रहते हैं तथा लाभांश की दर में कोई विशेष परिवर्तन नहीं होता है, किन्तु जिन व्यवसायों में प्रतियोगिता होती है तथा परिचालन व्यय (Operating cost) परिवर्तनशील होता है, आय प्राप्ति नियमित एवं निश्चित नहीं होती है, वहाँ पूँजीकरण का लागत सिद्धान्त उपयुक्त नहीं रहता है।

(2) आय का पूँजीकरण-मूल्य सिद्धान्त (Capitalised Value of Earnings Theory)

इस सिद्धान्त के अनुसार संस्था की पूँजीकरण की राशि संस्था द्वारा अपेक्षित आय के आधार पर निश्चित की जाती है। किसी व्यावसायिक संस्था का उद्देश्य लाभ कमाना होता है, अतः संस्था की वास्तविक पूँजीकरण की राशि उसके द्वारा अर्जित

आय के अनुरूप होनी चाहिए। इसका तात्पर्य यह कदापि नहीं है कि यदि संस्था की वार्षिक आय 70,000 रु. है तो उसका मूल्य भी 70,000 रुपये होगा, क्योंकि संस्था को यह आय आने वाले अनेक वर्षों तक निरन्तर प्राप्त करने की आशा की जाती है। अतएव संस्था की वार्षिक आय को एक सुपरिकलित गुणक (Multiplier) से गुणा करने पर जो राशि आयेगी वही संस्था की वास्तविक पूँजीकरण की राशि होगी। गुणक वास्तव में संस्था की पूँजीकरण दर होगी। एक संस्था के लिए उपर्युक्त सिद्धान्त के आधार पर पूँजीकरण की राशि ज्ञात करने के लिए निम्न सूत्र प्रयुक्त किया जा सकता है—

पूँजी की राशि = अनुमानित वार्षिक आय × पूँजीकरण दर

इस प्रकार आय सिद्धान्त के अनुसार, पूँजीकरण की राशि उसकी वार्षिक आय के पूँजीकृत (Capitalised) मूल्य के बराबर होती है। उपर्युक्त सूत्र से यह स्पष्ट है कि इस सिद्धान्त के अनुसार पूँजीकरण की राशि ज्ञात करने के लिए निम्न दो घटकों की गणना करना आवश्यक है—

(i) अनुमानित वार्षिक आय (Estimated Annual Income)

(ii) पूँजीकरण दर (Rate of Capitalisation)

(i) अनुमानित वार्षिक आय (Estimated Annual Income)—एक कम्पनी के पूँजीकरण की राशि ज्ञात करने के लिए उसकी अनुमानित वार्षिक आय को पूँजीकृत (Capitalised) किया जाता है। वास्तव में कम्पनी की आगामी वर्षों की आय का अनुमान लगाना सरल कार्य नहीं है। विद्यमान संस्था के सम्बन्ध में सम्भावित आय का अनुमान लगाना अपेक्षाकृत कम कठिन कार्य होता है, क्योंकि संस्था की विगत वर्षों की आय के आधार पर भावी आय की प्रवृत्ति का अनुमान लगाया जा सकता है। अतः भावी आय का अनुमान लगाने के लिए विगत कुछ ऐसे प्रतिनिधि वर्षों का चुनाव किया जाना चाहिए जो कम्पनी के विगत इतिहास के अच्छे, बुरे व सामान्य सभी प्रकार के वर्षों का प्रतिनिधित्व करते हों। इन वर्षों के शुद्ध लाभ सम्बन्धी तथ्य एकत्रित कर, औसत शुद्ध लाभ ज्ञात कर लेना चाहिए। **औसत आय निकालते समय केवल परिचालन** (Operating) **या व्यापारिक** (Trade) **लाभों को ही सम्मिलित करना चाहिए, अनावर्ती आय जैसे पूँजीगत लाभ** (Capital gains) **इत्यादि को सम्मिलित नहीं करना चाहिए। यहाँ यह भी ध्यान रखना चाहिए कि कर देने के पश्चात् जो आय बचती है, उसी आय को पूँजीकृत किया जाता है, अतः लाभ में से कर की राशि अवश्य घटा देनी चाहिए।**

उपर्युक्त प्रकार से औसत आय ज्ञात कर लेने के पश्चात् उसे व्यवसाय के आन्तरिक तथा बाह्य घटकों के सन्दर्भ में समायोजित कर लेना चाहिए जिससे कि प्राप्त आय की राशि सम्भावी आय का प्रतिनिधित्व कर सके। यहाँ यह ध्यान देने की बात है कि यदि हाल के कुछ वर्षों में कम्पनी की आय में वृद्धि की प्रवृत्ति दिखाई पड़ती है तो ऐसी स्थिति में पिछले वर्षों की तुलना में हाल के कुछ वर्षों के लाभ सम्बन्धी समंकों को अपेक्षाकृत अधिक भार देना चाहिए। इसके अतिरिक्त असामान्य आय तथा व्यय, अपेक्षित पूँजी लाभ या हानि इत्यादि का भी समुचित समायोजन कर लेना चाहिए। ये सभी समायोजन कर लेने के पश्चात् प्राप्त औसत आय की राशि सम्भावित आय का प्रतिनिधित्व करेगी।

नये उपक्रम की स्थिति में सम्भावित आय का अनुमान इतनी आसानी से नहीं लगाया जा सकता है, क्योंकि विद्यमान उपक्रमों की भाँति पिछले वर्षों की आय के आधार पर सम्भावी आय ज्ञात करने की सुविधा यहाँ नहीं होती है। ऐसी अवस्था में प्रस्तावित उपक्रम के विषय में परिचालन लागत एवं आय का पृथक्-पृथक् अनुमान लगाया जाता है तथा अनुमान की विश्वसनीयता की जाँच के लिए उसकी तुलना उद्योग में लगी अन्य फर्मों की अनुमानित (यदि उपलब्ध हो तो वास्तविक) लागत व आय से करनी होगी। यदि उसी उद्योग में फर्मों की संख्या कम या नाम मात्र हो तो उसी प्रकार के अन्य उद्योगों में लगी अन्य उसी प्रकार की फर्मों से तुलना की जा सकती है। तुलना करते समय प्रस्तावित व्यापार का आकार, अनुमानित आय, प्रबन्ध का स्तर, स्थान, सम्भावित विस्तार की दर, इत्यादि घटकों पर समुचित विचार कर लेना चाहिए। उपर्युक्त बातों को ध्यान में रखते हुए ज्ञात परिचालन आय में से परिचालन लागत घटा देने पर जो शेष रकम बचती है, वही लाभ की राशि पूँजीकरण की राशि को निश्चित करने के लिए प्रयुक्त की जानी चाहिए।

(ii) पूँजीकरण दर (Rate of Capitalisation)—संस्था की पूँजीकरण की राशि ज्ञात करने के लिए पूँजीकरण दर ज्ञात करना आवश्यक है। यह वह दर होती है, जिसकी सहायता से उपक्रम की सम्भावित आय को पूँजीकृत किया जाता है। पूँजीकरण की दर अलग-अलग उद्योगों तथा क्षेत्रों में भिन्न-भिन्न हो सकती है। सामान्यतया पूँजीकरण के लिए प्रत्याय (Return) की वह दर ली जानी चाहिए जो समय विशेष में विनियोक्ता वर्ग अपनी-अपनी विनियोजित पूँजी पर प्राप्त करने की आशा रखते हों। यह दर उसी उद्योग में संलग्न कुछ फर्मों में दिये जाने वाले लाभांश की दरों तथा उनके साधारण अंशों के बाजार मूल्यों के आधार पर अनुमानित की जा सकती है। अतः यह ऐसी प्रत्याय दर होगी जो कम्पनी विशेष के विनियोक्ताओं से धन प्राप्त करने

के लिए देनी आवश्यक हो। पूँजीकरण की दर का परिकलन औसत मूल्य आय अनुपात (Price Earning Ratio[1]) की सहायता से किया जा सकता है। औसत मूल्य आय अनुपात भी उद्योग में लगी अन्य फर्मों की आय व अंशों के बाजार मूल्य के आधार पर ज्ञात किया जाता है।

उदाहरण के लिए, माना कि एक फर्म के अंशों का बाजार मूल्य 100 रु. प्रति अंश तथा प्रति अंश औसत अर्जन 8 रु. है तो मूल्य आय अनुपात $= \frac{100}{8} = 12\frac{1}{2}$ होगा, अतः पूँजीकरण की दर $12\frac{1}{2}$ होगी। यहाँ यह स्पष्ट कर देना आवश्यक है कि अंशों पर प्रत्याय की दर (Rate of Return) 8% $\left(\frac{8}{100} \times 100\right)$ है। 8 प्रतिशत की प्रत्याय दर यह बताती है कि 8 रु. का प्रत्याय प्राप्त करने के लिए 100 रु. का विनियोजन आवश्यक है, अतः विनियोजन अपेक्षित आय का $12\frac{1}{2}$ गुना होना चाहिए। अतः $12\frac{1}{2}$ पूँजीकरण की दर यह बताती है कि व्यवसाय में अपेक्षित आय का $12\frac{1}{2}$ गुना धन विनियोजित किया जाना चाहिए।

मूल्य आय अनुपात द्वारा पूँजीकरण की दर का निर्धारण उन अवस्थाओं में अच्छा समझा जाता है, जहाँ सम्पूर्ण पूँजी की आवश्यकता की पूर्ति प्रमुखतः अंश पूँजी द्वारा की जाती है। साधारणतया कुल पूँजी का केवल एक भाग ही अंश पूँजी के रूप में एकत्र किया जाता है, अतः ऐसी स्थिति में मूल्य आय अनुपात अधिक उपयोगी सिद्ध नहीं होगा।

निम्नलिखित उदाहरणों से यह स्पष्ट हो जायेगा कि आय सिद्धान्त के अन्तर्गत फर्म की पूँजीकरण की राशि कैसे ज्ञात की जाती है।

Illustration 2 :

एक संस्था की प्रत्याशित आय 70,000 रुपये वार्षिक है। उसी प्रकार की अन्य संस्थाओं की विनियोजित पूँजी पर प्रत्याय की दर यदि 20 प्रतिशत हो तो पूँजीकरण की राशि ज्ञात कीजिए।

The expected annual income of a concern is Rs. 70,000 per annum. Other concerns of the same type are earning 20 per cent rate of return of the capital invested. Find out the amount of capitalisation.

Solution :

20 प्रतिशत प्रत्याय दर से तात्पर्य यह हुआ कि 20 रु. कमाने के लिए 100 रु. विनियोजित करने होंगे, अतः मूल्य आय अनुपात $\frac{100}{20} = 5$ होगा, अर्थात् प्रत्याय का 5 गुना विनियोजन करना होगा। अतः पूँजीकरण की राशि 70,000 रु × 5 = 3,50,000 रु. होगी।

उपर्युक्त प्रश्न को निम्नांकित प्रकार से भी हल किया जा सकता है—

$\because$ 20 रु. आय के लिए आवश्यक पूँजी = 100 रुपये

$\therefore$ 1 रु. आय के लिए आवश्यक पूँजी = $\frac{100}{20}$

$\therefore$ 70,000 रु. आय के लिए आवश्यक पूँजी = $\frac{100}{20} \times 70,000 = 3,50,000$ रु.

Illustration 3 :

एक कम्पनी की प्रत्याशित वार्षिक आय 50,000 रु. है। कम्पनी के पूँजीकरण की राशि ज्ञात कीजिए यदि उसी प्रकार की अन्य संस्थाएँ विनियोजित पूँजी पर (a) 8 प्रतिशत प्रत्याय प्राप्त कर रही हो, तथा (b) 10 प्रतिशत प्रत्याय प्राप्त कर रही हो।

The expected annual income of a company is Rs. 50,000. Find out the amount of capitalisation if the rate of return earned on investment by the similar type of companies is (a) 8 per cent, and (b) 10 per cent.

Solution :

(a) 8 प्रतिशत प्रत्याय की स्थिति में

8 प्रतिशत प्रत्याय की दर से तात्पर्य है कि 8 रु. कमाने के लिए 100 रु. का विनियोग आवश्यक है, अतः मूल्य-आय अनुपात $\frac{100}{8} = 12.5$ होगा।

पूँजीकरण की राशि = प्रत्याशित लाभ × मूल्य-आय अनुपात

= 50,000 रु. × 12.5 = 6,25,000 रु.

(b) 10 प्रतिशत प्रत्याय की स्थिति में

10 प्रतिशत प्रत्याय की दर से तात्पर्य है कि 10 रु. कमाने के लिए 100 रु. का विनियोग आवश्यक है, अतः मूल्य-आय अनुपात $\frac{100}{10} = 10$ होगा।

पूँजीकरण की राशि = प्रत्याशित लाभ × मूल्य-आय अनुपात

= 50,000 रु. × 10 = 5,00,000 रु.

दोनों में से कौनसा सिद्धान्त श्रेष्ठ है? (Which is the best theory)

दोनों में से कौनसा सिद्धान्त श्रेष्ठ है, यह एक सापेक्ष प्रश्न है। वस्तव में दोनों सिद्धान्तों में से अकेला कोई भी सिद्धान्त अपने आप में पूर्ण नहीं है, अपितु पूँजी पर अर्जन एवं पूँजी विनियोजन परस्पर पूरक है। अतः संस्था विशेष की परिस्थिति, प्रकृति एवं तात्कालिक आर्थिक गतिविधियों को ध्यान में रखकर ही किसी संस्था विशेष का पूँजीकरण किया जाना चाहिए। जैसा कि पहले ही स्पष्ट किया जा चुका है कि जनोपयोगी तथा सरकार द्वारा नियन्त्रित संस्थाओं के लिए पूँजीकरण का लागत सिद्धान्त आधिक उपयुक्त रहता है, क्योंकि इनमें पहले लागत के आधार पर पूँजीकरण की राशि निर्धारित कर ली जाती है तथा तत्पश्चात् माल या सेवा के लिए प्रति इकाई दर निश्चित कर ली जाती है। इस प्रकार संस्था लाभ की एक मात्रा निरन्तर अर्जित करती रहती है तथा लाभांश की दर में कोई महत्त्वपूर्ण परिवर्तन नहीं होता है, किन्तु व्यापारिक एवं उत्पादन धन्धों में, जिनमें प्रतियोगिता अधिक एवं परिचालन व्यय परिवर्तनशील होते हैं, आय नियमित एवं निश्चित नहीं होती है, वहाँ पूँजीकरण का आय सिद्धान्त उपयुक्त नहीं माना जाता है। उपर्युक्त के अतिरिक्त नये उपक्रमों के पूँजीकरण के लिए लागत सिद्धान्त तथा पुरानी संस्थाओं के लिए आय सिद्धान्त अधिक उपयुक्त होगा।

अति-पूँजीकरण
(Over-capitalisation)

अति-पूँजीकरण का अर्थ एवं परिभाषा (Meaning and Definition of Over-capitalisation)—जब एक व्यावसायिक संस्था अपनी कुल विनियोजित पूँजी पर उचित मात्रा में आय अर्जित करने में लगातार असफल होती है तो इस स्थिति को अति-पूँजीकरण की स्थिति कहते हैं। जब संस्था विनियोजित पूँजी पर पर्याप्त आय अर्जित नहीं करती है तब वह समता अंशों पर उचित लाभांश घोषित नहीं कर पाती

है। परिणामस्वरूप संस्था के समता अंशों का बाजार मूल्य कम हो जाता है। अति-पूँजीकरण की स्थिति में कम्पनी की औसत आय की तुलना में कम्पनी में विनियोजित पूँजी अधिक होती है। अति-पूँजीकरण के अर्थ को स्पष्ट करने के लिए हम यहाँ पर कुछ प्रमुख परिभाषाओं का अध्ययन करेंगे—

गेस्टेनवर्ग के अनुसार, ''एक निगम को उस समय अति-पूँजीकृत कहा जाता है जब इसकी आय निर्गमित अंशों एवं बॉण्डों पर एक उचित दर से प्रत्याय देने के लिए अपर्याप्त हो अथवा जब देय प्रतिभूतियों का पुस्तकीय मूल्य सम्पत्तियों के वर्तमान मूल्य से अधिक हो।''[1]

एच. गिलबर्ट के अनुसार, ''जब कोई कम्पनी अपनी देय प्रतिभूतियों पर (उसी उद्योग में वैसी ही कम्पनियों के अर्जन तथा निहित जोखिम मात्रा को ध्यान में रखते हुए) बाजार में वर्तमान दर से प्रत्याय अर्जित करने में लगातार असमर्थ रहती है तो उसे अति-पूँजीकृत कहा जाता है।''[2]

हॉगलैण्ड के शब्दों में, ''जब निगम में स्थायी सम्पत्तियों का वास्तविक मूल्य, अंश तथा ऋण-पत्रों द्वारा प्राप्त पूँजी के सम-मूल्य से कम होता है तो ऐसी दशा में यह कहा जा सकता है कि संस्था अति-पूँजीकृत है।''[3]

उपर्युक्त परिभाषाओं के विश्लेषण के आधार पर हम अति-पूँजीकरण के सम्बन्ध में निम्न बातें कह सकते हैं—

1. अति-पूँजीकरण की स्थिति में कम्पनी अथवा निगम की औसत आय इसमें विनियोजित पूँजी की तुलना में बहुत कम होती है अर्थात् कम्पनी अपनी जैसी फर्मों की तुलना में बहुत कम आय अर्जित करती है।

2. अति-पूँजीकरण की स्थिति किसी कम्पनी में तब ही कही जाती है जब वह निरन्तर उचित प्रत्याय अर्जित करने में असफल हो। यदि कोई कम्पनी किसी वर्ष विशेष में किसी असामान्य घटना के कारण उचित प्रत्याय अर्जित करने में असफल रहती है तो इसे अति-पूँजीकरण की स्थिति नहीं कहा जाता है।

3. अति-पूँजीकरण की स्थिति में कम्पनी की निर्गमित प्रतिभूतियों का पुस्तकीय मूल्य कम्पनी की सम्पत्तियों के वास्तविक मूल्य से अधिक हो जाता है।

4. अति-पूँजीकरण की स्थिति में कम्पनी के अंशों का बाजार मूल्य इनके समता मूल्य से कम हो जाता है।

अति-पूँजीकरण को कैसे पहचाना जाये? (How over-capitalisation can be identified ?)—अति-पूँजीकरण का अर्थ समझने के बाद यह प्रश्न उत्पन्न होता है कि किसी कम्पनी अथवा संस्था में अति-पूँजीकरण की स्थिति को कैसे पहचाना जाये? अति-पूँजीकरण की स्थिति की जाँच के लिए किन मापदण्डों का प्रयोग किया जाये? इस सम्बन्ध में दो तरह के मत प्रचलित हैं। **एक मत के अनुसार कम्पनी के अंशों का सम-मूल्य** (Par Value) **उनके बाजार मूल्य** (Market Value) **से अधिक होता है तो वह कम्पनी अति-पूँजीकृत होगी। दूसरे मत के अनुसार यदि किसी कम्पनी के अंशों का पुस्तकीय मूल्य** (Book Value) **उसके वास्तविक मूल्य** (Real Value) **से अधिक है तो यह तथ्य इस बात का परिचायक है कि कम्पनी में अति-पूँजीकरण की स्थिति है।** इन दोनों विचारधाराओं को ठीक प्रकार से समझने के लिए यह आवश्यक है कि हम पहले अंशों के सम-मूल्य, बाजार मूल्य, पुस्तकीय मूल्य तथा वास्तविक मूल्य का अर्थ स्पष्ट रूप से समझ लें।

अंशों के सम-मूल्य (Par Value of Shares) का तात्पर्य उस मूल्य से होता है जिस पर वे निर्गमित किये जाते हैं तथा उन पर न तो प्रब्याजि वसूल की जाती है तथा न ही इन पर कटौती अथवा छूट दी जाती है। अंशों का सम-मूल्य अत्यन्त स्थिर होता है और यह उस समय तक स्थिर अथवा अपरिवर्तनशील बना रहता है, जब तक कम्पनी स्वयं इसमें परिवर्तन न करना चाहे। इस मूल्य पर व्यावसायिक स्थितियों का प्रभाव नहीं पड़ता है।

अंशों के बाजार-मूल्य (Market Value of Shares) का तात्पर्य उस मूल्य से होता है, जिस पर स्कन्ध बाजार में अंशों को उद्धृत किया जाता है। बाजार-मूल्य अत्यधिक परिवर्तनशील होता है। इस पर कम्पनी की आन्तरिक स्थिति के अतिरिक्त बाह्य स्थिति का भी प्रभाव पड़ता है। अंशों के बाजार-मूल्य पर कम्पनी की वित्तीय स्थिति, लाभार्जन शक्ति, लाभांश एवं कोष नीति जैसे आन्तरिक तत्त्वों के साथ-साथ देश के सामान्य मूल्य स्तर, क्रय शक्ति, व्यापार चक्र की अवस्था, सरकार की औद्योगिक नीति, कर नीति, राजनीतिक परिवर्तन आदि बाह्य तत्त्वों का भी प्रभाव पड़ता है।

अंशों के पुस्तकीय मूल्य (Book Value of Shares) का तात्पर्य उस मूल्य से होता है, जो कम्पनी की अंश पूँजी और स्वामित्व कोष एवं अधिशेष की कुल राशि में कम्पनी के कुल प्रदत्त अंशों की संख्या का भाग देने पर प्राप्त होता है।

अंशों के वास्तविक मूल्य (Real Value of Shares) का तात्पर्य उस मूल्य से होता है, जो कम्पनी की पूँजीकृत आय को प्रदत्त अंशों की संख्या से भाग देने

पर प्राप्त होता है। अंशों का वास्तविक मूल्य ज्ञात करने के लिए सर्वप्रथम कम्पनी की औसत वार्षिक आय ज्ञात की जाती है। इसके पश्चात् इस औसत वार्षिक आय को पूँजीकरण दर (उसी व्यवसाय में संलग्न अन्य संस्थाओं द्वारा प्रयुक्त पूँजीकरण दर) से गुणा करके कम्पनी की आय का पूँजीकृत मूल्य ज्ञात कर लिया जाता है। इस मूल्य में अंशों की संख्या का भाग देकर प्रति अंश वास्तविक मूल्य ज्ञात कर लिया जाता है।

(i) अंशों के सम-मूल्य (Par value) **तथा बाजार मूल्य** (Market value) **की तुलना द्वारा अति-पूँजीकरण को ज्ञात करना**—यदि किसी कम्पनी के अंशों का सम-मूल्य इसके बाजार मूल्य से अधिक होता है तो कम्पनी में अति पूँजीकरण की स्थिति मानी जाती है। अंशों का बाजार मूल्य किसी समय विशेष पर प्रचलित मूल्य न लेकर किसी अवधि विशेष का औसत मूल्य लिया जाता है।

उदाहरण—माना कि एक कम्पनी के अंशों का सम-मूल्य दस रुपये प्रति अंश है, तथा कम्पनी के अंशों का बाजार मूल्य 6 रुपये से 8 रुपये के मध्य रहता है। ऐसी स्थिति में कम्पनी के अंशों का औसत बाजार मूल्य $\frac{6+8}{2} = 7$ रुपये है। कम्पनी के अंशों का सम-मूल्य बाजार मूल्य से अधिक है। अतः कम्पनी में अति-पूँजीकरण की स्थिति है।

अंशों के सम-मूल्य तथा बाजार-मूल्य की तुलना द्वारा पूँजीकरण को ज्ञात करने की विचारधारा दोषपूर्ण है।

(ii) अंशों के पुस्तकीय मूल्य तथा वास्तविक मूल्य की तुलना द्वारा अति-पूँजीकरण को ज्ञात करना—किसी कम्पनी के अंशों के पुस्तकीय मूल्य तथा वास्तविक मूल्य की तुलना करके उस कम्पनी में अति-पूँजीकरण की स्थिति ज्ञात की जा सकती है। यदि कम्पनी के अंशों का पुस्तकीय मूल्य उनके वास्तविक मूल्य से अधिक होता है तो कम्पनी में अति-पूँजीकरण की स्थिति होती है।

Illustration 4 :

Balance Sheet of A.B.C. Co.

as on 31st December, 2009

Liabilities	Rs.	Assets	Rs.
Share Capital (paid up) :		Sundry Assets	1,70,000
10,000 Ordinary Shares			
of Rs. 10 each	1,00,000		
Reserves and Surplus	50,000		
Sundry Liabilities	20,000		
Total	1,70,000	Total	1,70,000

हल (Solution) :

अंशों के पुस्तकीय मूल्य की गणना :

$$\frac{10,000+50,000}{10,000}=\frac{1,50,000}{10,000}$$

= 15 रुपये प्रति अंश।

अंशों के वास्तविक मूल्य की गणना (Computation of Real Value of Shares)

A.B.C. Co. के अंशों के वास्तविक मूल्य की गणना करने के लिए A.B.C. Co. की औसत वार्षिक आय तथा आय के पूँजीकरण की दर ज्ञात होनी चाहिए। माना कि पिछले 10 वर्षों में A.B.C. Co. की औसत वार्षिक आय 10,000 रुपये है तथा इसी तरह के व्यवसाय में औसत वार्षिक प्रत्याय की दर 8% है। इसका तात्पर्य यह है कि आय के पूँजीकरण की दर $\frac{100}{8}=12\frac{1}{2}$ होगी।

अत: A.B.C. Co. के अंशों का वास्तविक प्रति अंश मूल्य निम्न होगा—

$$\frac{10,000}{1}\times\frac{25}{2}\times\frac{1}{10,000}=$$ 12.5 रुपये

A.B.C. Co. के अंशों का पुस्तकीय मूल्य 15 रुपये प्रति अंश तथा वास्तविक मूल्य 12.5 रुपये है। अत: कम्पनी में अति-पूँजीकरण की स्थिति है।

▣▣▣

4

भारत में पूँजी संरचना की प्रक्रिया

पूँजी संरचना वित्तयन निर्णयों का सबसे महत्त्वपूर्ण पहलू होता है। पूंजी संरचना हमें यह बताती है कि संस्था ने अपनी पूँजी किन साधनों से प्राप्त कर रखी है तथा विभिन्न साधनों का पारस्परिक अनुपात क्या है?

पूँजी संरचना का अर्थ एवं परिभाषाएँ

(Meaning and Definitions of Capital Structure)

एक व्यावसायिक संस्था में पूँजीकरण की राशि का निर्धारण करने के बाद पूँजी संरचना का निर्धारण करना आवश्यक होता है। पूँजी संरचना का अर्थ, पूँजीकरण राशि को, किन-किन प्रतिभूतियों द्वारा, किस-किस अनुपात में प्राप्त करने का, निर्धारण करना होता है। पूँजी संरचना में पूँजी के विभिन्न साधनों का एक ऐसा अनुपात निर्धारित किया जाता है, जिससे वे कम्पनी को एक ऐसी विशिष्ट पूँजी-संरचना प्रदान करें जो कम्पनी की आवश्यकताओं को पूरा करने में पूर्ण रूप से सक्षम हो। पूँजी-संरचना जिन प्रतिभूतियों द्वारा निर्धारित की जाती है उनमें प्रत्येक प्रतिभूति के अपने-अपने गुण एवं दोष होते हैं। किसी कम्पनी की पूँजी संरचना में किसी एक विशिष्ट प्रकार

की प्रतिभूतियों का अधिक भाग होना आगे चलकर कम्पनी के लिए अधिक लाभदायक अथवा अधिक जोखिमपूर्ण हो सकता है। उदाहरण के लिए, यदि एक कम्पनी अपनी पूँजी संरचना में समता अंशों (Equity shares) का ही प्रयोग करे तथा ऋण पूँजी का प्रयोग नहीं करे तो ऐसी कम्पनी 'समता पर व्यापार' (Trading on Equity) के लाभ से वंचित रह जाएगी तथा ऐसी कम्पनी अपने अंशधारियों या स्वामियों के लिए अधिकतम लाभ-अर्जित करने के उद्देश्य को प्राप्त करने में सफल नहीं होगी। इसके विपरीत एक कम्पनी अपनी पूँजी संरचना में समता अंशों को कम तथा ऋण पूँजी को अधिक महत्त्व देती है तथा कम्पनी की आय में अत्यधिक उतार-चढ़ाव आते हैं तो यह माना जाएगा कि इस प्रकार की कम्पनी अपने ऊपर बहुत अधिक जोखिम ले रही है। इस प्रकार की पूँजी संरचना को पूँजी का उच्च गीयरिंग कहते हैं। यह पूँजी-संरचना सम्पन्नता के वर्षों में समता अंशधारियों की आय को अत्यधिक बढ़ा देती है, परन्तु विपन्नता के वर्षों में समता अंशधारियों की आय को अत्यधिक घटा देती है, परन्तु विपन्नता के वर्षों में यह न केवल समता अंशधारियों की आय को बहुत घटा देती है बल्कि यह कम्पनी के ऊपर बड़ी जोखिम उत्पन्न कर देती है, क्योंकि ऐसे वर्षों में कम्पनी पूर्वाधिकार अंशों तथा ऋण-पत्रों पर देय निश्चित भार को वहन करने में असमर्थ होती है। अत: कम्पनी की पूँजी संरचना का निर्धारण अत्यधिक सोच-समझ कर करना चाहिए। किसी आदर्श पूँजी संरचना की कल्पना करना कठिन है, जिसे सभी कम्पनियों एवं सभी व्यवसायों में समान रूप से लागू किया जा सके। अत: प्रत्येक व्यक्तिगत स्थिति में प्रत्येक कम्पनी के लिए उसकी विशिष्ट आवश्यकताओं के अनुसार पूँजी संरचना का निर्धारण करना चाहिए।

कुछ लेखक पूँजीकरण एवं पूँजी संरचना दोनों को एक ही अर्थ में प्रयुक्त करते हैं, जो गलत है। इन दोनों में पर्याप्त अन्तर है। जहाँ पूँजीकरण का तात्पर्य संस्था के लिए आवश्यक पूँजी की मात्रा का निर्धारण करना होता है, वहाँ पूँजी-संरचना का तात्पर्य पूँजी के स्वरूप का निर्धारण करना होता है। पूँजीकरण में यह निर्धारित किया जाता है कि संस्था के लिए कितनी पूँजी प्राप्त की जाये ? पूँजी-संरचना में यह निर्धारित किया जाता है कि यह पूँजी की राशि किन-किन प्रतिभूतियों द्वारा किस अनुपात में प्राप्त की जाय?

गेस्टनबर्ग ने इन दोनों के भेद को स्पष्ट करते हुए लिखा है कि, "पूँजीकरण एक निगम की स्वामी पूँजी तथा ऋण पूँजी जो इसके दीर्घकालीन ऋण भार द्वारा व्यक्त होती है, के बराबर होती है। पूँजी-संरचना उन प्रतिभूतियों के प्रकार को व्यक्त करता है, जिनसे पूँजीकरण का निर्माण होता है।"[1]

साधारणतया पूँजीकरण एवं पूँजी-संरचना की आवश्यकता (i) संस्था के संगठन के समय, या (ii) संस्था के विकास या अन्य कार्य के लिए अतिरिक्त पूँजी की आवश्यकता के समय, या (iii) अन्य संस्था के साथ एकीकरण या विलीनीकरण के समय, या (iv) पुनः पूँजीकरण (Recapitalisation), पुनः समायोजन (Readjustment) या पुनः संगठन (Reorganisation) के समय महसूस की जाती है। इन सभी परिस्थितियों में वित्तीय प्रबन्धक के सामने दो महत्त्वपूर्ण प्रश्न उठते हैं-प्रथम कितनी मात्रा में प्रतिभूतियों का निर्गमन किया जाये तथा किस प्रकार की प्रतिभूतियों का निर्गमन किया जाए? कितनी मात्रा में प्रतिभूतियों का निर्गमन किया जाए-का सम्बन्ध पूँजीकरण से होता है, तथा किस प्रकार की प्रतिभूतियों का निर्गमन किया जाए-का सम्बन्ध पूँजी-संरचना से होता है।

वैस्टन एवं ब्राइघम के अनुसार, "पूँजी संरचना किसी फर्म का स्थायी वित्त प्रबन्धन होता है, जो दीर्घकालीन ऋणों, पूर्वाधिकारी अंशों तथा शुद्ध मूल्य से प्रदर्शित होता है।" अतः पूँजी संरचना में प्रमुखतः विभिन्न प्रतिभूतियों में पारस्परिक अनुपात को निर्धारित किया जाता है। अर्थात् यह निर्णय लिया जाता है कि कुल आवश्यक पूँजी का कितना भाग अंशों से तथा कितना भाग ऋण-पत्रों से एकत्रित किया जाए। अंश पूँजी में भी कितना भाग समता या साधारण अंशों से तथा कितना भाग पूर्वाधिकारी अंशों से एकत्रित किया जाए। पूर्वाधिकारी अंश तथा ऋण पूँजी कम्पनी की आय पर एक निश्चित भार उत्पन्न करते हैं, अतः यह स्थायी लागत वाली प्रतिभूतियाँ (Fixed cost bearing securities) कहलाती हैं। दूसरी तरफ साधारण अंशों पर लाभांश घोषित करना सदैव आवश्यक नहीं होता है तथा लाभांश कितना घोषित किया जाए यह लाभों पर तथा संचालकों की नीति पर निर्भर करता है। साधारण अंशों पर लाभांश कम या अधिक घोषित किया जा सकता है, अतः ये परिवर्तनशील लागत प्रतिभूतियाँ (Variable cost securities) कहलाती हैं। संस्था को उपर्युक्त दोनों ही प्रकार की प्रतिभूतियों के मध्य सन्तुलन करना आवश्यक होता है, क्योंकि प्रतिभूति सन्तुलन (Security mix) का संस्था की दीर्घकालीन वित्तीय सुदृढ़ता पर गहरा प्रभाव पड़ता है। यदि कोई संस्था इस सन्तुलन को कायम नहीं रख पाती है तो वित्तीय ढाँचा असन्तुलित हो जाएगा जो संस्था के लिए हानिकारक हो सकता है।

वित्तीय संरचना, पूँजी संरचना तथा सम्पत्ति संरचना

(Financial Structure, Capital Structure and Assets Structure)

कुछ धारणाओं के प्रयोग में भ्रम को समाप्त करने के लिए यह आवश्यक है कि हम अत्यधिक प्रयुक्त धारणाओं के अर्थ को स्पष्ट रूप से समझ लें। इस सम्बन्ध

में हम यहाँ वित्तीय संरचना, पूँजी संरचना तथा सम्पत्ति संरचना को स्पष्ट करना चाहेंगे।

वित्तीय संरचना (Financial Structure)—यह व्यक्त करती है कि संस्था ने अपनी सम्पत्तियों की वित्तीय व्यवस्था किस प्रकार की है, यह स्थिति विवरण के समस्त बायें हाथ के भाग का योग होता है।[1] वित्तीय संरचना के अन्तर्गत व्यवसाय के समस्त दीर्घकालीन एवं अल्पकालीन दायित्वों को सम्मिलित किया जाता है।

वित्तीय संरचना = दीर्घकालीन कोष व चालू दायित्व।

पूँजी संरचना (Capital Structure)—फर्म की स्थायी वित्तीय व्यवस्था पूँजी संरचना है जो सामान्यतया दीर्घकालीन ऋण, पूर्वाधिकार अंश एवं समता द्वारा व्यक्त होती है, जिसमें अल्पकालीन साख सम्मिलित नहीं होती है। समता में समता अंश पूँजी, आधिक्य तथा संचित धारित आय सम्मिलित होती है।[2] इस अर्थ में पूँजी संरचना का तात्पर्य संस्था की स्थायी पूँजी से लगाया जाता है।

पूँजी संरचना = दीर्घकालीन कोष

अथवा

= सामान्य अंश पूँजी + पूर्वाधिकार अंश पूँजी

+ संचय एवं कोष + दीर्घकालीन ऋण

सम्पत्ति संरचना (Assets Structure)—इसका तात्पर्य संस्था की कुल सम्पत्तियों से होता है। यह संस्था की स्थायी तथा चालू सम्पत्तियों का योग होता है।

सम्पत्ति संरचना = स्थायी सम्पत्तियाँ + चालू सम्पत्तियाँ

+ अन्य सम्पत्तियाँ (यदि कोई हो)

पूँजी संरचना के प्रारूप (Patterms of Capital Structure)

किसी नवीन कम्पनी में पूँजी संरचना का प्रारूप निम्नलिखित में से कोई एक हो सकता है—

(i) केवल समता अंशोंयुक्त पूँजी संरचना (Capital Structure with equity shares only),

(ii) समता अंशों तथा पूर्वाधिकार अंशों, दोनों युक्त पूँजी संरचना (Capital structure with both equity and preference shares),

(iii) समता अंशों तथा ऋण-पत्रों युक्त पूँजी संरचना (Capital structure with equity shares and debentures),

(iv) समता अंशों, पूर्वाधिकार अंशों तथा ऋण-पत्रों युक्त पूँजी संरचना (Capital structure with equity shares, preference shares and debentures)।

उपयुक्त पूँजी संरचना का चुनाव कम्पनी के व्यवसाय की प्रकृति, आय की निश्चितता एवं नियमितता, मुद्रा एवं पूँजी बाजार की स्थिति, विनियोक्ताओं के दृष्टिकोण जैसे अनेक तत्त्वों पर निर्भर करता है। पूँजी संरचना को प्रभावित करने वाले तत्त्वों का वर्णन इसी अध्याय में आगे किया गया है। यहाँ पर हम केवल एक बिन्दु पर बल देना चाहेंगे-वह है ऋण एवं समता में अन्तर। ऋण एक दायित्व होता है, जिस पर ब्याज चुकाना होता है, चाहे संस्था के लाभ की स्थिति कैसी भी हो, जबकि समता अंशधारी कम्पनी के स्वामी होते हैं जिनको लाभांश का भुगतान कम्पनी की लाभदायकता पर निर्भर करता है। कम्पनी की पूँजी संरचना में ऋण का ऊँचा अनुपात जोखिम को बढ़ावा है तथा प्रतिकूल परिस्थितियों में कम्पनी को वित्तीय दिवालियापन की स्थिति में ले जा सकता है। ऋण द्वारा साधन प्राप्त करना अंशों के द्वारा साधन प्राप्त करने की तुलना में सस्ता (Cheaper) होता है, क्योंकि ऋण पर देय ब्याज कर की दृष्टि से व्यय माना जाता है तथा उसके लिए कर से छूट प्राप्त होती है। लाभांश कम्पनी में लाभों का समायोजन माना जाता है, अतः लाभांश भुगतान से कम्पनी को कर में कोई छूट प्राप्त नहीं होती है। इसका अर्थ यह है कि यदि कोई कम्पनी अपने ऋण-पत्रों पर 10% ब्याज देती है तथा अपने लाभों पर 50% निगम कर चुकाती है तो कम्पनी के लिए ऋणपत्रों पर प्रभावी ब्याज दर केवल 5% होती है। परन्तु कम्पनी यदि वित्त 10% पूर्वाधिकार अंशों से प्राप्त करती है तो पूँजी की लागत 10% होती है। इसलिए ऋण द्वारा वित्त प्राप्त करना सस्ता होता है तथा यह अंशधारियों के लिए, ऊँचे लाभों को सम्भव बनाता है। इसका परिणाम प्रति अंश अर्जन का बढ़ना होता है, जो वित्तीय प्रबन्ध का प्रमुख उद्देश्य है।

यहाँ पर हम उदाहरणों की सहायता से कम्पनी की पूँजी संरचना में ऋण-समता के मिलान (Debt equity mix) में परिवर्तन के प्रति अंश अर्जन (EPS) पर पड़ने वाले प्रभावों को देख सकते हैं।

Illustration 1 : अ, ब, स लिमिटेड की प्रदत्त अंश पूँजी 2,00,000 रुपये है जो 10 रु. मूल्य के समता अंशों में विभक्त है। कम्पनी एक विस्तार कार्य पर विचार कर रही है, जिसमें 1,00,000 रुपये का विनियोग आवश्यक है। कम्पनी प्रबन्ध इस

राशि की व्यवस्था के लिए निम्न विकल्पों पर विचार कर रहा है—

(i) 10% ऋण-पत्र 1,00,000 रुपये मूल्य का निर्गमन।

(ii) 12% 10,000 पूर्वाधिकार अंश प्रत्येक का मूल्य 10 रुपये का निर्गमन।

(iii) 10,000 समता अंशों जिनमें प्रत्येक का अंकित मूल्य 10 रुपये है, का निर्गमन।

कम्पनी की वर्तमान आय ब्याज तथा कर पूर्व 80,000 रुपये है। आप उपरोक्त वित्त प्राप्ति की विधियों के प्रति अंश अर्जन या आय (EPS) पर प्रभाव बताइए, यह मानते हुए कि—

(अ) ब्याज व कर पूर्व आय (EBIT) विस्तार कार्यक्रम के बाद भी स्थिर रहती है; तथा

(ब) ब्याज व कर पूर्व आय (EBIT) 20,000 रुपये से बढ़ जाती है।

A, B, C. Ltd. has a paid up share capital of Rs. 2,00,000 divided into equity shares of Rs. 10 each. It has an expansion programme requiring an investment of another Rs. 1,00,000. The management is considering the following alternatives for raising this amount :

(i) Issue of 10% Debentures of Rs. 1,00,000

(ii) Issue of 12% 10,000 Preference Shares of Rs. 10 each.

(iii) Issue of 10,000 Equity Shares of Rs. 10 each.

The company's earnings before interest and tax (EBIT) are Rs 80,000 per annum. You are required to calculate the effect of each of the above modes of financing on the earnings per share (EPS) presuming :

(a) EBIT continuous to be the same even after expansion.

(b) EBIT increases by Rs. 20,000.

Solution :

(a) Wheen EBIT is Rs. 80,000 p.a.

Present and Projected EPS

	Present Capital Structure All Equity	Proposed Capital Structure (i) (Equity +Debt)	(ii) Equity +Pref.)	(iii) (All Equity)
	Rs.	Rs.	Rs.	Rs.
EBIT	80,000	80,000	80,000	80,000
Less : Interest	-	10,000	-	-
PBT	80,000	70,000	80,000	80.000
Less : Tax	40,000	35,000	40,000	40,000
PAT	40,000	35,000	40,000	40,000
Less : Preference Dividend	-	-	12,000	-
Profit for Equity Shareholders	40,000	35,000	28,000	40,000
No. of Equity Shares	20,000	20,000	20,000	30,000
EPS Rs.	2	1.75	1.40	1.33
Dilution against initial EPS of Rs. 2	-	.25	.60	.67

टिप्पणी—उपरोक्त तालिका से स्पष्ट है कि EPS में न्यूनतम कमी उस समय होती है, जब अतिरिक्त समस्त राशि ऋणपत्र से प्राप्त की जाती है।

(b) Wheen EBIT is Rs. 1,00,000

Present and Projected EPS

	Present Capital Structure All Equity Rs.	**Proposed Capital Structure** (i) (Equity +Debt) Rs.	(ii) Equity +Pref.) Rs.	(iii) (All Equity) Rs.
EBIT	80,000	1,00,000	1,00,000	1,00,000
Less : Interest	-	10,000	-	-
PBT	80,000	90,000	1,00,000	1,00.000
Less : Tax	40,000	45,000	50,000	50,000
PAT	40,000	45,000	50,000	50,000
Less : Preference Dividend	-	-	12,000	-
Profit for Equity Shareholders	40,000	45,000	38,000	50,000
No. of Equity Shares	20,000	20,000	20,000	30,000
EPS Rs.	2	2.25	1.90	1.67
Change in EPS as against initial of Rs. 2	-	+ .25	(-) .10	(-) .33

टिप्पणी—वर्तमान EPS दो रुपया है, जो ऋण द्वारा विस्तार के लिए साधन प्राप्त करने पर बढ़कर 2.25 रुपये हो जाती है। अत: यह प्रथम विकल्प उत्तम है।

Illustration 2 : राम एवं श्याम लिमिटेड की वर्तमान में 25 लाख रुपये की समता अंश पूँजी है, जो 100 रुपये मूल्य के 25,000 अंशों में विभक्त है।

कम्पनी का प्रबन्ध एक प्रमुख विस्तार कार्यक्रम की वित्त व्यवस्था हेतु 20 लाख रुपये सम्भावित चार वित्त योजनाओं में से किसी एक द्वारा प्राप्त करना चाहता है। ये योजनाएँ हैं—

(i) सम्पूर्ण राशि समता अंशों द्वारा।

(ii) 10 लाख रुपये समता अंशों द्वारा तथा 10 लाख रुपये 8% प्रति वर्ष ब्याज की दर पर दीर्घकालीन ऋणों से।

(iii) 5 लाख रुपये समता अंशों से तथा 15 लाख रुपये 9% प्रतिवर्ष ब्याज की दर पर दीर्घकालीन ऋणों से।

(iv) 10 लाख रुपये समता अंशों से तथा 10 लाख रुपये 5% लाभांश युक्त पूर्वाधिकार अंशों से।

कम्पनी की सम्भावित ब्याज व कर पूर्व आय (EBIT) 8 लाख रुपये होगी। प्रत्येक विकल्प में प्रति अंश अर्जन (EPS) की गणना कीजिए (निगम कर की दर 50% मानते हुए) तथा इसके प्रभावों पर टिप्पणी कीजिए।

Ram & Shyam Ltd., has currently an Ordinary Share Capital of Rs. 25 lakhs, consisting of 25,000 shares of Rs. 100 each.

The management is planning to raise another Rs. 20 lakhs to finance major programme of expansion through one of four possible financing plans. The plans are :

(i) Entirely through ordinary shares.

(ii) Rs. 10 lakhs through ordinary shares and Rs. 10 lakhs through long-term borrowing at 8 per cent interest per annum.

(iii) Rs. 5 laks through ordinary shares and Rs. 15 lakhs through long-term borrowings at 9 per cent interest per annum.

(iv) Rs. 10 lakhs through ordinary shares and Rs. 10 lakhs through preference shares with 5 per cent divident.

The company's expected 'Earnings Before Interest and Taxes' (EBIT) will be Rs. 8 lakhs. Assuming a corporate tax rate of 50% determine the earnings per share (EPS) in each alternative and comment on the implications.

Solution :

Statement of Comparative Earning Per Share (EPS)

(Rs. in lakhs)

Particulars	Alternative			
	(i)	(ii)	(iii)	(iv)
Equity Share Capital	20.00	10.00	5.00	10.00
Perference Share Capital	-	-	-	10.00
Long-term Borrowings	-	10.00	15.00	-
Total Financing	20.00	20.00	20.00	20.00
EBIT	8.00	8.00	8.00	8.00
Less : Interest	-	0.80	1.35	-
Profit before tax (PBT)	8.00	7.20	6.65	8.00
Less : Tax at 50%	4.00	3.60	3.325	4.00
Profit after Tax (PAT)	4.00	3.60	3.325	4.00
Less : Preference Share Dividend	-	-	-	0.50
Funds belonging to Equity Share-holders	4.00	3.60	3.325	3.50
No. of Equity Shares	45,000	35,000	30,000	35,000
Earning per share (EPS) =	Rs. 8.89	Rs.10.29	Rs. 11.08	Rs.10.00

टिप्पणी–उपरोक्त चार विकल्पों में विकल्प (iii) सर्वोत्तम है, क्योंकि इसमें प्रति अंश आय 11.08 रुपये है जो सबसे ऊँची है। अत: कम्पनी को विस्तार हेतु 5 लाख रुपये साधारण अंशों से तथा 15 लाख रुपये 9 प्रतिशत ब्याज दर दीर्घकालीन ऋणों से प्राप्त करने चाहिए।

तटस्थ बिन्दु

(Point of indifference)

उपरोक्त उदाहरणों में विभिन्न वित्त विकल्पों का अध्ययन करने से ज्ञात होता है कि जब एक कम्पनी को अपने विनियोगों पर ऋण पूँजी की लागत से अधिक आय प्राप्त होती है तो ऋण पूँजी द्वारा वित्त प्रबन्धन करके समता अंशधारियों की प्रति

अंश आय को अधिक करना सम्भव होता है। अतः प्रश्न यह उठता है कि प्रबन्ध को कितनी सीमा तक ऋण प्राप्त करना चाहिए। इसका उत्तर बड़ा सरल है। अतिरिक्त ऋण पूँजी की लागत से जब तक अतिरिक्त आय की मात्रा अधिक हो तब तक ऋण पूँजी का प्रयोग करना चाहिए। जहाँ अतिरिक्त लागत तथा अतिरिक्त आय बराबर होगी वह ऋण पूँजी की अधिकतम सीमा होगी। इस स्तर पर प्रति अंश अर्जन (EPS) समान होगी चाहे ऋण-समता मिश्रण या मिलान कुछ भी हो। इसे ब्याज तथा कर पूर्व आय (EBIT) का तटस्थ बिन्दु या उदासीनता बिन्दु (Point of Indifference) कहते हैं। यह वह बिन्दु होता है जिस पर विनियोजित पूँजी की प्रत्याय दर ऋण पूँजी पर ब्याज दर के समान होती है। यदि कम्पनी की विनियोजित पूँजी पर सम्भावित आय इस तटस्थ बिन्दु के स्तर से बहुत अधिक है तो कम्पनी को ऋण-पत्रों से पूँजी जुटानी चाहिए। यदि सम्भावित आय इस बिन्दु से कम होने की सम्भावना है तो समता अंश पूँजी द्वारा साधन जुटाना अधिक लाभप्रद होगा, क्योंकि ऐसा करने से प्रति अंश अर्जन (EPS) अधिक होगी। तटस्थता बिन्दु विश्लेषण से संस्था के लिए उपयुक्त या सर्वोत्तम पूँजी-संरचना का निर्धारण किया जा सकता है। ब्याज एवं कर पूर्व आय (EBIT) के तटस्थ बिन्दु की गणना निम्न बीजगणितीय सूत्र द्वारा की जा सकती है–

$$\frac{(X-1_1)(1-T)-PD}{S_1}=\frac{(X-1_2)(1-T)-PD}{S_2}$$

जहाँ X = EBIT का तटस्थ बिन्दु।

I_1 = प्रथम विकल्प में ब्याज दर या राशि।

I_2 = दूसरे विकल्प में ब्याज दर या राशि।

T = कर दर।

PD = पूर्वाधिकार लाभांश।

S_1 = प्रथम विकल्प में समता अंशों की संख्या या समता अंश पूँजी।

S_2 = द्वितीय विकल्प में समता अंशों की संख्या या समता अंश पूँजी।

Illustration 3 : आपकी कम्पनी के विचाराधीन एक नई परियोजना में 150 लाख रुपये के पूँजी विनियोग की आवश्यकता है। अवधि ऋणों पर ब्याज दर 12 प्रतिशत तथा कर की दर 50% है। यदि वित्तीय संस्थाओं द्वारा 2 : 1 के ऋण-समता अनुपात पर बल दिया जाता है तो परियोजना के लिए तटस्थता बिन्दु ज्ञात कीजिए।

A new project under consideration by your company requires capital investment of Rs. 150 lakhs. Interest on term loan is 12% and tax rate is 50%. If the debt equity ratio insisted by the financing agencies is 2 : 1, calculate the point of indifference for the project.

Solution : वित्तीयसंस्थाएँ 2 : 1 ऋण-समता अनुपात पर बल देती है तब हमारी कम्पनी के पास दो विकल्प हैं–

(i) सम्पूर्ण राशि की व्यवस्था समता अंशों के निर्गमन द्वारा की जाय।

(ii) 100 लाख रुपये की वित्त व्यवस्था 12% ऋण द्वारा की जाय तथा 50 लाख रुपये की व्यवस्था समता अंशों द्वारा की जाय, जिससे 2 : 1 का ऋण समता अनुपात बना रहे।

Point of Indifference

$$\frac{(X-I_1)(1-T)-PD}{S_1} = \frac{(X-I_2)(1-T)-PD}{S_2}$$

सूत्र में विभिन्न चलों के मूल्य रखने पर–

$$\frac{(X-0)(1-5)-0}{15} = \frac{(X-12)(1-5)-0}{5}$$

Or $$\frac{.5X}{15} = \frac{.5X-6}{5}$$

Or $2.5\ X = 7.5\ X - 90$

Or $-5\ X = -90$ lakhs

So X = Rs. 18 lakhs

अत: तटस्थता बिन्दु पर EBIT 18 लाख रुपया होगा जिस पर प्रति अंश अर्जन (EPS) 6 रुपये होगी चाहे सम्पूर्ण धन की व्यवस्था समता अंश पूँजी से की जाय या 12% ब्याज दर पर अर्थात् किसी ऋण-समता अनुपात में की जाये।

पूँजी-संरचना को प्रभावित करने वाले तत्त्व

(Factors Affecting Capital Structure)

एक कम्पनी की भावी सफलता उसकी वित्तीय योजना तथा पूँजी-संरचना पर निर्भर करती है। संस्था को एक आदर्श पूँजी-संरचना के निर्माण का प्रयत्न करना चाहिए। पूँजी-संरचना के निर्धारण के लिए उन सभी तत्त्वों पर विचार कर लेना चाहिए जो कम्पनी की पूँजी-संरचना को प्रभावित करते हैं। पूँजी-संरचना को प्रभावित करने

वाले तत्त्वों को दो वर्गों में बाँटा जाता है–(अ) आन्तरिक तत्त्व, तथा (ब) बाह्य तत्त्व। इन दोनों प्रकार के तत्त्वों का यहाँ अध्ययन किया जा सकता है।

(अ) आन्तरिक तत्त्व (Internal Factors)—इसके अन्तर्गत निम्न तत्त्व सम्मिलित होते हैं—

1. व्यवसाय की प्रकृति (Nature of Business)—कम्पनी के व्यवसाय की प्रकृति पूँजी-संरचना को सर्वाधिक रूप से प्रभावित करती है। जो संस्थाएं निर्माणकारी कार्यों में लगी होती हैं उनमें स्थायी पूँजी की अधिक तथा कार्यशील पूँजी की कम आवश्यकता होती है जबकि व्यापार कार्य में लगी संस्थाओं में स्थायी पूँजी कम तथा कार्यशील पूँजी की अधिक आवश्यकता होती है। जिन संस्थाओं में स्थायी पूंजी की अधिक आवश्यकता होती है वे संस्थाएँ अपनी पूँजी का एक बड़ा भाग ऋण पूँजी द्वारा प्राप्त करती हैं।

2. आय की निश्चितता एवं नियमितता (Regularity and Certainty of Income)—पूँजी-संरचना आय की निश्चितता एवं नियमितता से भी प्रभावित होती है। एक संस्था को ऋण-पत्र एवं बॉण्ड तभी निर्गमित करने चाहिए जब संस्था की आय भविष्य में निश्चित एवं नियमित हो। जब धनराशि की कुछ समय तक ही जरूरत हो तथा बाद में आवश्यकता न हो तो विमोचनशील पूर्वाधिकार अंश निर्गमित किये जाने चाहिए। जब संस्था की आय के बारे में अनिश्चितता हो तब समता अंश निर्गमित किये जाने चाहिए। जब संस्था की आय के बारे में अनिश्चितता हो तब समता अंशों का निर्गमन किया जाना चाहिए।

3. व्यापार पर नियन्त्रण की इच्छा (Desire to Control the Business)—पूँजी-संरचना व्यापार पर नियन्त्रण की इच्छा से भी प्रभावित होती है। यदि कम्पनी का नियन्त्रण प्रवर्तकों, संस्थापकों अथवा कुछ ही व्यक्तियों के समूह के हाथों में केन्द्रित रखना होता है तो समता अंशों का निर्गमन किया जाता है, जिसका एक बड़ा भाग कुछ लोगों के पास केन्द्रित रखा जाता है तथा शेष भाग अनेक छोटे-छोटे अंशधारियों में बाँट दिया जाता है। कम्पनी को जब अधिक पूँजी की आवश्यकता होती है तो बाद में यह पूर्वाधिकारी अंशों अथवा ऋण-पत्रों से प्राप्त की जाती है, जिन्हें प्रबन्ध में भाग लेने का अधिकार नहीं होता है।

4.भावी योजनाएँ (Future Plans)—एक संस्था की पूँजी-संरचना केवल वर्तमान को ही ध्यान में रखकर नहीं बनायी जाती है, बल्कि संस्था का भावी विकास योजनाओं को भी ध्यान में रखकर बनाई जाती है। इस उद्देश्य के लिए अधिकृत पूँजी

अधिक रखी जाती है जिसे भविष्य में आवश्यकता के समय निर्गमित किया जा सके। प्रारम्भ में समता अंशों से पूँजी प्राप्त की जाती है। बाद में पूर्वाधिकार अंश तथा ऋण-पत्रों से पूँजी प्राप्त की जाती है। संस्था की भावी योजनाओं को ध्यान में रखकर पूँजी संरचना का निर्माण करना चाहिए।

5. प्रबन्धकों का दृष्टिकोण (Attitude of Management)—पूँजी संरचना पर प्रबन्धकों के दृष्टिकोण का गहरा प्रभाव पड़ता है। प्रबन्धकों के भावी अनुमान, अनिश्चितता व जोखिम को सहन करने की क्षमता, प्रबन्धकों का अनुभव इत्यादि विभिन्न तत्त्वों को ध्यान में रखकर ही अंश-पूँजी व ऋण-पूँजी का अनुपात निश्चित किया जाता है। **गुथमैन एवं डूगल** के शब्दों में, "प्रबन्ध, चतुरता, निर्णय, अनुभव, स्वभाव तथा प्रेरणा में भिन्न होता है। यह समान जोखिमों का भिन्न प्रकार से मूल्यांकन करता है तथा इसकी ऋण पूँजी द्वारा वित्त-व्यवस्था करने की इच्छा में भी भेद होता है। इसीलिए, पूँजी ढाँचा समान रूप से प्रबन्ध की आयु, अनुभव, महत्त्वाकांक्षा, विश्वास तथा रूढ़िवाद से प्रभावित होता है।"[1]

6. कार्य की स्वच्छन्दता (Freedom of Working)—कुछ संस्थापक व्यवसाय की नीति निर्धारण व निर्णयों में अन्य व्यक्तियों का हस्तक्षेप पसन्द नहीं करते हैं। इस आशय के लिए वे पूँजी संरचना इस प्रकार करते हैं ताकि उनके हाथों में समस्त नीति निर्धारण एवं क्रियान्वयन का अधिकार केन्द्रित रहे। ऐसा करने के लिए साधारण अंश पूँजी का निर्गमन किया जाता है जिस पर प्रबन्धक या उनके एक वर्ग विशेष का अधिकार होता है, तथा ऋण-पत्रों का निर्गमन नहीं किया जाता है। ऐसा करने से प्रबन्धक अपनी इच्छानुसार नीति निर्धारण व निर्णय ले सकते हैं, क्योंकि ऋणदाताओं का हस्तक्षेप नहीं होता। मन्दीकाल में प्राय: उपभोक्ताओं की क्रय-शक्ति गिर जाती है, ऐसी स्थिति में संस्थाएँ मूल्य नीति में परिवर्तन कर सकती हैं तथा वित्तीय संकट के समय सम्पत्तियों पर प्रभार उत्पन्न करके ऋण पूँजी प्राप्त कर सकती हैं। ऐसी संस्थाएँ जिनकी सम्पत्तियों पर पहले से ही ऋण पूँजी का प्रभार हो, प्राय: अतिरिक्त पूँजी प्राप्त करने में कठिनाई महसूस करती है।

7. परिचालन अनुपात (Operating Ratio)—परिचालन अनुपात बेचे गये माल की लागत व परिचालन व्ययों के योग में शुद्ध विक्रय का भाग देकर ज्ञात किया जाता है। माना कि व्यवसाय का शुद्ध विक्रय 10,000 रु. का है तथा विक्रय की लागत 6,000 रु. व परिचालन व्यय 3,000 रु. है तो परिचालन अनुपात $\frac{9,000}{10,000}$ रु. × 100 = 90 प्रतिशत हुआ; अर्थात् शुद्ध विक्रय के प्रत्येक 100 रु. में केवल 10 रु. ही दीर्घकालीन देनदारियों पर ब्याज एवं लाभांश के लिए बचते हैं। यह उच्च परिचालन

अनुपात कहलाएगा। सामान्यतया उच्च परिचालन अनुपात ऐसे व्यवसायों में होता है, जिनमें मुख्यत: वस्तुओं का क्रय-विक्रय, मरम्मत या माल का परिष्करण किया जाता है तथा जिनमें स्थायी सम्पत्तियों एवं यन्त्रों का प्रयोग कम तथा श्रम शक्ति का अधिक प्रयोग होता है। इसके विपरीत निम्न परिचालन अनुपात सामान्यतया उत्पादक व्यवसायों में होता है। ऐसे व्यवसाय में श्रम शक्ति की अपेक्षा स्थिर सम्पत्तियों व संयंत्रों का अधिक प्रयोग होता है।

उपर्युक्त से स्पष्ट है कि परिचालन अनुपात का पूँजी संरचना से घनिष्ठ सम्बन्ध होता है। जिन व्यवसायों में परिचालन अनुपात अधिक होता है, वहाँ ब्याज एवं लाभांश के लिए आय कम बचती है, ऐसे व्यवसायों में कुल आय की तुलना में स्थिर सम्पत्तियाँ एवं पूँजीकरण की मात्रा उतनी ही कम होगी। अत: साधारण अंशों के अनुपात में ऋणगत प्रतिभूतियों का अनुपात भी कम होता है। ऐसे व्यवसाय जहाँ परिचालन अनुपात कम होता है, स्थिर सम्पत्तियाँ एवं पूँजीकरण की मात्रा आय के अनुपात में उतनी ही अधिक होगी, इसलिए साधारण अंशों के साथ-साथ ऋणगत प्रतिभूतियों की मात्रा भी अधिक होगी।

8. ट्रेडिंग ऑन इक्विटी (Trading on Equity)—कभी-कभी व्यवसाय के प्रवर्तक या प्रबन्धक अधिक लाभ अर्जन की आकांक्षा में न्यूनतम विनियोग के द्वारा व्यवसाय पर अधिकतम नियन्त्रण करना चाहते हैं जिससे समता अंश पूँजी पर ऊँचा लाभांश घोषित करके यथासम्भव अधिक से अधिक लाभ कमाया जा सके। इस आशय के लिए जिस सिद्धान्त का सहारा लिया जाता है, उसे ट्रेडिंग ऑन इक्विटी कहते हैं। इस सिद्धान्त के अनुसार बहुत थोड़ी मात्रा में साधारण अंशों का निर्गमन करके शेष पूँजी की व्यवस्था दीर्घकालीन ऋणों द्वारा की जाती है तथा उन्हीं के आधार पर कार्य संचालन भी किया जाता है। ऐसा करने से संस्था के स्वामी न्यूनतम विनियोग करके अधिकतम सम्पत्तियों के स्वामी हो जाते हैं। व्यवसाय में प्रत्याय कुल विनियोग पर प्राप्त होता है तथा कुल विनियोग पर अर्जित प्रत्याय दीर्घकालीन ऋणों पर देय ब्याज से कहीं अधिक होता है, इसलिए शेष लाभ साधारण अंशों पर लाभांश के लिए उपलब्ध होता है। अत: साधारण अंशों पर अधिक दर से लाभांश पोषित करना सम्भव होता है। इस प्रकार ट्रेडिंग ऑन इक्विटी की स्थिति में पूँजी संरचना इस प्रकार की जाती है, जिससे साधारण अंश बहुत कम मात्रा में होते हैं, जबकि दीर्घकालीन ऋण की मात्रा अधिक होती है।

9. पूँजी दन्तिकरण व दन्ति अनुपात (Capital Gearing and Gear Ratio)—परिवर्तनशील लागत प्रतिभूतियों (साधारण अंश) व स्थायी लागत प्रतिभूतियों

(पूर्वाधिकार अंश व ऋण पूँजी) के मध्य अनुपात को वित्तीय प्रबन्ध की भाषा में दन्ति अनुपात के नाम से जाना जाता है। संस्था में उच्च तथा निम्न दन्ति अनुपात हो सकता है। ऐसी संस्थाएँ जहाँ दन्ति अनुपात उच्च होता है, वहाँ साधारण अंशों में उतनी ही सट्टे की सम्भावना अधिक होती है तथा संस्था के साधारण अंशों के बाजार मूल्य सट्टे से प्रभावित होते रहते हैं। अतः प्रवर्तकों के लिए यह आवश्यक है कि पूँजी संरचना का निर्धारण करते समय स्थायी प्रत्याय व परिवर्तनशील प्रत्याय प्रतिभूतियों का पारस्परिक अनुपात सावधानी के साथ निर्धारित करें।

10. पूँजी प्राप्ति के विभिन्न साधनों में सुखद समन्वय (Proper Mix of Different Sources)—एक संस्था को पूँजी प्राप्त करने के स्वामीगत साधन तथा ऋण साधनों में सुखद समन्वय स्थापित करना चाहिए।

(ब) बाह्य तत्त्व (External Factors)—इनमें निम्न महत्त्वपूर्ण होते हैं—

1. पूँजी बाजार की दशाएँ (Conditions of Capital Market)—पूँजी संरचना को एक महत्त्वपूर्ण सीमा तक पूँजी बाजार की दशाएँ भी प्रभावित करती हैं। मन्दी की दशाओं में जब ब्याज दर कम होती है तथा लाभ की सम्भावनाएँ अनिश्चित व अनियमित होती हैं, ऐसी स्थिति में साधारण अंशों के अपेक्षाकृत ऋणपत्र अधिक लोकप्रिय होते हैं। साधारणतया यह समय ऋणपत्रों के निर्गमन के लिए अधिक उचित होता है। अतः कम्पनियाँ ऐसी परिस्थितियों में साधारण अंशों के अपेक्षाकृत ऋणपत्रों का निर्गमन अधिक पसन्द कर सकती हैं। ऐसी दशा में कम्पनी द्वारा पूर्व निर्गमित ऊँची ब्याज दर वाले ऋणपत्रों का भुगतान करके नीचे ब्याज दर वाले नये ऋणपत्र निर्गमित किये जा सकते हैं। इसके विपरीत तेजी की स्थिति में लाभ अर्जन की सम्भावनाएँ बढ़ जाती हैं तथा लोगों के पास विनियोजन के लिए पर्याप्त धन भी होता है, अतः ऋणपत्रों की अपेक्षा साधारण अंशों की बाजार में माँग बढ़ जाती है। अतः तेजी की स्थिति में न केवल साधारण अंश पूँजी का बाहुल्य ही होता है वरन् साधारण अंशों की भारी माँग के कारण इन्हें प्रब्याजि पर भी निर्गमित किया जा सकता है। अतः पूँजी संरचना निर्धारित करते समय पूँजी बाजार की दशाओं को ध्यान में रखकर ही पूँजी अनुपात निश्चित किया जाना चाहिए।

2. विनियोक्ताओं की प्रकृति तथा प्रकार (Nature and Kind of Investors)—संस्था की पूँजी संरचना उसके विनियोक्ताओं की प्रकृति तथा प्रकार द्वारा भी प्रभावित होती है। कुछ विनियोक्ताओं के पास अत्यधिक धन होता है, जबकि कुछ के पास धन की कमी होती है। कुछ विनियोक्ता साहसी होते हैं एवं जोखिम उठाने को तत्पर रहते हैं जबकि अन्य अधिक सतर्क होते हैं तथा धन की सुरक्षा तथा प्रत्याय की

निश्चितता चाहते हैं। अत: सभी प्रकार के विनियोक्ताओं की माँग के स्वरूप में पर्याप्त भिन्नता होती है। उपर्युक्त तयि को ध्यान में रखकर साधारणतया कम्पनियाँ विभिन्न प्रकार की प्रतिभूतियों का निर्गमन करती हैं, ताकि विभिन्न प्रकार के विनियोक्ता साधारण अंशों में विनियोजन करते हैं जबकि भीरु व कम पूँजी वाले विनियोक्ता पूर्वाधिकार अंश व ऋणपत्रों में विनियोजन पसन्द करते हैं। कुछ विनियोक्ता ढुलमुल प्रकृति के होते हैं, इनके लिए शोधनीय पूर्वाधिकार अंश तथा परिवर्तनीय ऋणपत्रों का निर्गमन अधिक सार्थक हो सकता है।

3. पूँजी निर्गमन की लागत (Cost of Capital Issue)—पूँजी निर्गमन की लागत भी पूँजी संरचना को पर्याप्त सीमा तक प्रभावित करती है। पूँजी की लागत में अभिगोपन व्यय, दलाली तथा बट्टा इत्यादि सम्मिलित किये जाते हैं। प्राय: व्यावसायिक संस्थाएँ इन लागतों को न्यूनतम रखना चाहती हैं, अत: सामान्यत: ऐसी प्रतिभूतियों के निर्गमन को प्राथमिकता दी जाती है जिनके निर्गमन की लागत अपेक्षाकृत कम हो। व्यवहार में पूँजी निर्गमन की लागत के अतिरिक्त पूँजी के उचित अनुपात तथा कम्पनी की लागत के भार का भी ध्यान रखा जाता है।

4. प्रचलित विधान एवं नियम (Prevailing Statutes and Rules)—देश में प्रचलित विधान एवं नियम तथा उनमें भविष्य परिवर्तन की सम्भावनाएँ भी पूँजी संरचना को प्रभावित करती हैं। उदाहरणार्थ, यदि कम्पनियों की आय पर ऊँची दर सेकर लगता है तो कम्पनी अंशों की अपेक्षा ऋणपत्र निर्गमित करना अधिक पसन्द करेगी, क्योंकि ऋणपत्रों पर देय ब्याज को कम्पनी की कुल आय की गणना करते समय घटा दिया जाता है–यह स्वीकृत कटौती है जबकि लाभांश कटौती हेतु स्वीकृत नहीं है।

कानून में सम्भावित संशोधन का भी पूँजी संरचना पर महत्त्वपूर्ण प्रभाव पड़ सकता है। उदाहरणार्थ, भाभा समिति का प्रतिवेदन प्रकाशित होते ही स्थगित अंशों (Deferred Shares) का चलन समाप्त होने लगा था, जबकि अधिनियम काफी समय बाद लागू हुआ था।

आदर्श पूँजी संरचना

(Optimum Capital Structure)

एक संस्था को इस प्रकार की पूँजी संरचना का निर्माण करना चाहिए, जिससे कम्पनी के उद्देश्यों की सफलतापूर्वक पूर्ति हो सके। एक कम्पनी को इस उद्देश्य की पूर्ति केलिए आदर्श–पूँजी–संरचना को चुनना चाहिए। आदर्श पूँजी संरचना का चुनाव

कम्पनी विशेष के लिए दी हुई परिस्थितियों में किया जाता है। एक पूँजी-संरचना सभी कम्पनियों के लिए सभी समयों में आदर्श नहीं हो सकती। सामान्यतया पूँजी संरचना में निम्न गुण होने चाहिए-

1. सरलता (Simplicity)—कम्पनी का पूँजी ढाँचा प्रारम्भ में बिल्कुल सरल होना चाहिए। उसमें किसी प्रकार की जटिलता नहीं होनी चाहिए। सरलता का तात्पर्य यह है कि प्रारम्भ में कम से कम प्रकार की प्रतिभूतियों से धन संग्रह किया जाए। यदि प्रारम्भ में अनेक प्रकार की प्रतिभूतियों से धन संग्रह किया जाता है तो उससे नये प्रस्तावों के प्रति विनियोक्ताओं के मन में सन्देह उत्पन्न हो जाता है।

2. लोचपूर्णता (Flexibility)—पूँजी ढाँचे का निर्धारण केवल उपक्रम की तात्कालिक आवश्यकताओं के लिए ही नहीं किया जाता है, बल्कि दीर्घकालीन आवश्यकताओं के लिए भी किया जाता है। अतः पूँजी ढाँचा इस प्रकार का होना चाहिए जिससे व्यवसाय की बढ़ती हुई आवश्यकताओं के लिए भविष्य में भी वित्त प्राप्त किया जा सके। कम पूँजी की आवश्यकता होने पर पूँजी अथवा कोषों को कम करना भी सम्भव होना चाहिए।

3. पूर्ण उपयोग (Full Utilisation)—पूँजी की मात्रा का निर्धारण इस प्रकार से किया जाना चाहिए जिससे संस्था में न तो अल्प-पूँजीकरण हो तथा न ही अति-पूँजीकरण हो। संस्था में उचित पूँजीकरण होना चाहिए। जब संस्था में उचित पूँजीकरण होता है, तब संस्था के पास पूँजी साधन बेकार नहीं पड़े रहते तथा उनका अच्छा उपयोग होता है।

4. पर्याप्त तरलता (Adequate Liquidity)—कम्पनी का पूँजी ढाँचा तथा सम्पत्तियों का मिश्रण इस प्रकार का होना चाहिए जिससे संस्था के पास सदैव पर्याप्त तरलता रहे। संस्था को अपनी पूँजी का उचित भाग सदैव तरल सम्पत्तियों में रखना चाहिए।

5. न्यूनतम लागत (Minimum Cost)—पूँजी विभिन्न साधनों से एकत्र की जा सकती है तथा प्रत्येक साधन की लागत लगती है। पूँजी ढाँचे का चुनाव इस प्रकार किया जाए जिससे पूँजी संग्रह की लागत न्यूनतम हो। कुछ साधनों की लागत अधिक तथा कुछ की कम होती है। विभिन्न साधनों का ऐसा मिश्रण चुना जाना चाहिए जिससे पूँजी की औसत भार युक्त लागत न्यूनतम हो।

6. न्यूनतम जोखिम (Minimum Risk)—कम्पनी के व्यवसाय में अनेक प्रकार की जोखिमें होती हैं, जो करों की मात्रा, लागतों में परिवर्तन, मूल्यों में परिवर्तन, ब्याज

दरों में परिवर्तन आदि से घटती-बढ़ती रहती हैं। पूँजी ढाँचे का निर्धारण इस प्रकार किया जाना चाहिए, जिससे इनका प्रभाव कम से कम पड़े।

7. अधिकतम नियन्त्रण (Maximum Control)—एक कम्पनी पर साधारण अंशधारियों का नियन्त्रण होता है, क्योंकि पूर्वाधिकार अंशधारियों तथा ऋणपत्रधारियों को मतदान का अधिकार नहीं होता है। परन्तु इन्हें विशेष परिस्थितियों में मतदान का अधिकार प्राप्त हो जाता है। अत: पूँजी ढाँचे में ऐसा कोई परिवर्तन नहीं किया जाना चाहिए, जिससे व्यवसाय का नियन्त्रण साधारण अंशधारियों के हाथों से निकल जाए।

8. अधिकतम लाभदायकता (Maximum Profitability)—किसी भी व्यावसायिक संस्था के लिए आदर्श पूँजी ढाँचा वह होगा जिसके द्वारा व्यवसाय की लाभदायकता अधिकतम हो सके। यद्यपि लाभदायकता व्यवसाय के प्रबन्ध की कुशलता पर निर्भर करती है, परन्तु पूँजी की लागत भी इसे प्रभावित करती है। अत: पूँजी ढाँचा ऐसा होना चाहिए जिसमें पूँजी की लागत कम हो।

पूँजी-संरचना के निर्णय

(Decisions of Capital Structure)

पूँजी-संरचना में संस्था की स्थायी पूँजी का समावेश किया जाता है। इसके सम्बन्ध में किये गये निर्णय संस्था की दीर्घकालीन वित्तीय सुदृढ़ता को प्रभावित करते हैं। अत: संस्था के प्रबन्धकों के सामने यह समस्या रहती है कि संस्था की स्थायी पूँजी का प्रबन्ध स्थायी लागत पूँजी (Fixed Cost Capital) से किया जाये अथवा परिवर्तनशील लागत पूँजी (Variable Cost Capital) से किया जाये। ये निर्णय निम्न बातों को ध्यान में रखकर किये जाते हैं—

(अ) समता पर व्यापार (Trading on Equity)

(ब) पूँजी मिलान अथवा पूँजी दन्तिकरण (Capital Gearing)

(स) पूँजी की लागत (Cost of Capital)।

इन तीनों का विस्तृत विवेचन यहाँ किया जा रहा है :

पूँजी संरचना चार्ट

1. समता पर व्यापार अर्थात् ट्रेडिंग ऑन इक्विटी (Trading on Equity)

जब किसी व्यावसायिक संस्था में स्वामी पूँजी की अपेक्षा ऋण पूँजी के आधार

पर व्यापार किया जाता है तो इसे 'समता पर व्यापार' अथवा ट्रेडिंग ऑन इक्विटी के नाम से जाना जाता है।

गेस्टनबर्ग ने समता पर व्यापार को परिभाषित करते हुए लिखा है, "जब एक व्यक्ति अथवा निगम स्वामित्व पूँजी के साथ-साथ ऋण पूँजी लेकर अपने नियमित व्यापार का संचालन करता है तो उसे समता पर व्यापार कहा जाता है।"[1]

गुथमैन एवं डूगल के शब्दों में, "एक फर्म के वित्तीय प्रबन्ध हेतु स्थिर लागत पर ऋण-कोषों का प्रयोग समता पर व्यापार कहलाता है।"[2]

यदि किसी संस्था के प्रबन्धकों को इस बात का विश्वास हो कि संस्था ऋण पूँजी पर चुकाए जाने वाले ब्याज की तुलना में उससे अधिक आय अर्जित कर सकती है तो निश्चित रूप से ऋण लेकर व्यापार करने की नीति अपनानी चाहिए। इस नीति के अपनाने से समता अंशधारियों की आय को बहुत अधिक बढ़ाया जा सकता है। परन्तु समता पर व्यापार की नीति तभी अपनायी जा सकती है, जब कम्पनी को आय की स्थिरता तथा निश्चितता का विश्वास हो। **गेस्टनबर्ग** ने ठीक ही कहा है, "समता पर व्यापार मुख्यत: आय की स्थिति एवं निश्चितता की परिसीमाओं से बँधा हुआ है।"[3]

समता पर व्यापार के प्रकार (Types of Trading on Equity)—समता पर व्यापार दो प्रकार का होता है–

(i) अल्प या न्यून समता पर व्यापार (Trading on Thin Equity)—जब संस्था के कुल पूँजीकरण में साधारण अंश पूँजी की मात्रा ऋण पूँजी व पूर्णाधिकार अंश पूँजी की अपेक्षा कम होती है तो उस स्थिति को अल्प या न्यून समता पर व्यापार कहते हैं।

(ii) उच्च या सघन समता पर व्यापार (Trading on Thick Equity)—जब संस्था के कुल पूँजीकरण में साधारण अंश पूँजी की मात्रा ऋण पूँजी व पूर्वाधिकार अंश पूँजी की अपेक्षा अधिक होती है तो उस स्थिति को उच्च या सघन समता पर व्यापार कहते हैं।

समता पर व्यापार नीति के उद्देश्य (Objects of Trading on Equity)—समता पर व्यापार नीति निम्न उद्देश्यों को प्राप्त करने के लिए अपनाई जाती है–

1. न्यूनतम स्वामित्व पूँजी के सहारे व्यवसाय संचालित कर, यथासम्भव अधिकतम ऋण लेकर वित्तीय साधनों को नियन्त्रित करना;

2. साधारण अंश पूँजी पर दी जाने वाली लाभांश दर में वृद्धि करना, तथा

3. व्यवसाय का नियन्त्रण स्वयं के या एक वर्ग विशेष के हाथों में केन्द्रित रखना।

समता पर व्यापार नीति का महत्त्व (Importance ofTrading on Equity)— समता पर व्यापार नीति का सबसे बड़ा लाभ यह है कि पूँजी संरचना में निधिबद्ध ऋणों (Funded Debts) का एक आधार है तथा इस नीति के अनुसार कार्य करने से संस्था को अधिक आय प्राप्त होती है, जिससे साधारण अंशों पर लाभांश दर में वृद्धि हो जाती है। साधारण अंशों पर ऊँची लाभांश दर होने से संस्था की ख्याति अथवा साख बढ़ती है तथा उसके अंशों के बाजार मूल्य में भी वृद्धि होती है। संस्था की साख बढ़ने पर उसे ऋण सरलतापूर्वक एवं निम्न ब्याज दर पर उपलब्ध हो जाते हैं जिसके फलस्वरूप संस्था व्यापार का कुशल संचालन कर अधिक लाभ अर्जन कर सकती है। लेकिन यह इस नीति का एक तरफा चित्र है। कभी-कभी संस्था को लाभ न हो अथवा लाभ बहुत कम हो तो ऐसी स्थिति में समस्त लाभ ऋणपत्रधारियों को ब्याज चुकाने में ही समाप्त हो जाएगा तथा समता अंशधारियों के लिए कुछ भी नहीं बचेगा। परिणामस्वरूप साधारण अंशों पर लाभांश घोषित करना सम्भव नहीं होगा, जिससे संस्था की साख में गिरावट आएगी एवं साधारण अंशों का बाजार मूल्य भी गिर जाएगा। वस्तुतः समता पर व्यापार की नीति उस समय तक ही लाभदायक होती है, जब तक कि ऋण पूँजी पर दी जाने वाली ब्याज दर की तुलना में अर्जित आय की दर अधिक हो।

5

भारत में पूँजी संरचना के सिद्धान्त

किसी संस्था के कुल पूँजीकरण में ऋण एवं समता पूँजी का मिश्रण (अर्थात् पूँजी संरचना) संस्था की पूँजी की लागत एवं संस्था के कुल मूल्य को प्रभावित करता है। किसी संस्था का कुल मूल्य संभावित अर्जनों एवं पूँजी की लागत पर निर्भर करता है। किसी संस्था के प्रबन्ध को पूँजी संरचना के उस प्रारूप का चयन करना चाहिए जिसमें संस्था की समग्र पूँजी लागत न्यूनतम हो तथा संस्था का कुल मूल्य अधिकतम हो। किसी संस्था के पूँजी संरचना सम्बन्धी निर्णय संस्था की समता पूँजी पर प्रत्याय को प्रभावित करते हैं अतः पूँजी संरचना सम्बन्धी निर्णय लेने से पूर्व पूँजी संरचना का संस्था की पूँजी की लागत एवं संस्था के मूल्य पर पड़ने वाले प्रभाव का ज्ञान होना आवश्यक है।

पूँजी संरचना के प्रमुख सिद्धान्त

पूँजी संरचना के सिद्धान्त, पूँजी संरचना का संस्था की पूँजी की लागत एवं संस्था के मूल्य पर पड़ने वाले प्रभावों को बताते हैं।

पूँजी संरचना के मुख्य चार सिद्धान्त निम्नलिखित हैं—

1. शुद्ध आय सिद्धान्त (Net Income theory)

2. शुद्ध परिचालन आय सिद्धान्त (Net Operating Income Theory)

3. मोदी गिलयानी-मिलर का सिद्धान्त (Modigliani Miller Theory)

4. परम्परागत सिद्धान्त (Traditional Theory)

1. शुद्ध आय सिद्धान्त (Net Income Theory)

शुद्ध आय सिद्धान्त का प्रतिपादन डेविट डूरन्ड द्वारा किया गया था। इस सिद्धान्त के अनुसार पूँजी संरचना में परिवर्तन से संस्था की पूँजी लागत एवं संस्था का कुल मूल्य प्रभावित होता है। एक संस्था अपनी पूँजी संरचना में ऋण पूँजी के अनुपात में वृद्धि करके पूँजी की लागत में कमी एवं संस्था के कुल मूल्य में वृद्धि कर सकती है। इस सिद्धान्त के अनुसार एक संस्था को अपनी पूँजी संरचना में ऋण पूँजी का अधिकतम उपयोग करना चाहिए जिससे कि संस्था की पूँजी लागत न्यूनतम हो सके एवं समता अंश पूँजी पर प्रत्याय में वृद्धि हो।

समता अंश पूँजी पर प्रत्याय में वृद्धि होने से संस्था के समता अंशों के बाजार मूल्य में वृद्धि होगी एवं समता अंशों के बाजार मूल्य में वृद्धि होने से संस्था के कुल मूल्य में वृद्धि होगी। इस सिद्धान्त के अनुसार किसी संस्था की अनुकूलतम पूँजी संरचना (ऋण एवं समता पूँजी का मिश्रण) वह होगी जहाँ संस्था की पूँजी लागत न्यूनतम हो एवं संस्था का कुल मूल्य अधिकतम हो। शुद्ध आय सिद्धान्त को स्थिर समता पूँजी लागत सिद्धान्त भी कहा जाता है।

शुद्ध आय सिद्धान्त निम्नलिखित मान्यताओं पर आधारित है—

(i) आयकर पर कोई ध्यान नहीं दिया जाता है।

(ii) ऋण पूँजी की लागत समता पूँजी की लागत से कम है।

(iii) ऋण पूँजी की लागत तथा समता पूँजी की लागत स्थिर रहेगी अर्थात् ऋण पूँजी में वृद्धि होने पर ऋणदाताओं एवं समता अंशधारियों की दृष्टि से संस्था अधिक जोखिमपूर्ण नहीं होगी।

शुद्ध आय सिद्धान्त के अनुसार संस्था का कुल मूल्य समता अंशों के बाजार मूल्य एवं ऋण के बाजार मूल्य के योग के बराबर होता है। सूत्र रूप में—

$$\text{Total Value of Firm} = \begin{matrix}\text{Market Value} \\ \text{of Equity}\end{matrix} + \begin{matrix}\text{Market Value} \\ \text{of Debt}\end{matrix}$$

Or $V = S + D$

उपर्युक्त सूत्र में समता के बाजार मूल्य का निर्धारण निम्न प्रकार किया जाता है—

$$\text{Market Value of Equity} = \frac{\text{Earnings Available for Equity Shareholders}}{\text{Equity Capitalisation Rate or Cost of Equity Capital}}$$

Or
$$S = \frac{E}{K_e} \text{ Or } \frac{EBIT\text{-}I}{K_e}$$

शुद्ध आय सिद्धान्त के अनुसार संस्था की पूँजी की समस्त लागत (Overall Cost of Capital) का निर्धारण अग्र सूत्र द्वारा किया जाता है—

$$\text{Overall Cost of Capital} = \frac{\text{Eamings before Interest and Tax}}{\text{Value of the firm}}$$

$$\text{or } Ko = \frac{EBIT}{V}$$

Illustration 1 : Rakesh Ltd. has 10% Debentures of Rs.10,00,000. The expected annual net income before interest and tax of the company is Rs. 4,00,000. The equity capitalisation rate of the company is 15%. Compute according to Net Income Theory—

(a) The existing total market value and the overall cost of capital of the company.

(b) The impact on total market value and overall cost of capital if the management takes a decision to increase debentures by Rs. 6,00,000 by reducing equity, and

(c) The impact on total market value and overall cost of capital in case, the management decides to reduce its debentures by Rs. 6,00,000, through issue of equity shares.

Solution :

(A) (i) Calcutation of existing total market value of the company :

	Rs.
Net Income (EBIT)	4,00,000
Less : Interest on 10% Debentures (I)	1,00,000
Profit available for Equity Shareholders (E)	3,00,000

Equity capitalisation rate (K_e)	15%
Market Value of Equity (S)	20,00,000

$$\left[S=\frac{E}{Ke}=\frac{Rs.3,00,000}{15\%}\right]$$

Market Value of Debentures (D)	10,00,000
Total Market Value of Company (V=S+D)	30,00,000

(ii) Calculation of existing Overall Cost of Capital

$$Ko=\frac{EBIT}{V}\times 100=\frac{Rs.\ 4,00,000}{Rs.30,00,000}\times 100=13.33\%$$

(B) Increase in Debentures inTotal Capitalisation :

(i) Effect on Value of Company-

Net Income (EBIT)	4,00,000
Less :10% Interest on Debentures of Rs. 16,00,000	1,60,000
Profit Available for Equity Shareholders (E)	2,40,000
Equity Capitalisation Rate (Ke)	15%
Market Value of Equity (S) = $\frac{E}{Ke}=\frac{Rs.\ 2,40,000}{15\%}$	16,00,000
Market Value of Debentures	16,00,000
Market Value of Company (V=S+D)	32,00,000

(ii) Effect on Overall Cost of Capital-

$$KO=\frac{EBIT}{V}\times 100=\frac{Rs.\ 4,00,000}{Rs.\ 32,00,000}100=12.50\%$$

उपर्युक्त गणना से यह स्पष्ट है कि यदि पूँजी-संरचना में ऋण पूँजी में वृद्धि की जाती है तो कम्पनी के कुल बाजार मूल्य में वृद्धि होगी तथा पूँजी की समस्त लागत में कमी होगी।

(C) Decrease in debentures in Total Capitalisation :

(i) Effect on Value of Company–

	Rs.
Net Income (EBIT)	4,00,000
Less : 10% Interest on Debentures of Rs. 4,00,000 (I)	40,000
Profit available for Equity Shareholders (E)	3,60,000
Equity Capitalisation Rate (Ke)	15%
Market Value of Equity (S) $(S = \frac{E}{Ke} = 3,60,000 \div 15\%)$	24,00,000
Market Value of Debentures (D)	4,00,000
Total Market Value of Company (V=S+D)	28,00,000

(ii) Effect on Overall Cost of Capital—

$$Ko = \frac{EBIT}{V} \times 100 = \frac{Rs.\ 4,00,000}{Rs.\ 28,00,000} \times 100 = 14.29\%$$

उपर्युक्त गणना से स्पष्ट है कि यदि पूँजी-संरचना में ऋण पूँजी में कमी की जाती है तो कम्पनी के कुल बाजार मूल्य में कमी होती है तथा पूँजी की समस्त लागत में वृद्धि होती है।

2. शुद्ध परिचालन आय सिद्धान्त (Net Operating Income Theory)

शुद्ध परिचालन आय सिद्धान्त का प्रतिपादन भी डेविड डूरन्ड द्वारा किया गया था। यह सिद्धान्त शुद्ध आय सिद्धान्त से पूर्णतः विपरीत है। इस सिद्धान्त के अनुसार किसी संस्था की पूँजी संरचना में परिवर्तन का संस्था के कुल मूल्य पर कोई प्रभाव नहीं पड़ता है तथा संस्था की पूँजी की समस्त लागत स्थिर रहती है। इस सिद्धान्त के अनुसार कोई पूँजी संरचना अनुकूलतम नहीं होती है क्योंकि यह सिद्धान्त इस मान्यता पर आधारित है कि पूँजी संरचना संस्था की समस्त पूँजी लागत एवं संस्था के मूल्य पर कोई प्रभाव नहीं डालती है।

शुद्ध परिचालन आय सिद्धान्त निम्नलिखित मान्यताओं पर आधारित है—

(i) संस्था की कुल पूँजी को ऋण एवं समता में विभाजन करना महत्त्वहीन है क्योंकि विनियोजकों द्वारा संस्था का मूल्यांकन समग्र रूप में किया जाता है।

(ii) पूँजी संरचना के प्रत्येक स्तर पर व्यावसायिक जोखिम स्थिर रहती है अतः समग्र पूँजीकरण दर भी स्थिर रहती है। (क्योंकि समग्र पूँजीकरण दर व्यावसायिक जोखिम पर निर्भर करती है।)

(iii) ऋण-पूँजीकरण दर स्थिर रहती है।

(iv) निगम कर अस्तित्व में नहीं होते हैं।

(v) कम लागत वाली ऋण पूँजी के उपयोग में वृद्धि से समता अंशधारियों की वित्तीय जोखिम में वृद्धि होती है जिससे समता पूँजी की पूँजीकरण दर (K_e) में वृद्धि होती है एवं कम लागत वाली ऋण पूँजी के उपयोग से प्राप्त होने वाले सम्पूर्ण लाभ समाप्त हो जाते हैं।

शुद्ध परिचालन आय सिद्धान्त के अनुसार संस्था का कुल मूल्य शुद्ध परिचालन आय को समग्र पूँजीकरण दर से पूँजीकृत करके ज्ञात किया जाता है—

$$\text{Value of firm} = \frac{\text{Earnings before Interest and Tax}}{\text{Overall Cost of Capital}}$$

$$\text{Or } V = \frac{EBIT}{Ko}$$

फर्म के कुल मूल्य (V) में से ऋण के बाजार मूल्य (D) को घटाकर समता पूँजी का बाजार (S) ज्ञात किया जाता है–

Market Value of Equity = Total Value of Firm – Market Value of Debt

Or $S = V - D$

समता पूँजी की लागत (K_e) की गणना निम्न सूत्र द्वारा की जाती है—

$$\text{Cost of Equity Capital} = \frac{\text{Earnings Available for Equity Shareholders}}{\text{Value of Equity}}$$

$$\text{Or} \quad K_e = \frac{EBIT\text{-}1}{S \text{ or } V - D}$$

Illustration 2 : Vinod Ltd. has an expected annual net operating income before interest and tax of Rs. 3,00,000. The cost of debt is 12% and the outstanding debt amounts to Rs. 10,00,000. The overall capitalisation rate of the company is 15%. You are required to calculate total market value and the equity capitalisation rate of the company according to Net operating Income Theory—

(a) for present capital structure;

(b) if the company decides to raise a sum of Rs.5,00,000 through debt at a cost of 12% and uses the proceeds to pay of the equity shareholders; and

(c) if the company decides to redeem debt worth Rs. 5,00,000 by issue of equity shares.

Solution :

(A) (i) Calculation of Total Market Value of the Company for existing Capital Structure :

	Rs.
Net Operating Income (EBIT)	3,00,000
Overall Capitalisation Rate (Ko)	15%
Total market Value of the Company (V)	
$= \frac{EBIT}{Ko} = \frac{Rs.\ 3,00,000}{15\%}$	20,00,000

(ii) Calculation of Equity Capitalisation rate (Ke) for existing Capital Structure :

Total Market Value of the Company (V)	20,00,000
Less :Total Market Value of Debt (D)	10,00,000
Total Market Value of Equity (S = V - D)	10,00,000

Equity Capitalisation rate (Ke)

$$= \frac{\text{Profit Available to Equity Shareholders}}{\text{Market Value of Equity (S)}} \times 100$$

$$= \frac{Rs.\ 3,00,000 - 12\%\ of\ Rs.\ 10,00,000}{Rs. 10,00,000} \times 100$$

$$= \frac{Rs.\ 3,00,000 - Rs.\ 1,20,000}{Rs. 10,00,000} \times 100 = \frac{Rs. 1,80,000}{Rs. 10,00,000} \times 100 = 18\%$$

(B) Increase in debt and decrease in equity :

(i) Calculation of Total Market Value of the Company :

	Rs.
Net Operating Income (EBIT)	3,00,000

Overall Capitalisation rate (Ko)	15%
Total Market Value of the Company (V) = $\frac{\text{EBIT}}{\text{Ko}}$	
$= \frac{\text{Rs. } 3{,}00{,}000}{15\%}$	20,00,000

(ii) Calculation of Equity Capitalisation Rate (Ke) : Rs.

Total Market Value of the Company (V)	20,00,000
Less : Total Value of Debt (D)	15,00,000
Total Market Value of equity (S = V - D)	5,00,000

Equity Capitalisation rate (Ke)

$$= \frac{\text{EBIT} - 1}{\text{S}} \times 100 = \frac{\text{Rs. } 3{,}00{,}000 - 12\% \text{ of Rs. } 15{,}00{,}000}{\text{Rs. } 5{,}00{,}000} \times 100$$

$$= \frac{\text{Rs. } 3{,}00{,}000 - \text{Rs. } 1{,}80{,}000}{\text{Rs. } 5{,}00{,}000} \times 100$$

$$= \frac{\text{Rs. } 1{,}20{,}000}{\text{Rs. } 5{,}00{,}000} \times 100$$ 24%

(C) Decrease in debt and increase in equity :

(i) Calculaton of total Market Value of the Company :

	Rs.
Net Operating Income (EBIT)	3,00,000
Overall Capitalisation rate (Ko)	15%
Total Market Value of the Company (V) = $\frac{\text{EBT}}{\text{Ko}}$	
$\frac{\text{Rs. } 3{,}00{,}000}{15\%}$	20,00,000

(ii) Calculationof Equity Capitalisation rate (Ke) : Rs.

Total Market Value of the Company (V)	20,00,000
Less : Total Value of Debt (D)	5,00,000

Total Market Value of Equity (S = V – D) 15,00,000

Equity capitalisation rate (Ke)

$$\frac{EBIT - I}{S} \times 100 = \frac{Rs.\ 3,00,000 - 12\%\ of\ Rs.\ 5,00,000}{Rs.\ 15,00,000} \times 100$$

$$= \frac{Rs.\ 3,00,000 - Rs.\ 60,000}{Rs.\ 15,00,000} \times 100 = \frac{Rs.\ 2,40,000}{Rs.\ 15,00,000} \times 100 = 16\%$$

3. मोदी गिलयानी-मिलर सिद्धान्त (Modigliani-Miller Theory)

मोदी गिलयानी-मिलर सिद्धान्त में जब निगम करों को ध्यान में नहीं रखा जाता है तब यह शुद्ध परिचालन आय सिद्धान्त के समान होता है। इन दोनों सिद्धान्तों के अनुसार ही पूँजी संरचना में परिवर्तन का संस्था की समस्त पूँजी लागत एवं संस्था के कुल मूल्य पर कोई प्रभाव नहीं पड़ता है।

मोदी गिलयानी-मिलर सिद्धान्त में जब निगम-करों को ध्यान में रखा जाता है तब यह सिद्धान्त शुद्ध आय सिद्धान्त के समान होता है।

(अ) मोदी गिलयानी मिलर सिद्धान्त निगम करों की अनुपस्थिति में (Modigliani-Miller Theory in the Absence of Corporate Taxes)—निगम करों की अनुपस्थिति में मोदी गिलयानी मिलर सिद्धान्त शुद्ध परिचालन आय सिद्धान्त के समान होता है। इस सिद्धान्त के अनुसार संस्था की पूँजी संरचना में परिवर्तन से संस्था की समस्त पूँजी लागत एवं संस्था का कुल मूल्य अप्रभावित रहता है। इसका कारण यह है कि ऋण पूँजी समता पूँजी से सस्ती होती है तथा पूँजी संरचना में ऋण के अधिक उपयोग से समता अंशधारियों की प्रत्याशा में वृद्धि के कारण समता पूँजी की लागत में वृद्धि होती है तथा इससे ऋण की कम लागत का लाभ समता पूँजी की लागत में वृद्धि से प्रति संतुलित (Offset) हो जाता है। इस प्रकार पूँजी संरचना में ऋण पूँजी का अधिक उपयोग समता पूँजी की लागत को प्रभावित करता है किन्तु संस्था की समस्त पूँजी लागत स्थिर रहती है। किसी संस्था की पूँजी संरचना में ऋण पूँजी का एक निश्चित सीमा से ज्यादा उपयोग करने पर संस्था की वित्तीय जोखिम बढ़ जाती है तथा इससे ऋण पूँजी की लागत बढ़ती है व समता पूँजी की लागत घटती है और इस प्रकार ऋण एवं समता पूँजी की लागतों का पुनः संतुलन हो जाता है। मोदी गिलयानी मिलर सिद्धान्त इस मान्यता पर आधारित है कि संस्था के कुल

मूल्य निर्धारण में संस्था की परिचालन आय मुख्य तत्त्व है। इस सिद्धान्त के अनुसार पूँजी संरचना के अलावा अन्य दृष्टि से समान दो संस्थाओं की समस्त पूँजी लागत एवं संस्था का मूल्य अन्तरपणन प्रक्रिया (Arbitrage Process) के कारण अलग-अलग नहीं हो सकते हैं। अन्तरपणन से आशय किसी प्रतिभूति को कम मूल्य वाले बाजार में खरीदने एवं अधिक मूल्य वाले बाजार में बेचने की क्रिया से है।

मोदी गिलयानी मिलर का यह सिद्धान्त निम्नलिखित मान्यताओं पर आधारित है–

(i) पूँजी बाजार पूर्ण है। अर्थात् विनियोजक प्रतिभूतियों का क्रय एवं विक्रय करने के लिए पूर्ण स्वतन्त्र है तथा विवेकशील है। विनियोजकों को पूँजी बाजार का पूर्ण ज्ञान एवं आवश्यक सूचनाएँ उपलब्ध हैं।

(ii) व्यवहार लागत (Transaction Cost) नहीं है अर्थात् पूँजी बाजार में प्रतिभूतियों के क्रय-विक्रय करने पर कोई लागत नहीं आती है।

(iii) सभी संस्थाओं को सजातीय जोखिम वर्गों (Homogeneous Risk Class) में विभाजित किया जा सकता है अर्थात् सभी संस्थाएँ अर्जनों के अनुसार विभिन्न वर्गों में विभाजित की जा सकती हैं तथा प्रत्येक वर्ग में आने वाली संस्था में जोखिम की मात्रा समान है।

(iv) संस्था का मूल्यांकन करने हेतु सभी विनियोजकों की शुद्ध परिचालन आय के सम्बन्ध में प्रत्याशा (Expectation) समान है।

(v) निगम करों की अनुपस्थिति अर्थात् संस्था को कोई निगम कर नहीं देना पड़ता है।

(vi) समस्त लाभों का वितरण अर्थात् संस्था अपने समस्त लाभों का वितरण अंशधारियों को कर देती है। संस्था का लाभांश भुगतान अनुपात 100% है।

(vii) व्यक्तिगत विनियोजकों को भी बिना किसी बाधा के उन्हीं शर्तों पर ऋण प्राप्त होता है जिन शर्तों पर किसी संस्था को प्राप्त होता है।

(ब) मोदी गिलयानी मिलर सिद्धान्त निगम करों की उपस्थिति में (Modigliani-Miller Theory in the Presence of Corporate Taxes)—मोदी गिलयानी मिलर का मूल सिद्धान्त (निगम करों की अनुपस्थिति में) कि संस्था की पूँजी संरचना में परिवर्तन से संस्था की समस्त पूँजी लागत एवं संस्था का कुल मूल्य अप्रभावित रहता है, निगम करों की उपस्थिति में सही नहीं है। क्योंकि निगम कर

एक वास्तविकता है अत: उन्होंने 1963 में अपनी मूल विचारधारा को संशोधित किया तथा यह स्वीकार किया कि कर निर्धारण हेतु ब्याज को कटौती योग्य व्यय मानने से ऋण पूँजी के उपभोग की लागत कम आती है। अत: यदि कोई संस्था अपनी पूँजी संरचना में ऋण का उपयोग करती है तो संस्था की समस्त पूँजी लागत कम होती है तथा संस्था का कुल मूल्य बढ़ता है। उन्होंने स्वीकार किया कि उत्तोलक (Levered) वाली संस्था का कुल मूल्य बिना उत्तोलक (Unlevered) वाली संस्था के कुल मूल्य से अधिक होगा।

निगम करों की उपस्थिति में किसी संस्था का कुल मूल्य निम्न प्रकार ज्ञात किया जा सकता है—

Value of Unlevered Firm (Vu) :

$$Vu = \frac{\text{Profit Available to Equity Shareholders}}{\text{Equity Capitalisation Rate}}$$

Or

$$Vu = \frac{EBIT\,(1-T)}{Ke}$$

Value of Levered Firm (Vl) :

VL = V + DT

यहाँ Vu = Value of Unlevered Firm

VL = Value of Levered Firm

EBIT = Earnings before Interest and Tax

T = Tax Rate

D = Amount of Debt

Illustration 3 : There are two firms R and S which are identical except that R does not use any debt in its capital structure while S has Rs. 5,00,000 10% debentures in its capital structure. Both the firms have earning before interest and tax of Rs. 2.00,000 and the capitalisation rate is 12% Assuming the corporate tax of 40%, calculate the value of these firms according to MM hypothesis.

Solution : The market value of firm R (unlevered) which does not use any debt

$$Vu = \frac{EBIT\,(1-T)}{Ke}$$

$$= \frac{Rs.\ 2,00,000\ (1-.40)}{12\%}$$

$$= Rs.\ 2,00,00 \times \frac{0.6}{0.12} = Rs.\ 10,00,000$$

The market value of firm S (levered) which use debt of Rs. 5,00,000

$$VL = Vu + DT$$

$$= Rs.\ 10,00,000 + 5,00,000 \times 0.4$$

$$= Rs.\ 10,00,000 + 2,00,000$$

$$= Rs.\ 12,00,000$$

▣▣▣

6

व्यवसाय के वित्तीय स्त्रोत

एक व्यावसायिक उपक्रम को जिन वित्तीय साधनों की आवश्यकता होती है, उन्हें प्राय: दो भागों में बाँटा जा सकता है—(i) अल्पकालीन तथा मध्यमकालीन साधन, तथा (ii) दीर्घकालीन साधन। सामान्यतया कार्यशील पूँजी की अस्थायी आवश्यकताओं की पूर्ति अल्पकालीन वित्तीय साधनों से की जाती है तथा स्थिर अथवा स्थायी सम्पत्तियों की व्यवस्था दीर्घकालीन साधनों से की जाती है। कार्यशील पूँजी का वह भाग जो व्यापार में सदैव बना रहता है तथा व्यापार समाप्त होने पर ही वापस प्राप्त किया जा सकता है, उसकी व्यवस्था भी दीर्घकालीन साधनों से की जानी चाहिए। प्रस्तुत अध्याय में हम अल्पकालीन तथा मध्यमकालीन वित्तीय साधनों का अध्ययन करेंगे।

अल्पकालीन तथा मध्यमकालीन वित्तीय साधन

(Sources of Short and Medium Term Finance)

चल सम्पत्तियों अथवा कार्यशील पूँजी की व्यवस्था अल्पकालीन तथा मध्यमकालीन साधनों से की जाती है। अल्पकालीन तथा मध्यमकालीन वित्तीय साधन निम्न होते हैं—

(अ) व्यापारिक साख (य) ग्राहकों से अग्रिम

(ब) बैंकों से वित्त प्राप्ति (र) आन्तरिक स्रोत

(स) जन-निक्षेप (ल) नवीन पुर्जे

(द) अन्तर-कम्पनी निक्षेप

अल्पकालीन वित्त की परिभाषा के अनुसार अल्पकाल प्रायः एक लेखा वर्ष की अवधि मानी जाती है। अतः जन-निक्षेप जो एक वर्ष से तीन वर्ष की अवधि के लिए होते हैं, अल्पकालीन साधनों में सिद्धान्त रूप में सम्मिलित नहीं किये जा सकते, किन्तु इनका प्रयोग कार्यशील पूँजी की वित्त व्यवस्था के लिए किया जाता है अतः इन्हें अल्पकालीन वित्त का साधन माना जाता है। अब हम अल्पकालीन तथा मध्यमकालीन वित्त के विभिन्न साधनों का अध्ययन कर सकते हैं—

(अ) व्यापारिक साख (Trade Credit)—विभिन्न वस्तुओं व कच्चे माल के विक्रेता तथा पूर्तिकर्ता अपने ग्राहकों को व्यापारिक परम्पराओं के अनुसार स्वतः ही साख प्रदान करते हैं। सफल व्यापारिक संस्थाएँ जो अपने भुगतानों का अच्छा रिकार्ड रखती हैं, इस साख को लगातार सरलतापूर्वक प्राप्त करती रहती हैं।

यदि किसी संस्था को व्यापारिक साख किसी पूर्व निर्धारित अवधि जैसे 15 दिन, 30 दिन या अन्य किसी अवधि के लिए दी जाये तो इसकी कोई लागत नहीं होती है, किन्तु यदि शीघ्र भुगतान के लिए कोई प्रोत्साहन बट्टे की सुविधा भी दी जाती है तो बट्टे की अवधि समाप्त होने पर विलम्ब से भुगतान करने की भारी लागत हो सकती है। उदाहरण के लिए कोई पूर्तिकर्ता अपने ग्राहकों को 2/10 निवल 30 शर्तों पर माल उधार देते हैं तो इसका यह अर्थ है कि ग्राहक 10 दिन के बाद भुगतान करता है तो उसे बट्टा या छूट प्राप्त नहीं होती है तथा उसे 30 दिन के भीतर हर हालत में भुगतान करना होता है।

व्यापारिक साख को वित्त प्राप्ति का तात्कालिक साधन समझा जाता है क्योंकि यह प्रचलित व्यापारिक परम्पराओं के अनुसार स्वतः मिल जाती है तथा इसके लिए कोई ऋण-वार्ता तथा प्रतिभूति-मार्जिन आदि लागू नहीं होते हैं।

भारत में व्यापारिक साख अल्पकालीन वित्त का एक महत्त्वपूर्ण साधन मानी जाती है तथा अल्पकालीन साधनों का 25 से 50 प्रतिशत इस साधन से प्राप्त किया जाता है।

व्यापारिक साख के प्रकार (Types of Trade Credit)—व्यापारिक साख अनेक रूपों में प्राप्त हो सकती है। इसके प्रचलित रूप निम्न हैं—

(i) खुला खाता (Open Account)—प्रत्येक व्यावसायिक संस्था के अनेक स्थायी ग्राहक होते हैं जो संस्था से माल का निरन्तर क्रय-विक्रय करते रहते हैं। ऐसे ग्राहकों को संस्थाएँ बाजार में प्रचलित उधार की शर्तों पर माल बेचती हैं। इसके लिए संस्था तथा ग्राहक के मध्य कोई औपचारिक समझौता नहीं होता है, परन्तु ग्राहक को एक निश्चित राशि तक माल निश्चित अवधि में भुगतान करने की शर्त पर उधार दिया जाता है। उधार की राशि का निर्धारण ग्राहक की आर्थिक स्थिति तथा भुगतान की पिछली प्रवृत्ति को ध्यान में रखकर कर दिया जाता है। इस खाते पर ग्राहक से सामान्यतया कोई ब्याज वसूल नहीं किया जाता है।

(ii) विनिमय विपत्र (Bills of Exchange)—जब ग्राहक को खुले खाते की सुविधा उपलब्ध नहीं होती है तथा ग्राहक माल नकद खरीदने की स्थिति में नहीं होता है तो विनिमय विपत्र की विधि का प्रयोग किया जाता है। इस विधि में विक्रेता माल की राशि का बिल क्रेता पर लिख देता है, क्रेता उस पर अपनी स्वीकृति दे देता है।

इस विपत्र को विक्रेता देय तिथि पर क्रेता को प्रस्तुत कर देता है और क्रेता उसका भुगतान कर देता है। आजकल विनिमय विपत्रों के आधार पर माल के विक्रय का कार्य बहुत हो रहा है। इससे विक्रेता को यदि शीघ्र धन की आवश्यकता होती है तो अपने बैंक से कटौती करा कर पैसा प्राप्त कर लेता है।

(iii) प्रतिज्ञा विपत्र (Promissory Notes)—अनेक बार क्रेता माल खरीदने पर तुरन्त माल की राशि का प्रतिज्ञा पत्र विक्रेता के नाम में लिख देता है। इसमें वर्णित तिथि को विक्रेता क्रेता से पैसा माँग लेता है तथा क्रेता इसका भुगतान कर देता है। प्रतिज्ञा पत्रों का चलन भी बढ़ रहा है।

व्यापारिक साख के गुण-दोष (Merits and Demerits of Trade Credit)—व्यापारिक साख के निम्न गुण हैं-

(i) सरलतापूर्वक उपलब्ध हो जाती है।

(ii) किसी प्रकार की औपचारिकता की आवश्यकता नहीं होती है।

(iii) उधार की शर्तों में सरलता से परिवर्तन किया जा सकता है।

(iv) किसी सम्पत्ति पर प्रभार उत्पन्न नहीं होता है।

(v) यह लोचदार व्यवस्था है क्योंकि व्यापारिक परिस्थितियों के अनुसार परिवर्तन किया जा सकता है।

इनके निम्न दोष हैं—

(i) माल उधार में महँगा मिलता है।

(ii) ग्राहक को प्राय: घटिया माल भी स्वीकार करना पड़ता है।

(iii) नये ग्राहकों अथवा संस्थाओं को यह सुविधा नहीं मिलती है।

(iv) समय पर भुगतान न करने पर ग्राहक की प्रतिष्ठा को धक्का लगता है।

(v) विक्रेता को अधिक कार्यशील पूँजी की व्यवस्था करनी होती है।

(ब) अल्पकालीन बैंक वित्त अथवा साख (Short-term Bank Finance or Credit)—बैंकों द्वारा अल्पकालीन वित्त निम्न रूपों में प्रदान किया जाता है—

(i) अधिविकर्ष (Overdraft)—जिन ग्राहकों का बैंक में चालू खाता होता है, बैंक उनको एक निश्चित सीमा तक अधिविकर्ष की सुविधा दे सकता है। ग्राहक उस सीमा तक कभी भी अधिविकर्ष ले सकता है तथा कभी भी राशियों का भुगतान कर सकता है। ब्याज उसी राशि पर वसूल किया जाता है जो राशि वास्तव में अधिविकर्ष के रूप में प्रयोग की गई है।

(ii) रोकड़ अथवा नकद साख (Cash Credit)—व्यापारिक बैंक कैश क्रेडिट या नकद साख की सुविधा अपने ग्राहकों की अल्पकालीन वित्तीय आवश्यकताओं की पूर्ति के लिए करते हैं। यह एक ऐसी शाश्वत व्यवस्था है जिसके द्वारा बैंक निर्धारित सीमा के अन्दर समय-समय पर ग्राहकों को पैसा निकालने की सुविधा देता है। ऐसी सुविधा वस्तुओं के स्कन्ध की जमानत अथवा ऐसे प्रतिज्ञा-पत्रों जिन पर किसी दूसरे व्यक्ति के हस्ताक्षर भी होते हैं, की जमानत पर दी जाती है।

(iii) व्यापारिक बिलों की कटौती अथवा क्रय (Discounting of Trade Bills or Purchase)—विक्रेतागण अपने ग्राहकों पर विनिमय बिल लिखते हैं तथा उन बिलों को बैंकों से बट्टा करा लेते हैं अथवा बैंक उन बिलों का क्रय कर लेता है। इससे भी अल्पकालीन वित्त की प्राप्ति होती है। यह सुविधा देने से पूर्व ग्राहक की साख क्षमता की जाँच कर ली जाती है। बैंक इन बिलों को अग्रिमों के विरुद्ध प्रतिभूति रूप में रखते हैं।

(iv) साख-पत्रों का खोलना (Opening of Letters of Credit)—अपने ग्राहकों के पक्ष में बैंक साख-पत्र खोल कर वस्तु/कच्चे माल के प्रदाताओं की जोखिम के प्रति सुरक्षा प्रदान करते हैं। इस व्यवस्था में बैंक वित्त प्रदान नहीं करता है बल्कि अपने ग्राहकों की देनदारी का समादरण करने का उत्तरदायित्व अपने ऊपर ले लेता है।

(v) ऋण एवं अग्रिम (Loans and Advances)—व्यापारिक बैंक अपने कोषों का एक भाग अल्पकालीन ऋण एवं अग्रिम के रूप में व्यावसायिक संस्थाओं को प्रदान करके उनकी अल्पकालीन आवश्यकताओं अथवा कार्यशील पूँजी की आवश्यकताओं की पूर्ति करते हैं। इसमें ऋण अवधि व राशि निश्चित होती है तथा यह पर्याप्त जमानत के आधार पर ही दी जाती है। ऋण की सम्पूर्ण राशि ग्राहक के खाते में स्वीकृति के समय तुरन्त जमा कर दी जाती है तथा संम्पूर्ण राशि पर ब्याज लिया जाता है। ब्याज दर ऋण के उद्देश्य, अवधि, ग्राहक की साख, व्यवसाय की प्रकृति तथा मूल उधार दर (Prime Lending Rate- PLR) पर निर्भर करती है।

(vi) गारण्टी सुविधा (Guaranteeing Facilities)—जब व्यापारिक संस्थाओं द्वारा किन्हीं अन्य स्त्रोतों से ऋण लिये जाते हैं अथवा कोई स्थायी सम्पत्ति उधार क्रय की जाती है तो बैंक ऐसे ऋण या सम्पत्ति की राशि के भुगतान की तृतीय पक्ष को गारन्टी दे देते हैं। इस सुविधा के लिए बैंक कुछ कमीशन लेते हैं। इससे भी व्यापारिक संस्थाओं की वित्तीय आवश्यकताओं की पूर्ति होती है।

(vii) विदेशी व्यापार की बैंकों द्वारा वित्त व्यवस्था (Financing of export trade by banks)—किसी देश के विदेशी व्यापार की वित्त-व्यवस्था में बैंक महत्त्वपूर्ण भूमिका निभाते हैं तथा दो तरह की साख निर्यात व्यापार हेतु प्रदान करते हैं :

(अ) पोत लदान-पूर्व साख (Pre-shipment Credit)—यह साख वास्तविक निर्यात कर्ताओं को उनके पक्ष में विदेशी बैंकों द्वारा खोले गये साख पत्रों के आधार पर अथवा पक्के निर्यात आदेश के आधार पर दी जाती है। बैंकों को इस प्रकार की साख के लिए रिजर्व बैंक से पुनर्वित्त सुविधा भी प्राप्त होती है। इस सख का उपयोग निर्यातकर्ता कच्चा माल खरीदने, उत्पादन करने तथा माल को जहाज तक पहुँचाने के लिए उपयोग करता है।

(ब) पोतलदानोत्तर वित्त व्यवस्था (Post-shipment Finance)—जब निर्यातकर्त्ता माल का उत्पादन करके उसे जहाज पर लदवा देता है, तथा आयातकर्त्ता से माल के भुगतान में समय लगता है तो उस समय उसे जिस वित्त की आवश्यकता

होती है वह पोतलदानोत्तर वित्त व्यवस्था कहलाती है। बैंक निर्यात के प्रलेख के आधार पर ग्राहकों को उधार दे देते हैं।

बैंक साख का नियमन :

बैंक उपरोक्त प्रकार की अल्पकालीन साख अपने ग्राहकों को देता है। **बैंक साख का नियमन टण्डन समिति तथा चोरे समिति** की सिफारिशों के अनुसार किया जाता है।

टण्डन समिति ने बैंक साख के नियमन के लिए अनेक सुझाव दिये थे। टण्डन समिति के सुझावों का सार निम्न था–उद्योगों के लिए स्कन्ध के मापदण्ड निर्धारित किये जायें, कम्पनियों की बैंकों पर निर्भरता क्रमिक रूप से कम की जाये, साख के प्रयोग पर निगरानी रखी जाये तथा ऋणियों से नियमित रूप से साख की मात्रा और उसके प्रयोग पर सूचना एकत्र की जाये। टण्डन समिति ने व्यावसायिक प्रतिष्ठानों को प्रदान की जाने वाली अधिकतम ऋण अथवा साख की मात्रा के निर्धारण के लिए तीन विधियाँ बतायीं जिनमें दूसरी विधि अधिक उपयुक्त है तथा इसका प्रयोग बैंकों द्वारा आज भी किया जाता है। इस विधि के अनुसार कुल चालू सम्पत्तियों का 25% भाग उधारकर्ता द्वारा दीर्घकालीन साधनों से प्राप्त करना चाहिए तथा इसके बाद शेष कार्यशील पूँजी अन्तर बैंक साख द्वारा प्रदान किया जाना चाहिए। सूत्र रूप में—

अधिकतम बैंक साख = 0.75 (CA) - CL

जहाँ पर, CA = Total Current Assets

CL = Non-bank Current Liabilities

टण्डन समिति की सिफारिशों का सन्तोषजनक क्रियान्वयन न होने के कारण रिजर्व बैंक ने 1997 में चोरे समिति नियुक्त की तथा चोरे समिति की सभी सिफारिशें स्वीकार कर ली गईं। चोरे समिति ने अधिकतम बैंक साख के निर्धारण के लिए टण्डन समिति द्वारा विकसित द्वितीय विधि का उपयोग करने की सिफारिश की। बैंकों को शीर्ष स्तर (peak level) तथा गैर–शीर्ष स्तर की साख आवश्यकताओं की सीमाओं का अलग–अलग निर्धारण करना चाहिए। सार्वजनिक तथा निजी क्षेत्र के मध्यम एवं बड़े उपक्रमों की बैंक साख पर अत्यधिक निर्भरता को कम करना चाहिए। साख सीमाओं के निर्धारण में बैंकों को विलम्ब रोकना चाहिए। आकस्मिकताओं के लिए स्वीकृति सीमाओं से अधिक साख की आवश्यकता होने पर यह स्वीकृति अलग माँग ऋण खाते अथवा गैर परिचालित नगद साख खाते द्वारा दी जाए।

(स) जन-निक्षेप (Public Deposit)—गैर-बैंकिंग तथा गैर-वित्तीय कम्पनियों द्वारा जनता से निक्षेप प्राप्त करने की परम्परा भारत में बहुत पुरानी है। अहमदाबाद, सूरत तथा मुम्बई की कपड़ा मिलों ने इस वित्तीय साधन का श्रीगणेश किया था, जो आगे चलकर बहुत लोकप्रिय हो गया।

जन-निक्षेप को भारतीय कम्पनी अधिनियम की धारा 58 अ तथा धारा 58 ब के अनुसार नियन्त्रित किया जाता है। कम्पनियों द्वारा निक्षेप स्वीकरण नियम 1975 में बनाये गये तथा इनमें 1978 में संशोधन किया गया। जन-निक्षेपों के सम्बन्ध में प्रमुख प्रावधान निम्न प्रकार हैं—

(i) नियम 3 के तहत एक गैर-बैंकिंग तथा गैर-वित्तीय कम्पनी अपने अंशधारियों से अथवा अपने आरक्षित ऋणपत्रों के विरुद्ध अथवा अपने संचालकों द्वारा गारण्टी किये गये निक्षेप अल्पकालिक निक्षेपों को सम्मिलित करते हुए, अपनी अंश पूँजी तथा मुक्त संचितियों के दस प्रतिशत तक स्वीकार कर सकती है।

(ii) अन्य सभी निक्षेप कम्पनी अपनी प्रदत्त पूँजी एवं मुक्त सम्पत्तियों के 25 प्रतिशत तक स्वीकार कर सकेगी।

मुक्त सम्पत्तियों में किसी विशिष्ट उद्देश्य के लिए बनाई गई संचिति अथवा सम्पत्तियों के पुनर्मूल्यांकन के फलस्वरूप उत्पन्न संचिति सम्मिलित नहीं होगी।

कोई भी कम्पनी जब भी जन-निक्षेप प्राप्त करना चाहती है उसे एक प्रमुख अंग्रेजी दैनिक पत्र तथा एक स्थानीय भाषा में प्रकाशित कम्पनी के रजिस्टर्ड कार्यालय वाले राज्य में प्रसारित दैनिकपत्र में निक्षेपों के सम्बन्ध में विज्ञापन प्रकाशित करना आवश्यक होता है। इस विज्ञापन की विषय-सामग्री नियम 4 के अनुसार होने चाहिए तथा प्रकाशन से पूर्व इसकी संचालक मण्डल से स्वीकृति प्राप्त होनी चाहिए। नियम 7 के अनुसार कम्पनी निक्षेपकर्ताओं का एक रजिस्टर बनायेगी जिसमें निक्षेपकर्ताओं के नाम, पते, निक्षेप की तिथियाँ, अवधि, वापसी, ब्याज का भुगतान आदि का पूर्ण विवरण दिया जायेगा।

जननिक्षेपों के लाभ—जन-निक्षेपों से वित्त प्राप्ति के निम्न लाभ होते हैं—

(i) सरल (Simple)—जन-निक्षेप वित्त प्राप्त करने की बड़ी ही सरल विधि है, क्योंकि इसमें विशेष औपचारिकताएँ पूरी करने की आवश्यकता नहीं रहती है। प्रविवरण जारी करना, अभिगोपन अनुबन्ध करना अथवा सम्पत्ति बन्धक रखना इस विधि में आवश्यक नहीं है।

(ii) कम खर्चीली (Economical)—यह विधि कम खर्चीली तथा वित्त प्राप्ति के अन्य साधनों की तुलना में सस्ती होती है, क्योंकि इस पर देय ब्याज बैंक ऋणों की तुलना में कम होता है।

(iii) लोचपूर्ण (Flexible)—इस विधि के प्रयोग में कम्पनी के वित्तीय ढाँचे में लोच रहती है, क्योंकि इनका पुन: भुगतान करके कम किया जा सकता है अथवा अधिक निक्षेप स्वीकार करके इनकी मात्रा बढ़ायी जा सकती है।

(iv) जन अभिरुचि (People Preference)—भारत में जन-निक्षेपों पर ब्याज दर बैंकों में विभिन्न प्रकार की जमाओं पर प्राप्त ब्याज दरों से अधिक होती है, अत: लोग इनमें अधिक रुचि लेने लगे हैं।

(v) सुरक्षा (Secure)—जन-निक्षेपों का नियमन करने के लिए केन्द्रीय सरकार ने जो नियम बनाये हैं वे जमाकर्ताओं के हितों को सुरक्षित बनाते हैं।

जन-निक्षेपों के दोष—जन-निक्षेप से वित्त प्राप्त करने के निम्न दोष हैं—

(i) अच्छे समय का साथी (Fair weather friend)—जन-निक्षेप अच्छे मौसम के साथी के समान होते हैं। जब अच्छी परिस्थितियाँ होती हैं तब जन-निक्षेप सरलता से प्राप्त हो जाते हैं परन्तु बुरे समय में अतिरिक्त जन-निक्षेप प्राप्त करना कठिन ही नहीं होता है बल्कि पहले से प्राप्त जन-निक्षेप भी जनता द्वारा वापस माँगे जाते हैं। अत: इनके आधार पर किसी दीर्घकालीन योजना पर विचार नहीं किया जा सकता है।

(ii) सट्टे को प्रोत्साहन (Promotes speculation)—जब किसी व्यापारिक प्रतिष्ठान को आवश्यकता से अधिक जन-निक्षेप प्राप्त हो जाते हैं तब वह इनका उपयोग सट्टे के व्यापार में करता है, जो एक सामाजिक अभिशाप है।

(iii) नई कम्पनियों के लिए अनुपयुक्त (Not suitable for new companies)—जन-निक्षेप लाभ कमाने वाली पूर्व स्थापित कम्पनियों को ही प्राप्त होते हैं, अत: यह विधि नई कम्पनियों के लिए उपयुक्त नहीं है।

(iv) पूँजी बाजार के विकास में बाधक (Obstacles in the development of capital market)—जब-जन-निक्षेपों में अधिक धन लगाया जाता है तो स्वस्थ पूँजी बाजार के विकास में बाधा उपस्थित होती है।

उपरोक्त बुराइयों के होते हुए भी भारत में जन-निक्षेप वित्त प्राप्ति का एक महत्त्वपूर्ण साधन है तथा 2,500 से 3,000 करोड़ रुपये विभिन्न कम्पनियों को प्रति

वर्ष जन-निक्षेपों से प्राप्त होते हैं।

(द) अन्तर्कम्पनी निक्षेप (Inter-company Deposits)—एक कम्पनी द्वारा दूसरी कम्पनी को दिये गये निक्षेप अन्तर्कम्पनी निक्षेप कहलाते हैं। ये अल्पकालीन अथवा सावधि हो सकते हैं। अल्पकालीन निक्षेप (i) आह्वान निक्षेप (Call Deposits) जो एक दिन की सूचना पर वापस प्राप्त किये जा सकें, (ii) त्रैमासिक निक्षेप तथा (iii) अर्द्धवार्षिक निक्षेप के रूप में हो सकते हैं।

भारत में अन्तर्कम्पनी निक्षेपों का विकास वर्तमान शताब्दी के सातवें दशक से हुआ। इसके लिए इनकी माँग व पूर्ति दोनों ही कारण जिम्मेदार रहे।

अन्तर्कम्पनी निक्षेप बाजार के अल्पकालिक भाग पर कोई नियन्त्रण नहीं है। दीर्घावधि के निक्षेपों को तो कम्पनी अधिनियम की धारा 58 (अ) के अन्तर्गत सम्मिलित कर लिया गया है, परन्तु अल्पकालिक निक्षेप स्वतन्त्रतापूर्वक कम्पनियों के मध्य लिये एवं दिये जाते हैं।

(य) ग्राहकों से अग्रिम (Advances from Customers)—अनेक बार कुछ उत्पादक अपने ग्राहकों से माल की सम्पूर्ण राशि अथवा आंशिक राशि अग्रिम प्राप्त कर लेते हैं तथा यह राशि माल की आपूर्ति तक उनके पास रहती है। सामान्यतया इस पर कोई ब्याज नहीं दिया जाता है। अत: यह अल्पकालीन वित्त का सस्ता साधन है, परन्तु यह केवल प्रतिष्ठित संस्थाओं द्वारा ही उपयोग में लाया जा सकता है। जिन उद्योगों में अधिक प्रतिस्पर्धा की स्थिति होती है वहाँ ग्राहकों से अग्रिम प्राप्त नहीं होता है बल्कि ग्राहकों को उधार की शर्तों पर माल बेचना पड़ता है।

(र) आन्तरिक स्त्रोत (Internal Sources)—जब एक संस्था ह्रास कोष बनाती है तथा इस कोष का उपयोग तब तक सम्पत्तियों के प्रतिस्थापन के लिए नहीं करती जब तक इनका प्रयोग कार्यशील पूँजी की वित्त व्यवस्था के लिए किया जाता है। इसी तरह लाभों का पुन: विनियोजन अथवा प्रतिधारित अर्जनें कार्यशील पूँजी की वित्त व्यवस्था के लिए उपयोगी होती हैं। कर आयोजन जब तक कर की राशि सरकारी कोष में जमा नहीं करायी जाती, कार्यशील पूँजी के रूप में प्रयोग की जाती है।

(ल) नवीन वित्तीय पुर्जे (New Financial Instruments)—अल्पकालीन वित्त के क्षेत्र में कुछ नवीन वित्तीय सम्पत्तियाँ तथा पुर्जे विकसित हुए हैं जिनमें निम्न दो का वर्णन आवश्यक है (i) व्यापारिक पत्र (Commercial Paper or CP) तथा (ii) जमा प्रमाण पत्र (Certificate of Deposit or CD).

(1) व्यापारिक पत्र (Commercial Paper)—अप्रैल 1989 से बड़ी कम्पनियों को सीधे मुद्रा बाजार से धन एकत्र करने के लिए व्यापारिक पत्र निर्गमित करने की अनुमति दी गई। इसकी प्रमुख विशेषताएँ निम्न होती हैं :

(i) ये उच्च मूल्य वाले निगमों या कम्पनियों द्वारा निर्गमित किये जाते हैं तथा ये जमानत रहित वायदा पत्र होते हैं तथा निवेशकर्त्ता को सीधे निर्गमित किये जाते हैं।

(ii) ये अंकित मूल्य से कम मूल्य पर निर्गमित किये जाते हैं तथा बट्टे की दरें मुद्रा बाजार की परिस्थितियों पर निर्भर करती हैं।

(iii) इनका उपयोग व्यापारिक बैंकों से अनुमति प्राप्त कार्यशील पूँजी की साख सीमाओं के बदले किया जाता है अत: निगमों की साख सीमा नहीं बढ़ती है।

(iv) इनको एक निगम अधिकतम मात्रा में अपने सकल कार्यशील पूँजी के 75 प्रतिशत के बराबर कर सकती है तथा न्यूनतम मात्रा 25 लाख रुपये है। ये पाँच-पाँच लाख रुपये की राशि में निर्गमित किये जा सकते हैं।

(v) इनकी न्यूनतम अवधि 7 दिन तथा अधिकतम अवधि 1 वर्ष हो सकती है, कम्पनी की साख रेटिंग A2 अथवा P2 होनी चाहिए।

(vi) इनका खुले रूप से हस्तांतरण संभव नहीं है।

इससे निम्न लाभ-प्राप्त होते हैं :

(a) कम ब्याज दर पर धन उपलब्ध।

(b) अल्पकालीन साख का अच्छा साधन।

(c) तरलता व लोचशील साधन।

(d) निवेशकर्त्ता को मान्यता।

(2) जमा के प्रमाण पत्र (Certificates of Deposit)—इनके परिचालन की अनुमति भी मार्च 1989 में प्रदान की गई। सीडी एक निश्चित अवधि के लिए सावधि जमा के स्वामित्व का प्रमाण पत्र है जो बिक्री योग्य होता है। यह प्रमाणपत्र बैंक अवधि प्रमाण पत्रों की तरह ही होता है परन्तु कुछ अर्थों में उनसे भिन्न होता है। इनकी ब्याज दर निर्धारित नहीं होती है तथा इनका निर्गमन अंकित मूल्य से कम पर किया जाता है। इनकी अवधि 15 दिन से 1 वर्ष तक होती है तथा न्यूनतम राशि

5 लाख होती है तथा ये एक-एक लाख रुपये में व्यक्त करके निर्गमित किये जा सकते हैं। यह विक्रय साध्य होता है तो वह (विनियोक्ता) इसे बाजार में विक्रय कर सकता है।

(3) सेतु ऋण (Bridge Loans)—जब किसी परियोजना के लिए कोष एकत्र करने के समय एवं स्रोतों की निश्चितता से जानकारी होती है तो वित्तीय संस्थाओं एवं बैंकों से सेतु ऋण उपलब्ध होते हैं। जब कोष एकत्र करने के बीच कुछ समय अवधि होती है तो परियोजना के तीव्र क्रियान्वयन हेतु बैंकों व वित्तीय संस्थाओं से सेतु ऋण लिये जाते हैं तथा उनका कोषों के संग्रहण पर तुरन्त वापस भुगतान कर दिया जाता है। सामान्यतया सेतु ऋणों की लागत कार्यशील पूँजी के लिए कोषों की लागत से कुछ ऊँची होती है। वर्तमान में पूँजी बाजार में प्रचलित बुराइयों को रोकने हेतु भारतीय रिजर्व बैंक ने सेतु ऋणों पर प्रतिबन्ध लगा रखा है।

(4) किस्तों पर क्रय एवं पट्टा (Hire Purchase and Leasing)—किस्तों पर क्रय एवं पट्टे पर सम्पत्तियों का लेना मध्यमकालीन वित्त का अच्छा स्रोत होता है। इसका उपयोग प्लांट एवं मशीनरी तथा वाहनों के क्रय हेतु अधिक होता है।

किस्त क्रय विधि में क्रेता को माल का हस्तांतरण प्रारम्भिक जमा पर ही हो जाता है परन्तु स्वामित्व का हस्तांतरण शेष किस्तों के भुगतान पर ही होता है। अत: किस्त क्रय विधि में संस्था महंगी मशीनें, यंत्र व वाहन कम प्रारम्भिक जमा राशि से प्राप्त कर लेती है तथा शेष राशि का भुगतान मासिक, त्रैमासिक, अर्द्धवार्षिक अथवा वार्षिक आधार पर किस्तों में सुगमता से करती रहती है। पूर्तिकर्त्ता मूल राशि के अतिरिक्त ब्याज भी वसूल करता है जो किस्तों की राशि में जुड़ा हुआ होता है।

पट्टा पर सम्पत्ति लेने पर उसके स्वामित्व का हस्तांतरण लेने वाले के नाम पर कभी नहीं होता है। वह पट्टे की अवधि में पट्टा राशि का भगतान करता रहता है तथा उसकी सम्पत्ति का अपने व्यवसाय हेतु उपयोग करता रहता है।

पट्टे पर सम्पत्तियाँ प्राप्त करने के अनेक लाभ प्राप्त होते हैं। यह पूँजी सम्पत्तियों की वित्त व्यवस्था की बहुत ही सरल विधि है जिसमें उपान्त मुद्रा (Margin money) की आवश्यकता नहीं होती है तथा पूँजी लागत को लम्बे समय में प्रसारित कर दिया जाता है। इससे कोषों की बचत होती है तथा उनको अन्य आवश्यक कार्यों में लगाया जा सकता है। इसकी प्रक्रिया सरल होती है तथा पट्टा राशि कर उद्देश्य के लिए deductible expense माना जाता है।

इसका प्रमुख दोष यही है कि इसके लेखांकन हेतु जिस प्रक्रिया को अपनाया जाता है वह बड़ी असंतोषजनक है तथा वित्तयन की अन्य विधियों से यह विधि महंगी विधि है।

(5) फैक्टरिंग (Factoring)—फैक्टरिंग सेवा सन् 1959 में ब्रिटेन में लागू की गई। फैक्टरिंग एक ऐसी व्यवस्था है जिसमें फैक्टरिंग संस्था अथवा फर्म किसी कम्पनी के व्यापारिक देनदारों को कमीशन के बदले प्राप्त कर लेती है। व्यापारिक देनदार व्यापारिक साख की उपलब्धि के कारण उत्पन्न होते हैं तथा इनमें कम्पनी की तरल सम्पत्तियाँ फँसी होती हैं, अतः कम्पनी के पास रोकड़ की कमी हो जाती है। यदि औसत वसूली अवधि 70 दिन है तो वार्षिक बिक्री का 20 प्रतिशत भाग बगैर वसूल हुआ देनदारों के रूप में ऋण है। फैक्टरिंग सेवा द्वारा न केवल यह वसूली अवधि कम होती है बल्कि देनदारों अथवा साख का अच्छा प्रबन्ध होता है तथा इस साख की सुरक्षा (Security) के आधार पर मुद्रा अथवा वित्त भी प्राप्त होता है।

फैक्टरिंग के प्रकार (Types of factoring)—इसके प्रायः निम्न तीन प्रकार होते हैं :

(i) देनदारों से वसूली एवं प्रशासन (Debt collection and administration)—इस प्रकार की फैक्टरिंग सेवा में फैक्टरिंग संस्था कम्पनी की बिक्री खाता बही, बिल बनाना तथा देनदारों से वसूली का कार्य ले लेती है अर्थात् कम्पनी ऋण प्रबन्ध व प्रशासन से मुक्त हो जाता है।

(ii) साख बीमा (Credit Insurance)—इस तरह की सेवा से फैक्टरिंग संस्था कम्पनी के देनदारों की जिम्मेदारी ले लेती है अतः कम्पनी को हानि की कोई जोखिम नहीं रहती है। फैक्टरिंग संस्था कम्पनी के देनदारों का क्रय कर लेती है और उनसे पैसा वसूली कर कम्पनी को दे देती है अतः कम्पनी के अनेक देनदारों के स्थान पर एक ही देनदार हो जाता है। फैक्टरिंग देनदारों की जोखिम का अपनी विशिष्ट योग्यता के कारण ठीक अनुमान कर लेती है। फैक्टर ग्राहकों की साख बीमा का निर्धारण भी ठीक से कर सकता है। फैक्टर किसी ऐसे देनदार को भी नहीं लेना चाहेगा जिसको वह डूबत समझता है।

(iii) वित्त व्यवस्था (Finance Provision)—इस व्यवस्था में फैक्टर कम्पनी के देनदारों का क्रय कर लेगा तथा कम्पनी को उनका 8% अग्रिम प्रदान कर देगा तथा शेष (ब्याज काट कर) जब देनदारों से वसूल हो जायेगा, तब दे देगा। अतः इस व्यवस्था में कम्पनी की तरलता का तुरन्त सुधार हो जाता है।

फैक्टरिंग सेवा की लागतें एवं लाभ (Costs and benefits of factoring)— बढ़ती हुई अथवा वृद्धिमान कम्पनियों के लिए फैक्टरिंग सेवा अत्यधिक महत्त्व की सेवा है। इससे कम्पनियों का उनके विकास के लिए रोकड़ प्रवाह बढ़ता है जो उनके चिट्ठे पर दिखायी नहीं देता है तथा इससे कम्पनियों की बैंकों व वित्तीय संस्थाओं से उधार लेने की क्षमता पर कोई विपरीत प्रभाव नहीं पड़ता है। इससे साख प्रशासन की लागत घटती है तथा वसूली में कुशलता आती है।

सामान्यतया फैक्टर अपनी सेवाओं के लिए विक्रय आवृत जिसका उसके द्वारा प्रबन्ध एवं वसूली की जाती है, का 1% से $2^1/_2$% तक मीशन वसूल किया जाता है। यदि फैक्टर द्वारा कम्पनी को कोई अग्रिम राशि दी जाती है तो उस पर PLR (Primary Lending Rate) पर $2^1/_2$% से 4% ऊपर ब्याज लिया जाता है। अर्थात् PLR 12 है तो फैक्टर $14^1/_2$% से 16% वार्षिक ब्याज व्यावसायिक कम्पनी से वसूल करता है।

फैक्टरिंग सेवा का भारत में विस्तार बहुत धीमी गति से हो रहा है जबकि इसका तेजी से विकास होना चाहिए।

▣▣▣

7

व्यावसायिक वित्त के व्यष्टिगत स्त्रोत

एक व्यावसायिक उपक्रम जिसका संगठन कम्पनी के रूप में है, वह दीर्घकालीन वित्त अंश पूँजी, दीर्घकालीन ऋणपूँजी तथा प्रतिधारित लाभों से प्राप्त करती है। नयी स्थापित कम्पनी की स्थिति में प्रतिधारित लाभ नहीं होते हैं। अत: वह अपनी दीर्घकालीन पूँजी दो ही साधनों से प्राप्त करती है जो अंश पूँजी तथा दीर्घकालीन ऋण पूँजी होते हैं। सरकारी क्षेत्र के उपक्रमों को प्रारम्भ से ही वित्तीय संस्थाओं अथवा स्वयं सरकार से दीर्घकालीन ऋण पूँजी प्राप्त हो जाती है। किन्तु निजी क्षेत्र के उपक्रमों को सर्वप्रथम अंश पूँजी से ही वित्तीय ढाँचा तैयार करना होता है तथा जब संस्था का व्यवसाय चलने लगता है तब वह ऋण-पत्र निर्गमित करके अथवा वित्तीय निगमों से ऋण पूँजी प्राप्त कर सकती है।

अंश पूँजी

(Share Capital)

संयुक्त स्कन्ध कम्पनियों की स्वामित्व पूँजी अंशों में विभक्त होती है। कम्पनी अपनी स्वामित्व पूँजी अंशों के निर्गमन द्वारा प्राप्त करती है। पूँजी का वह आनुपातिक

भाग जिसका प्रत्येक सदस्य अधिकारी होता है, उसका अंश कहलाता है। विभिन्न पूर्णदत्त अंशों की इकट्‌ठी रकम को स्कन्ध की संज्ञा दी जाती है। स्कन्ध को किसी भी राशि के छोटे-छोटे टुकड़ों में विभाजित किया जा सकता है। इस रूप में हम यह कहते हैं कि अंश स्वामित्व की एक इकाई है, जिसका धारक कम्पनी का आंशिक स्वामी होता है। स्वामित्व का प्रतिनिधित्व अंश-प्रमाण-पत्र द्वारा होता है। अंश के आबंटन के पश्चात् प्रत्येक अंशधारी को, जिसे अंश आबंटित किये गये हैं, एक अंश प्रमाण-पत्र निर्गमित किया जाता है। इस अंश-प्रमाण-पत्र में अंशधारी द्वारा धारित अंशों की संख्या, उनके क्रमांक तथा उनका अंकित मूल्य लिखा रहता है।

अंश पूँजी की विशेषताएँ (Features of Equity Capital)—अंशों के निर्गमन से प्राप्त अंश पूँजी की कुछ विशेषताएँ होती हैं जिनकी वित्तीय प्रबन्धकों को जानकारी होनी चाहिए। अंश पूँजी की कुछ **प्रमुख विशेषताएँ** अग्रलिखित हैं—

1. स्थायी पूँजी की प्राप्ति (Getting Permanent Capital)—अंशों के निर्गमन से कम्पनी को स्थायी पूँजी (Permanent Capital) की प्राप्ति होती है जिसका कम्पनी प्रबन्ध द्वारा तब तक उपयोग किया जा सकता है जब तक कम्पनी का व्यापार चलता रहे। अंश पूँजी को वापस लौटाने की चिन्ता नहीं होती है।

2. लाभांश देने की अनिवार्यता नहीं (Payment of Dividend not Compulsory)—अंश पूँजी पर प्रतिवर्ष निश्चित दर से ऋण पूँजी की तरह से ब्याज देने की आवश्यकता नहीं रहती। कम्पनी के लिए अपनी आय को अंशधारियों में वितरण करना अनिवार्य नहीं है। कम्पनी प्रबन्ध चाहे तो कम्पनी की समस्त आय को व्यवसाय में पुनर्विनियोजित कर सकता है।

3. सम्पत्ति के बन्धक रखने की आवश्यकता नहीं (No Mortgage of Property)—अंश पूँजी प्राप्त करने के लिए कम्पनी की सम्पत्ति को प्रभार अथवा बन्धक पर रखने की आवश्यकता नहीं होती है।

4. कम्पनी के जीवन काल में धन वापसी नहीं (Non-Returnable in the Life of the Company)—अंश पूँजी में विनियोजकों द्वारा लगाया गया धन स्थायी विनियोजन है जिसे विनियोजक अपनी इच्छा से जब चाहे तब वापस प्राप्त नहीं कर सकते हैं।

5. कम्पनी के समापन पर समस्त देनदारियों के भुगतान के बाद धन की वापसी (In Case of Liquidation Last Payment to Equity-Holders)—अंश पूँजी से प्राप्त धन कम्पनी के व्यापार के समापन की स्थिति में ही वापस लौटाया जाता

है तथा यह भी उस समय ही लौटाया जाता है जब कम्पनी की समस्त देनदारियों के भुगतान के बाद भी कम्पनी में धन शेष बचा रहता है।

6. अंशधारियों को अपने अंश बेचने का अधिकार (Right to Sell Own Shares)—कम्पनी के अंशधारियों को अपनी इच्छानुसार अपने अंशों को बेचने का अधिकार है। अत: एक अंशधारी किसी भी समय अपने अंशों को बेचकर प्राप्त धन को अन्यत्र कहीं भी विनियोजित कर सकता है।

7. आय में हिस्सा प्राप्त करने का अधिकार (Right to Get Share in Income)—अंशधारियों को कम्पनी की शुद्ध आय में भाग लेने का अधिकार प्राप्त है। अंशधारी अधिक आय की स्थिति में अधिक लाभांश प्राप्त करते हैं और कम आय की स्थिति में कम लाभांश प्राप्त करते हैं।

8. कम्पनी के प्रबन्ध का अधिकार (Right of Management)—कम्पनी के अंशधारी कम्पनी के मालिक होते हैं, अत: उन्हें कम्पनी प्रबन्ध का पूरा अधिकार होता है जिसका प्रयोग वे अपने प्रतिनिधि के रूप में संचालक नियुक्त करके करते हैं।

9. सीमित दायित्व (Limited Liability)—प्रत्येक अंशधारी का दायित्व अपने द्वारा क्रय किये गये अंशों के अंकित मूल्य तक सीमित रहता है।

10. विभिन्न प्रकार के अंशों का निर्गमन (Issue of Varied Shares)—कम्पनियों द्वारा विभिन्न प्रकार के विनियोक्ताओं को आकर्षित करने के लिए विभिन्न प्रकार के अंश निर्गमित किये जाते हैं।

अंशों के प्रकार (Types of Shares)—एक देश में विभिन्न प्रकार के विनियोक्ता होते हैं। कुछ विनियोक्ता कम जोखिम उठाने तथा निश्चित आय प्राप्त करने के इच्छुक होते हैं। कुछ विनियोक्ता अधिक जोखिम सहन करने को तैयार होते हैं यदि उन्हें अधिक आय प्राप्त होने की आशा हो। अत: इन विभिन्न प्रकार के विनियोक्ताओं से धन प्राप्त करने के लिए कम्पनी प्रबन्ध विभिन्न प्रकार के अंशों का निर्गमन करता है।

भारतीय कम्पनी अधिनियम, 1956 के अनुसार दो प्रकार के अंशों का निर्गमन किया जा सकता है—(1) समता अंश (Equity Shares) तथा (2) पूर्वाधिकारी अंश (Preference Shares)। भारतीय कम्पनी अधिनियम, 1956 के पूर्व तक कम्पनियाँ स्थगित अंशों (Deferred Shares) का निर्गमन भी कर सकती थीं। परन्तु 1956 के अधिनियम द्वारा इस प्रकार के अंशों के निर्गमन पर रोक लगा दी गई है।

1. समता अंश (Equity Shares)

कम्पनी के वित्तीय ढाँचे में समता अंश पूँजी का महत्त्वपूर्ण स्थान होता है। यह पूँजी ही व्यापार की आधारशिला है जिसके बिना कम्पनी के अस्तित्व की कल्पना भी नहीं की जा सकती। इसी के बल पर कम्पनी के प्रबन्धक पूर्वाधिकार पूँजी तथा ऋण पूँजी प्राप्त करते हैं। समता अंश धारी ही कम्पनी के वास्तविक स्वामी तथा जोखिम वहन करने वाले होते हैं। समता पूँजी की सहायता से ही कम्पनी के प्रबन्धक वित्तीय संकटों का सामना करते हैं।

समता अंशों की विशेषताएँ (Features of Equity Shares)—भारतीय कम्पनी अधिनियम के अनुसार सामान्य अंश वे हैं जो पूर्वाधिकारी अंश नहीं हैं। सामान्य अंशधारी अन्तिम जोखिम धारक तथा अवशिष्ट आय एवं सम्पत्ति को बांटने वाले होते हैं। समता अंशों की निम्नलिखित **विशेषताएँ** हैं—

1. परिपक्वता (Maturity)—समता अंशों से प्राप्त पूँजी कम्पनी की स्थायी पूँजी होती है। इसे लौटाने के लिए कम्पनी बाध्य नहीं है। समता अंशों से प्राप्त पूँजी कभी भी देय नहीं होती है। समता अंशधारी कम्पनी के समापन के पश्चात् ही अपनी अंश पूँजी वापस प्राप्त कर सकते हैं। कम्पनी अपने अंशधारियों को अंशों को बेचने के लिए बाध्य नहीं कर सकती है यदि वे अंश पूर्णदत्त हैं तथा अंशधारी किसी प्रतिस्पर्धात्मक व्यापार में नहीं लगा हुआ है।

2. आय पर अधिकार (Claim on Income)—समता अंशधारी कम्पनी की अवशिष्ट आय के स्वामी होते हैं। इसीलिए कम्पनी की आय पर इनका अधिकार समस्त देनदारों को चुकाने के बाद ही होता है। कम्पनी कानूनी तौर पर समता अंशधारियों में लाभ वितरण के लिए बाध्य नहीं है। सामान्यतया कम्पनी को अधिक लाभ होने पर अंशधारियों में अधिक लाभांश वितरित किया जाता है तथा कम लाभ होने पर कम लाभांश। लाभांश का वितरण कम्पनी के प्रबन्ध की नीति पर निर्भर करता है। प्रबन्ध चाहे तो कम्पनी की समस्त शुद्ध आय को संचित कोषों में हस्तान्तरित कर सकता है और चाहे तो उसे अंशधारियों में वितरित कर सकता है।

3. सम्पत्तियों पर अधिकार (Claim on Assets)—कम्पनी की सम्पत्तियों पर अन्तिम अधिकार समता अंशधारियों का होता है। कम्पनी के समापन की स्थिति में समस्त देनदारियों का भुगतांन करने के बाद जो सम्पत्ति शेष रहती है उसमें से सर्वप्रथम पूर्वाधिकारी अंशधारियों को भुगतान किया जाता है तथा उसके बाद भी जो सम्पत्ति रहती है तो उसे समता अंशधारियों में उनके द्वारा धारित अंशों के अनुपात में बाँट

दिया जाता है।

4. प्रबन्ध एवं नियन्त्रण का अधिकार (Right of Control and Management)—कम्पनी के व्यवसाय के नियन्त्रण एवं प्रबन्ध का अधिकार समता अंशधारियों के हाथों में ही होता है। यह अधिकार उन्हें मताधिकार के कारण प्राप्त होता है। यह तथ्य सामान्यतया बड़ा हास्यास्पद लगता है कि कम्पनी का प्रबन्ध एवं नियन्त्रण कुछ ही व्यक्तियों के हाथों में होता है। परन्तु हमें यहाँ नहीं भूलना चाहिए कि कम्पनी का प्रबन्ध संचालक मण्डल द्वारा किया जाता है। संचालक मण्डल में संचालकों को नियुक्त करने तथा उन्हें हटाने का अधिकार पूर्णतः समता अंशधारियों के पास ही होता है। इसके अतिरिक्त सभी महत्त्वपूर्ण मामलों में संचालक मण्डल को अंशधारियों की सहमति प्राप्त करना आवश्यक होता है।

5. अंशों को क्रय का पूर्वाधिकार (Right of Pre-emption)—समता अंशधारियों को कम्पनी द्वारा अपनी निर्गमित पूँजी में से अंश निर्गमित करने की स्थिति में अंशों के क्रय का पूर्वाधिकार प्राप्त होता है। भारतीय कम्पनी अधिनियम 1956 की धारा 81 के अनुसार कम्पनी द्वारा नये निर्गमित किये जाने वाले अंशों को पहले विद्यमान अंशधारियों को क्रय के लिए प्रस्तुत करना होता है। समता अंशधारियों के सबसे पहले अंश के क्रय के इस अधिकार को ही अंशों को पूर्वाधिकार (Right of Pre-emption) कहते हैं। यह अधिकार समता अंशधारियों को उनके द्वारा धारित अंशों के समानुपात में होता है। इस अधिकार का उद्देश्य विद्यमान अंशधारियों के समानुपातिक मताधिकार की रक्षा करना, समता को पूर्ववत् बनाये रखना तथा आय को बनाये रखना होता है।

इस अधिकार का मूल्यांकन निम्न सूत्र द्वारा किया जा सकता है—

$$V = \frac{P_m - P_e}{N+1}$$

Where V = The Value of a right

P_m = The current market price of a share

P_e = Subscription prices per share

n = The number of rights necessary to purchases one share.

Illustration 1 : If the market price of a share is Rs. 100 and the subscription price Rs. 90 per share and it takes four rights to buy an additional share, calculate the value of the right.

Solution : Calculation of the Value of a right

$$V = \frac{P_m - P_e}{N+1} = \frac{100-90}{4+1} = \frac{10}{5} = Rs.\ 2$$

समता अंशों के लाभ (Advantages of Equity Shares)—समता अंशों के कम्पनी एवं विनियोक्ता दोनों को अनेक लाभ प्राप्त होते हैं, जिन्हें निम्नलिखित शीर्षकों में देखा जा सकता है—

(अ) कम्पनी के लिए लाभ—समता अंशों से कम्पनी को निम्न लाभ प्राप्त होते हैं—

1. स्थायी पूँजी (Permanent Capital)—समता अंशों के निर्गमन से कम्पनी स्थायी पूँजी प्राप्त करती है जिसे कम्पनी के जीवन काल में वापस लौटाने की आवश्यकता नहीं होती है।

2. लाभांश का स्थायी भार न होना (No Fixed Burden of Dividend)—समता अंशों पर किसी पूर्व-निर्धारित दर से लाभांश वितरित नहीं किया जाता है। समता अंशों पर कम्पनी लाभ वितरित करने के लिए बाध्य नहीं है। संचालक कम्पनी की आय के अनुसार लोचदार लाभांश नीति का अनुसरण कर सकते हैं।

3. ऋण क्षमता में वृद्धि (Increase in Debt Capacity)—समता अंश पूँजी द्वारा कम्पनी की सम्पत्तियों पर किसी प्रकार का प्रभार उत्पन्न नहीं किया जाता है, अत: वे सभी सम्पत्तियाँ बन्धक के लिए उपलब्ध होती हैं। परिणामस्वरूप कम्पनी की ऋण लेने की क्षमता बढ़ती है। समता अंश पूँजी की अधिकता ऋणदाताओं के लिए स्वयं अतिरिक्त सुरक्षा का काम करती है।

4. जोखिम वहन करना (Sharing Risk)—समता अंशधारी ही कम्पनी के व्यवसाय की जोखिम उठाते हैं। इसलिए इसे जोखिम पूँजी कहा जाता है। समता अंश पूँजी कम्पनी के लिए सुरक्षात्मक दीवार का कार्य करती है। प्रबन्धक इसी के आधार पर वित्तीय संकटों का सामना करते हैं।

5. सरल एवं सस्ता साधन (Simple and Economical)—समता अंश पूँजी कम्पनी के लिए सरल एवं सस्ता साधन होती है।

(ब) विनियोक्ताओं को लाभ (Advantages to the Investors)—समता अंश पूँजी से विनियोक्ताओं को भी अनेक लाभ प्राप्त होते हैं जो इस प्रकार हैं—

1. अधिक लाभ (More Income)—कम्पनी की जैसे-जैसे आय बढ़ती है, वैसे-वैसे समता अंशधारियों को भी अधिक लाभांश प्राप्त होता है।

2. प्रबन्ध एवं नियंत्रण (Management and Control)—समता अंशधारियों को कम्पनी के प्रबन्ध में भाग लेने का अधिकार होता है। ये अपने मतों का प्रयोग संचालकों के चुनाव में करते हैं।

3. पूँजीगत लाभ (Capital Gain)—कम्पनी को अधिक लाभ होने तथा कम्पनी के संचित कोष में वृद्धि होने पर उसके समता अंशों का बाजार मूल्य बढ़ जाता है। समता अंशधारी अपने अंशों को ऊँचे मूल्यों पर बेचकर पूँजीगत लाभ कमा सकते हैं।

4. विनियोग का अच्छा साधन (Good Source of Investment)—साहसी तथा जोखिम उठाने वाले विनियोक्ताओं के लिए समता अंशों में विनियोजन अच्छा रहता है।

5. कम्पनी के कार्यों में रुचि (Interest in Company Activities)—समता अंशधारी कम्पनी के स्वामी होते हैं, अतः वे उसके कार्यों में रुचि लेते हैं।

उपर्युक्त तथ्यों से स्पष्ट होता है कि समता अंश पूँजी एक कम्पनी के लिए स्थायी एवं दीर्घकालीन पूँजी एकत्र करने का सरल एवं लोचपूर्ण साधन है। संस्था को विभिन्न साधनों में संतुलन स्थापित करके इस साधन से पर्याप्त पूँजी एकत्र करनी चाहिए।

समता अंशों के दोष (Disadvantages of Equity Shares)—जहाँ समता अंश पूँजी के अनेक लाभ हैं, वहाँ इसके कुछ दोष भी हैं जिनमें कुछ दोष कम्पनी की दृष्टि से तथा कुछ विनियोक्ताओं की दृष्टि से होते हैं।

(अ) कम्पनी की दृष्टि से दोष (Disadvantages to the Company)—कम्पनी की दृष्टि से समता अंश पूँजी की निम्न हानियाँ हैं—

1. प्रबन्ध एवं नियन्त्रण का केन्द्रीयकरण (Centralisation of Management and Control)—समता अंशों को मत का अधिकार प्राप्त होता है। अंशों का स्टॉक एक्सचेंज में क्रय-विक्रय होता है। कुछ चालाक व्यक्ति कम्पनी के प्रबन्ध एवं नियन्त्रण को अपने अन्तर्गत लाने के लिए अंशों का क्रय अन्य अंशधारियों से कर लेते हैं। इससे कम्पनी का प्रबन्ध एवं नियन्त्रण कुछ ही हाथों में केन्द्रित हो जाता है।

2. समता पर व्यापार का लाभ नहीं (No Advantage of Trading on Equity)—यदि एक कम्पनी अपनी अधिकांश पूँजी समता अंशों से एकत्र करती है तो अंशधारियों को समता पर व्यापार का लाभ नहीं मिल पाता है।

3. अति पूँजीकरण की कठिनाइयाँ दूर करना कठिन (Difficult to Remove Over-Capitalisation)—जब कम्पनी में अति पूँजीकरण की स्थिति होती है तब उसके उपचार के लिए समता अंशों के मूल्यों में कमी अथवा उनकी संख्या में कमी करना अत्यन्त कठिन होता है जबकि शोधनीय पूर्वाधिकारी अंशों की स्थिति में उन्हें वापस लौटाया जा सकता है।

4. सट्टा (Speculation)—समता अंशों में सट्टा (Speculation) अधिक होता है। इनके मूल्यों में अनावश्यक रूप से परिवर्तन होते रहते हैं।

5. प्रबन्ध नीति में परिवर्तन (Change in Management Policy)—समता अंशधारी अपने अंशों का क्रय-विक्रय करते रहते हैं। इसमें अंशधारी बदलते रहते हैं। अंशधारियों के बदलने पर अनेक बार कम्पनी का प्रबन्ध भी बदल जाता है जिससे कम्पनी की नीतियाँ भी बदलती रहती हैं। इस परिवर्तन से अनेक कठिनाइयाँ उपस्थित होती हैं।

(ब) विनियोक्ताओं की दृष्टि से दोष (Disadvantages to the Investors)—समता अंशों से विनियोक्ताओं को भी अनेक हानियों का सामना करना पड़ता है, जो इस प्रकार हैं—

1. अनियमित आय (Irregular Income)—समता अंशों पर स्थिर तथा निश्चित दर से लाभांश नहीं दिया जाता है। कम्पनी को अधिक लाभ होने पर उन्हें अधिक लाभांश तथा कम्पनी को कम लाभ होने पर इन्हें कम लाभांश मिलता है। कभी-कभी विनियोक्ताओं को इतना कम लाभांश मिलता है कि कर तथा ब्याज सम्बन्धी दायित्वों का भुगतान करने के बाद उनके पास कुछ भी नहीं बचता है।

2. आय की अनिश्चितता (Uncertainty of Income)—समता अंशधारियों की आय अनियमित ही नहीं, बल्कि अनिश्चित भी होती है। कम्पनी को लाभ होने पर यह आवश्यक नहीं है कि कम्पनी लाभांश की घोषणा करे तथा उसका अंशधारियों में वितरण करे। कम्पनी प्रबन्ध लाभ के पुनर्विनियोजन का निर्णय कर सकता है। ऐसी स्थिति में समता अंशधारियों को लाभांश नहीं मिलता है।

3. पूँजीगत हानि (Capital Loss)—मन्दीकाल में समता अंशों का बाजार मूल्य गिर जाता है, अतः समता अंशधारियों को पूँजीगत हानि होती है।

4. समापन की दशा में हानि (Loss on Winding-up)—समता अंशधारियों को कम्पनी के समापन की स्थिति में सबसे बाद में भुगतान किया जाता है। अतः ऋणों, दायित्वों तथा पूर्वाधिकारी अंशों का भुगतान करने के बाद हो सकता है कि इनके लिए कुछ भी नहीं बचे।

5. भीरु विनियोजकों के लिए अनाकर्षक (Non-attractive for Timid Investors)—असाहसी अथवा भीरु विनियोक्ता जो अपनी पूँजी पर नियमित आय तथा विनियोग की सुरक्षा चाहते हैं, वे समता अंशों के प्रति आकर्षित नहीं होते हैं।

उपर्युक्त गुण-दोषों के होते हुए भी समता अंश कम्पनी प्रतिभूतियों के रूप में सर्वाधिक लोकप्रिय हैं।

समता अंशों का विश्लेषण (Analysis of Equity Shares)—दीर्घकालीन वित्तीय साधनों का विश्लेषण तीन तत्त्वों के आधार पर किया जाता है। ये तत्त्व हैं—नियन्त्रण, जोखिम एवं आय। समता अंश भी दीर्घकालीन वित्त का प्रमुख स्रोत हैं, अतः इनका विश्लेषण भी इन्हीं तत्त्वों के आधार पर किया जाना चाहिए। नीचे तीन तत्त्वों के आधार पर विश्लेषण किया जा रहा है—

1. नियन्त्रण (Control)—सामान्यतया यह देखा जाता है कि कम्पनी का नियन्त्रण कुछ व्यक्तियों के हाथों में होता है। इन व्यक्तियों के पास या तो अंश पूँजी का आधे से अधिक भाग केन्द्रित होता है अथवा इनके पास एक साथ बहुत से अंश होते हैं तथा शेष अंशधारी दूर-दूर तक बिखरे रहते हैं, अतः वे अपनी मत शक्ति का प्रभावपूर्ण उपयोग नहीं कर पाते हैं। ऐसी स्थिति में कम्पनी का नियन्त्रण अल्प पूँजी वाले कुछ ही लोगों के हाथों में बना रहता है। ये व्यक्ति अपने नियन्त्रण को बनाये रखने के लिए आवश्यकता के समय बहुत से प्रतिपत्र (Proxy) एकत्र कर लेते हैं। वैसे भी सामान्य अंशधारी की रुचि उसे प्राप्त होने वाली सम्भावित आय में अधिक होती है तथा कम्पनी के नियन्त्रण में बहुत कम। ऐसी कम्पनियाँ जिनका नियन्त्रण कुछ ही व्यक्तियों के हाथों में होता है उनके प्रबन्धक पूँजी व्यवस्था की किसी भी ऐसी योजना को लागू करने से कतराते हैं जिससे कम्पनी पर उनका नियन्त्रण ढीला होता है, अतः अतिरिक्त वित्तीय साधन एकत्र करने के लिए ऐसी प्रतिभूतियों का सहारा लिया जाता है, जिन्हें सामान्यतया मतदान अधिकार प्राप्त नहीं होता है जैसे ऋण-पत्र अथवा पूर्वाधिकार अंश। यदि सामान्य अंशों का निर्गमन करना आवश्यक हो तो यह इस प्रकार किया जाता है जिससे स्वामित्व एवं मतदान में उनका प्रतिनिधित्व पूर्ववत् बना रहे। यह व्यवस्था राइट्स निर्गमन (Rights Issue) के आधार पर की जाती है।

2. जोखिम (Risk)—प्रत्येक विनियोग क्रिया में कम अथवा अधिक मात्रा में जोखिम निहित रहती है। एक विनियोक्ता विनियोग करते समय न केवल विनियोजित पूँजी पर उचित आय की ही आशा करता है बल्कि यह भी चाहता है कि उसकी विनियोजित पूँजी सुरक्षित रहे। यदि कम्पनी में विनियोजित धन का प्रतिनिधित्व सामान्य मूल्य की उतनी ही अथवा अधिक सम्पत्तियों द्वारा किया जाता है तब तक विनियोजित पूँजी सुरक्षित रहती है। परन्तु कम्पनी को निरन्तर हानि होने पर पहले सुरक्षित कोष समाप्त हो जाते हैं तथा फिर पूँजी घटने लगती है। ऐसा होते-होते एक दिन वह स्थिति आ सकती है जब कम्पनी अपनी देनदारियों का समय पर भुगतान न कर सके तथा कम्पनी का अवसायन (Liquidation) आवश्यक हो जाये। कम्पनी के अवसायन अथवा समापन की स्थिति में सुरक्षित ऋणों एवं अन्य देनदारियों का पहले भुगतान किया जायेगा, इसके बाद बची सम्पत्ति में से पूर्वाधिकारी अंशधारियों को भुगतान किया जायेगा तथा अन्त में समता अंशधारियों को भुगतान किया जायेगा। अत: समता अंशों में जोखिम ऋणपत्र तथा पूर्वाधिकारी अंशों की तुलना में अधिक होती है।

कम्पनी में अवसायन की स्थिति न आने पर भी समता अंशों में जोखिम रहती है। जब तेजी के काल में कम्पनी के व्यापार एवं आय का विस्तार होता है तब समता अंशों का बाजार मूल्य बढ़ जाता है। इससे उन्हें पूँजीगत लाभ प्राप्त होता है। मंदी के काल में कम्पनी के व्यापार एवं आय में कमी होने के कारण अंशों का मूल्य घट जाता है तथा उनकी विनियोजित पूँजी की जोखिम बढ़ जाती है। कम्पनी प्रबन्धकों द्वारा नये समता अंशों का निर्गमन तेजी के काल में करना चाहिए।

3. आय (Income)—विनियोग को निर्धारित करने वाले तत्त्वों में विनियोग की सुरक्षा के साथ-साथ उस पर प्राप्त होने वाली आय भी एक महत्त्वपूर्ण तत्त्व है। समता अंशों में जहाँ विनियोजित पूँजी के सम्बन्ध में अधिक जोखिम होती है वहाँ जोखिम की मात्रा आय के सम्बन्ध में भी अधिक होती है, कयोंकि कम्पनी की आय में ऋणपत्र-धारकों एवं पूर्वाधिकारी अंशधारियों का पूर्वाधिकार होता है। इनको भुगतान करने के बाद शेष बची राशि संचालक मण्डल चाहे तो समता अंशधारियों में बाँट सकता है। समता अंशधारी अवशिष्ट आय के दावेदार होते हैं। अधिक आय उपार्जन क्षमता वाली कम्पनियों के प्रबन्धक समता पर व्यापार की नीति को अपनाकर समता अंशों पर प्रत्याय की दर बढ़ाने में सफल होते हैं।

यहाँ यह तथ्य स्पष्ट कर देना उपयुक्त है कि समता अंशधारी कम्पनी के स्वामी होते हैं, अत: उन्हें ही अधिक जोखिम उठानी होती है। कम्पनी को पर्याप्त लाभ होने पर उनकी स्थिति अच्छी होती है। जबकि कम्पनी को अपर्याप्त लाभ होने अथवा हानि

होने पर इनकी स्थिति दयनीय होती है। कम्पनी प्रबन्ध समुचित कोषों का निर्माण करके तथा उचित लाभांश नीति का अनुसरण करके समता अंशों की आय की अनिश्चितता एवं विनियोग की असुरक्षा की स्थिति को समाप्त कर सकता है।

समताअंशों पर प्राप्त होने वाली आय के लिए वित्तीय प्रबन्धकों द्वारा अनेक शब्दों का प्रयोग किया जाता है जिन्हें यहाँ स्पष्ट कर देना आवश्यक है। इन शब्दों में प्रति अंश आय (Earnings Per Share or E.P.S.), प्रति अंश लाभांश (Dividend Per Share or D.P.S.), भुगतान अनुपात (Pay out Ratio), तथा प्रतिफल (Earnings Yield) तथा लाभांश प्रतिफल (Dividend Yield) प्रमुख हैं। इनमें से प्रत्येक का यहाँ संक्षिप्त वर्णन किया जा रहा है—

(i) प्रति अंश आय (Earnings Per Share)—समता अंशधारी कम्पनी के स्वामी होते हैं। अत: कम्पनी की अवशिष्ट आय पर इनका अधिकार होता है। समता अंशधारी इस बात में अधिक रुचि रखते हैं कि कम्पनी प्रति अंश कितनी आय अर्जित करती है। इसके लिए कम्पनी की आय में से ब्याज एवं पूर्वाधिकार अंशों पर देय लाभांश घटाने के बाद शेष बची आय में समता अंशों की संख्या का भाग दे दिया जाता है। इसके लिए निम्न सूत्र का प्रयोग किया जाता है—

$$\text{Earnings Per Share} = \frac{\text{Net Profit after Tax, Interest and Preference Dividend}}{\text{Number of Equity Shares}}$$

उदाहरण के लिए यदि एक कम्पनी की कर, ब्याज एवं पूर्वाधिकारी लाभांश के भुगतान के बाद शुद्ध आय 50,000 रुपये हैं तथा कम्पनी के निर्गमित व चुकता समता अंशों की संख्या 20,000 है तो प्रति अंश आय $\frac{50,000}{20,000} = 2.5$ रु. होगी।

प्रति अंश आय को तुलनात्मक बनाने के लिए प्रतिशत में भी बदला जा सकता है तब निम्न सूत्र का प्रयोग किया जाता है—

Earning Power of Equity Share Capital

$$= \frac{\text{Net Profit after Tax, Interest and Preference Dividend}}{\text{Number of Equity Shares}} \times 100$$

(ii) प्रति अंश लाभांश (Dividend Per Share or D.P.S.)— बहुत से समता अंशधारी इस बात में अधिक रुचि नहीं रखते कि कम्पनी प्रति अंश कितनी आय अर्जित करती है, बल्कि वे इस बात में अधिक रुचि रखते हैं कि कम्पनी प्रति अंश कितना लाभांश घोषित करती है। यह हम पूर्व में ही अध्ययन कर चुके हैं कि समता

अंशों पर लाभांश देना अनिवार्य नहीं होता है परन्तु प्रगतिशील कम्पनियाँ अपने अंशधारियों को प्रतिवर्ष लाभांश देती हैं तथा यह लाभांश अंशधारियों की अपेक्षाओं के अनुरूप होता है। एक बार कम्पनी द्वारा लाभांश की घोषणा कर दी जाती है तो उससे उतनी नकद राशि का बहिर्गमन आवश्यक हो जाता है। अनेक बार कम्पनी में अधिक लाभ होने पर भी तरलता की स्थिति अच्छी नहीं होती है। कम्पनी की तरलता की स्थिति ठीक न होने पर कम्पनी को अल्पकालीन दायित्व उत्पन्न करके लाभांश का भुगतान करना होता है। अतः यह आवश्यक है कि लाभांश की घोषणा के पूर्व ही आवश्यक तरल कोषों की व्यवस्था कर ली जाये।

यदि एक कम्पनी 10 रुपये पूर्णदत्त समता अंश पर 1 रुपया प्रति अंश लाभांश की घोषणा करती है तो यह प्रति अंश लाभांश 1 रुपया अथवा अंकित मूल्य पर 10% लाभांश होगा।

(iii) भुगतान अनुपात (Pay-Out Ratio)—यह अनुपात कम्पनी द्वारा प्रति अंश अर्जित आय एवं प्रति अंश घोषित लाभांश की तुलना करके ज्ञात किया जाता है। यह अनुपात इस बात की व्याख्या करता है कि कम्पनी प्रति अंश अर्जित आय का कितना भाग लाभांश के रूप में वितरित करती है। इसको निम्न सूत्र से व्यक्त किया जाता है—

$$\text{Pay-out Ratio} = \frac{\text{Dividend Per Share}}{\text{Earnings Per Share}} \times 100$$

उदाहरण के लिए, एक कम्पनी प्रति अंश 2 रुपये की शुद्ध आय अर्जित करती है तथा 1.5 रुपया प्रति अंश लाभांश घोषित करती है तो भुगतान अनुपात $\frac{1.5}{2} \times 100$ = 75% होगा।

(iv) आय प्रतिफल (Earnings Yield)—यदि एक अंशधारी अंशों को अंकित मूल्य से अधिक मूल्य पर बाजार से क्रय करता है तब कम्पनी द्वारा अर्जित प्रति अंश आय की तुलना में आय प्रतिफल ज्ञात किया जाता है। इसको ज्ञात करने के लिए कम्पनी द्वारा प्रति अंश अर्जित आय (Earning Per Share) में प्रति अंश औसत बाजार मूल्य का भाग दिया जाता है।

इसके लिए निम्न सूत्र का प्रयोग किया जाता है—

$$\text{Earnings Yield} = \frac{\text{Earnings Per Share}}{\text{Average Price Per Share}}$$

उदाहरण के लिए, एक कम्पनी प्रति अंश 2 रुपये की आय अर्जित करती है तथा प्रति अंश औसत बाजार मूल्य 16 रुपये है तो आय प्रतिफल $\frac{2}{16} \times 100 = 12.5\%$ है।

इसे आय मूल्य अनुपात (Earning Price Ratio) भी कहते हैं। इस अर्थ में यह अनुपात यह बताता है कि पूँजी बाजार में प्रति अंश आय के कितने गुने मूल्य पर बिक रहा था। उपर्युक्त उदाहरण में यह अनुपात 2 : 16 अथवा 1 : 8 है अर्थात् पूँजी बाजार में प्रति अंश आय के आठ गुने मूल्य पर बिक रहे हैं।

(v) लाभांश प्रतिफल (Dividend Yield)—प्रति अंश घोषित लाभांश में अंशों के औसत बाजार मूल्य का भाग देकर इसे ज्ञात किया जाता है।

उदाहरण के लिए यदि एक कम्पनी 10 रुपये के अंश पर 1.5 रुपये प्रति अंश लाभांश घोषित करती है तथा अंश का औसत बाजार मूल्य 16 रुपये है तो लाभांश प्रतिफल (Dividend Yield) = $\frac{1.5}{16} \times 100 = 9.375\%$ होगा।

समता अंशों को पूँजी कलेवर का भाग बनाते समय विचारणीय प्रश्न (Factors to be considered while Equity Capital using as a part of capital structure)—किसी भी कम्पनी को अपने पूँजी कलेवर अथवा ढाँचे में समता अंशों को शामिल करते समय निम्न प्रश्नों का समाधान खोजना होगा—

1. अंश किस मूल्य पर निर्गमित किये जायें?

2. अंशों का स्कन्ध विपणि में सूचीयन करवाया जाय अथवा नहीं?

3. यदि कम्पनी पुरानी है तो अंशों को विद्यमान अंशधारियों को किस आधार पर दिया जाय?

इन प्रश्नों पर यहाँ विचार किया जा रहा है?

1. अंशों का मूल्य—इस सम्बन्ध में दो प्रश्न हो सकते हैं—**प्रथम,** अंशों का सम-मूल्य क्या हो? तथा **द्वितीय,** उन्हें बट्टे अथवा प्रीमियम की किस राशि पर निर्गमित किया जाये? आज की कानूनी स्थिति में भारतीय कम्पनियों को न तो स्वाधीनता उपलब्ध है और न अनेक विकल्प। जहाँ तक सम-मूल्य का प्रश्न है, कम्पनियों के अंशों का सम-मूल्य। 1 रुपया, 10 रुपया, 100 रुपया होता है परन्तु लोकप्रिय सम-मूल्य 1 रुपये तथा 10 रुपये हैं।

बट्टे अथवा प्रीमियम पर निर्गमन का प्रश्न कानून से जुड़ा हुआ है। कम्पनी अधिनियम के अधीन बट्टे पर अंशों का निर्गमन कठोर शर्तों के अन्तर्गत ही दिया हुआ है। प्रीमियम पर निर्गमन का जहाँ तक प्रश्न है वहाँ आदर्श स्थिति तो वह हो सकती है जबकि कम्पनी अपने अंशों का विक्रय वर्तमान बाजार मूल्य पर करे। इस व्यवस्था से कम्पनी के विद्यमान अंशधारियों पर प्रतिकूल प्रभाव नहीं पड़ेगा। परन्तु व्यवहार में ऐसा नहीं होता है क्योंकि नये निवेशकर्त्ताओं को पर्याप्त आकर्षण बना रहे तथा नया निर्गमन असफल न हो, इसको ध्यान में रखकर वह कार्य किया जाता है। 29 मई, 1992 के पूर्व अंशों पर प्रीमियम की दर का निर्धारण Controller of Capital Issues की पूर्वानुमति से किया जाता था परन्तु एक अध्यादेश द्वारा Capital Issues (Control) Act, 1947 को समाप्त कर दिया गया है तथा अब कम्पनियाँ भारतीय प्रतिभूति विनिमय बोर्ड के निर्देशों का पालन करते हुए प्रतिभूतियों पर प्रीमियम की राशि निर्धारित करने के लिए स्वतन्त्र हैं।

2. अंशों का सूचीयन (Listing of Shares)—किसी मान्यता-प्राप्त स्टॉक विपणि पर अंशों का सूचीयन कराने से कम्पनी तथा अंशधारियों को अनेक लाभ होते हैं। अंशों की विक्रयशीलता तथा तरलता बढ़ जाती है, बाजार का विस्तार होता है। कम्पनी के बारे में अधिक सूचना उपलब्ध होती है। स्टॉक एक्सचेंज में सूचीबद्ध अंशों का विपणन नियमानुसार होने से ऐसे सौदों की सुरक्षा बढ़ जाती है। इससे निवेशकर्त्ताओं का विश्वास बढ़ता है।

भारतीय सन्दर्भ में प्रतिभूति संविदा (नियमन) अधिनियम, 1957 के नियम 19 (2) (ब) के अधीन किसी भी कम्पनी को सूचीयन करने के योग्य तभी माना जायेगा जबकि वह अपनी अंश पूँजी का कम से कम 60 प्रतिशत भाग जनता को निर्गमित करे। यह प्रतिशत प्रत्येक वर्ग की अंशपूँजी के लिए पृथक्-पृथक् लागू होगा।

अभी कुछ समय पूर्व तक 1 करोड़ रुपये या उससे अधिक अंशपूँजी वाली कम्पनियाँ 60 लाख रुपये या उससे अधिक की अंशपूँजी जनता को निर्गमित करके सूचीयन का अधिकार प्राप्त कर लेती थीं। इस व्यवस्था को संशोधित करके 1 करोड़ रुपये की न्यूनतम सीमा को बढ़ाकर 3 करोड़ रुपये कर दिया गया है परन्तु जन-आवेदन की न्यूनतम राशि 60 प्रतिशत ही रखी गई है।

3. अधिकार अंश (Rights Issue)—भारतीय कम्पनी अधिनियम, 1956 की धारा 81 के अधीन भारतीय कम्पनियों के लिए यह अनिवार्य है कि वे जब भी अतिरिक्त अंशों का निर्गमन करें तो सर्वप्रथम यह आवेदन विद्यमान अंशधारियों को करना अनिवार्य

होगा। कम्पनी के अंशधारी विशेष प्रस्ताव द्वारा इस अधिकार को पूर्णत: अथवा अंशत: रद्द कर सकते हैं। विद्यमान अंशधारियों को आवेदन का जो यह विशेष अधिकार मिलता है उसकी अनेक विशेषताएँ होती हैं जिनमें से कुछ प्रमुख निम्न हैं—

(i) एक विद्यमान अंशधारी को उतने ही अधिकार मिलते हैं जितने उसके धारित अंशों की संख्या है।

(ii) एक अतिरिक्त अंश को आवेदन करने के लिए जितने अधिकारों की आवश्यकता होगी उनका निर्धारण कम्पनी स्वयं करती है। यदि कम्पनी अधिकार अंश चार-एक के आधार पर निर्गमित करने का निर्णय करती है तो एक अंशधारी के पास एक अतिरिक्त अंश प्राप्त करने के लिए चार अधिकारों का होना आवश्यक है।

(iii) अतिरिक्त नये निर्गमित किये जाने वाले अंशों का प्रति अंश मूल्य जिसे आवेदन मूल्य कहते हैं, वह अब कम्पनी प्रबन्ध द्वारा निर्धारित किया जाता है तथा यह मूल्य सामान्यतया अंश के प्रचलित बाजार मूल्य से कम होता है, परन्तु उसके अंकित मूल्य से कम नहीं होता।

(iv) अधिकार परक्राम्य (Negotiable) होते हैं और उनका धारक उन्हें बेच सकता है।

(v) अधिकारों का प्रयोग एक निर्धारित अवधि में करना होता है और यह अवधि 30 दिन से कम की होती है।

अधिकार अंश निर्गमन की प्रक्रिया—अधिकांश अंश निर्गमित करने वाली कम्पनी अपने विद्यमान अंशधारियों को एक प्रस्ताव पत्र तथा उसके साथ एक आवेदन पत्र जिसके अ, ब, स तथा द चार भाग होते हैं, भेजती है। भाग अ, अधिकारों को स्वीकार करने तथा अतिरिक्त अंशों के आवेदन के लिए होता है। भाग ब, अधिकारों के किसी अन्य व्यक्ति के पक्ष में त्यागने के लिए होता है। भाग स, उस व्यक्ति के द्वारा आवेदन के लिए होता है जिसके पक्ष में मूल आबंटी ने अपने अधिकार का त्याग किया है। भाग द, विभक्त (छोटे-छोटे अंशों में) फार्म की प्रार्थना के लिए होता है। समूचा आवेदन पत्र कम्पनी के पास निर्धारित अवधि के अन्दर भेज दिया जाना चाहिए।

पूर्वाधिकारी अंश (Preference Shares)

पूर्वाधिकारी अंश जैसा कि इनके नाम से ही स्पष्ट होता है वे अंश होते हैं जिनके धारकों को कुछ पूर्वाधिकार प्राप्त होते हैं। ये वे अंश होते हैं जिनके स्वामियों

को लाभांश प्राप्त करने तथा कम्पनी के समापन के समय सम्पत्तियों के वितरण में समता अंशधारियों की अपेक्षा पूर्वाधिकार प्राप्त होता है।

पूर्वाधिकारी अंशों की विशेषताएँ—पूर्वाधिकारी अंशों की निम्न विशेषताएँ होती हैं—

1. परिपक्वता (Maturity)—समता अंशों की तरह ही पूर्वाधिकारी अंशों से प्राप्त पूँजी को वापस लौटाने की कोई अवधि नहीं होती है तथा इसे लौटाने के लिए कम्पनी बाध्य नहीं होती है। परन्तु अनेक बार पूर्वाधिकारी अंशों के निर्गमन के समय ही उनके शोधन का प्रावधान रख दिया जाता है। ऐसी स्थिति में ये पूर्वाधिकारी अंश शोध्य पूर्वाधिकारी अंश (Redeemable Preference Shares) कहलाते हैं। शोध्य पूर्वाधिकारी अंश तो कम्पनी की स्वेच्छा पर शोध्य होते हैं अथवा स्वत: एक नियत तिथि पर अथवा कम्पनी द्वारा किसी सूचना के बाद लौटाना सम्भव होता है। अन्य प्रकार के पूर्वाधिकारी अंशों से प्राप्त पूँजी को वापस नहीं लौटाया जाता है। शोधनीय पूर्वाधिकारी अंशों का निर्गमन कम्पनी के वित्तीय ढाँचे को लचीला रखने के लिए किया जाता है।

कुछ कम्पनियाँ कभी-कभी पूर्वाधिकारी अंशों के स्वामियों को यह अधिकार भी देती है कि वे चाहें तो कुछ समय बाद पूर्वाधिकारी अंशों को समता अंशों में बदल सकते हैं, ऐसे अंशों को परिवर्तनशील पूर्वाधिकारी अंश कहते हैं।

2. आय पर पूर्वाधिकार (Preference Over Income)—कम्पनी के समस्त व्ययों का भुगतान करने के पश्चात् जो आय बचती है, उस पर पूर्वाधिकारी अंशधारियों का पूर्वाधिकार होता है अर्थात् एक बार कम्पनी लाभांश की घोषणा कर देती है तो सर्वप्रथम निश्चित दर से पूर्वाधिकारी अंशों पर लाभांश बाँटा जाता है। पूर्वाधिकारी अंशों पर लाभांश दिये बगैर समता अंशों पर लाभांश नहीं बाँटा जा सकता है। कभी-कभी कम्पनी की बढ़ी हुई आय में पूर्वाधिकारी अंशधारियों को शामिल करने की व्यवस्था की जा सकती है। ऐसे पूर्वाधिकारी अंशों को भागीदार पूर्वाधिकारी अंश (Participating Preference Shares) कहते हैं। ऐसी व्यवस्था करने पर इन अंशों के धारकों को निर्धारित दर से लाभांश प्राप्त करने के साथ कम्पनी के असामान्य लाभ प्राप्त होने पर अतिरिक्त लाभ का हिस्सा प्राप्त करने का अधिकार होता है।

यहाँ यह भी स्पष्ट कर देना आवश्यक है कि पूर्वाधिकारी अंशधारियों को अंशों पर सदैव आय प्राप्त होने की गारन्टी नहीं होती है। कम्पनी को आय न होने अथवा कम होने पर कम्पनी के प्रबन्धक यदि लाभांश नहीं वितरित करने का निर्णय लेते

हैं तो ऐसी स्थिति में पूर्वाधिकारी अंशधारियों का उस वर्ष लाभांश प्राप्त करने का अधिकार समाप्त हो जाता है। वे कम्पनी को लाभांश वितरित करने के लिए बाध्य नहीं कर सकते। परन्तु अनेक कम्पनियाँ पूर्वाधिकारी अंशों में विनियोजन को आकर्षित करने के लिए पूर्वाधिकारी अंशों के निर्गमन के समय ऐसी व्यवस्था कर सकती हैं कि किसी वर्ष पूर्वाधिकारी अंशधारियों को कम्पनी को लाभ न होने अथवा कम होने के कारण लाभांश नहीं मिल पाता है तो यह देय लाभांश दूसरे वर्षों में कम्पनी को अधिक लाभ होने पर चुका दिया जाता है। इस प्रकार के अंशों को संचयी पूर्वाधिकारी अंश (Cumulative Preference Shares) कहते हैं।

3. सम्पत्तियों पर पूर्वाधिकार (Preference Over Assets)—पूर्वाधिकारी अंशधारियों को कम्पनी की सम्पत्तियों के वितरण में भी पूर्वाधिकार प्राप्त होता है। कम्पनी के समापन की दशा में समस्त देनदारियों को भुगतान करने के बाद यदि सम्पत्तियाँ शेष रहती हैं तो उन्हें सबसे पहले पूर्वाधिकारी अंशधारियों में वितरित किया जाता है।

4. प्रबन्ध एवं नियन्त्रण का अधिकार नहीं (No Right in Management and Control)—सामान्यतया पूर्वाधिकारी अंशधारियों को कम्पनी के प्रबन्ध एवं नियन्त्रण का अधिकार नहीं होता है क्योंकि इन्हें समता अंशधारियों की तरह संचालक चुनने एवं कम्पनी के विभिन्न मामलों में मत देने का अधिकार प्राप्त नहीं होता है। इन्हें कम्पनी अधिनियम की धारा 87 के अनुसार केवल ऐसे मामलों में ही मत देने का अधिकार है जो उनके पूर्वाधिकारों को प्रभावित करते हैं।

पूर्वाधिकारी अंशों के प्रकार (Types of Preference Shares)—पूर्वाधिकारी अंश उन्हें प्राप्त पूर्वाधिकारों के अनुसार अनेक प्रकार के होते हैं, जिनमें से कुछ निम्न हैं—

1. असंचयी एवं संचयी पूर्वाधिकार अंश (Non-Cumulative and Comulative Preference Shares)—ऐसे पूर्वाधिकारी अंश, जिन पर घोषित तथा वितरित लाभांश कम्पनी के वार्षिक लाभों की पर्याप्तता पर निर्भर करता है तथा लाभ न होने पर या अपर्याप्त होने पर घोषित नहीं किया जाता है तो वे **असंचयी पूर्वाधिकार अंश** कहलाते हैं। जब किसी वर्ष विशेष में कम्पनी को लाभ न होने पर अथवा अपर्याप्त लाभ होने पर पूर्वाधिकारी अंशों के लाभांश प्राप्त करने का अधिकार समाप्त नहीं होता, वरन् भविष्य में पर्याप्त लाभ होने पर उनको पिछला अदत्त लाभांश भी प्राप्त करने का अधिकार रहता है, ऐसे अंश **संचयी पूर्वाधिकारी अंश** कहलाते हैं। अंश प्रमाण-पत्र निर्गमित

करते समय उन पर स्पष्ट रूप से लिखा जाना चाहिए कि ये संचयी हैं अथवा असंचयी। जब तक उन पर स्पष्ट रूप से कुछ लिखा नहीं जाता तब तक उन्हें संचयी पूर्वाधिकारी अंश ही माना जाता है।

2. शोध्य एवं अशोध्य पूर्वाधिकारी अंश (Redeemable and Irredeemable Preference Shares)—सामान्यतया पूर्वाधिकारी अंश भी समता अंश की तरह से अशोध्य होते हैं। अत: कम्पनी के जीवनकाल में उनकी राशि वापस लौटाने के लिए बाध्य नहीं किया जा सकता है। परन्तु कभी-कभी कम्पनी स्वयं पूर्वाधिकारी अंशों के निर्गमन के समय ही उनके शोधन की शर्त उसमें जोड़ देती है। यह कार्य कम्पनी के लिए अनुकूल हो सकता है। शोधन की शर्तों को पहले ही विस्तारपूर्वक स्पष्ट कर देना चाहिए। यह स्पष्ट कर देना चाहिए कि सभी पूर्वाधिकारी अंशों का विमोचन एक साथ ही किया जायेगा अथवा अंशत: कई भागों में। अंशत: कई भागों में करने पर अंशों का चयन लॉटरी से किया जायेगा अथवा धारित अंशों के अनुपात में। इन सभी तथ्यों का समझौता पत्र में वर्णन होना चाहिए। शोध्य अंशों की राशि का भुगतान करके उन्हें समाप्त कर दिया जाता है।

जब पूर्वाधिकारी अंशों का कम्पनी के जीवनकाल में शोधन नहीं किया जा सकता है तब उन्हें **अशोध्य पूर्वाधिकारी अंश** कहते हैं।

3. भागयुक्त तथा अभागयुक्त अंश (Participating and Non-Participating Preference Shares)—जब कभी पूर्वाधिकार अंशों को कम्पनी के लाभ में अपने निर्धारित लाभांश के अतिरिक्त शेष बचे लाभों में से साधारण अंशधारियों के साथ पूर्ण अथवा प्रतिबन्धित रूप से भाग लेने का अधिकार होता है तो ऐसे अंशों को **'भागयुक्त पूर्वाधिकारी अंश'** कहते हैं।

जब पूर्वाधिकारी अंशों को कम्पनी के लाभों में केवल पूर्व-निर्धारित दर से ही लाभांश पाने का अधिकार होता है तथा अतिरिक्त लाभों में भाग लेने का अधिकार नहीं होता है तो ऐसे में अंशों को **'भागयुक्त पूर्वाधिकार अंश'** कहते हैं।

4. परिवर्तनशील एवं अपरिवर्तनशील पूर्वाधिकार अंश (Convertible and Non-convertible Preference Shares)—ऐसे पूर्वाधिकारी अंश जिनके धारकों को एक निर्धारित तिथि के पश्चात् एक निर्धारित अवधि में समता अंशों में बदलवाने का अधिकार दिया जाता है, **'परिवर्तनशील पूर्वाधिकारी अंश'** कहते हैं।

ऐसे पूर्वाधिकारी अंश जिन्हें समता अंशों में परिवर्तित नहीं करवाया जा सकता है, उन्हें **'अपरिवर्तनशील पूर्वाधिकारी अंश'** कहते हैं।

19 अगस्त, 1995 को भारत सरकार ने संचयी परिवर्तनशील अधिमान अंश जारी करने के निर्देश जारी किये। संचयी परिवर्तनशील अधिमान अंशों (Cumulative Convertible Preference Shares) की प्रमुख विशेषताएँ निम्न हैं—

(i) इन अंशों पर लाभांश की दर 10% होगी।

(ii) निर्गमन की तिथि से 3 से5 वर्ष की अवधि में इन अंशों का अनिवार्य रूप से परिवर्तन किया जायेगा।

(iii) केवल सार्वजनिक कम्पनियाँ ही इन अंशों का निर्गमन कर सकेंगी।

(iv) अंशों को एक या अधिक स्टॉक विनिमयों पर सूचित करवाना होगा।

(v) अंशों से प्राप्त धन का प्रयोग नई परियोजनाओं के विस्तार अथवा आधुनिकीकरण के सामान्य व्ययों तथा कार्यशील पूँजी की आवश्यकता के लिए किया जायेगा।

(vi) अंशों की राशि उतनी ही होगी जितनी समता अंशों की वह राशि जो कम्पनी के द्वारा जनता को आवेदन हेतु निर्गमित की जा रही है। यदि कम्पनी का वित्तीयन वित्त संस्थाओं द्वारा भी किया गया है तो अंशों की मात्रा इन संस्थाओं द्वारा स्वीकृत की जायेगी।

(vii) समता अंशों तथा अधिमान अंशों के मध्य 1 : 3 के अनुपात की गणना करते समय इन अंशों को शामिल नहीं किया जायेगा।

(viii) इन अंशों का निर्गमन तभी किया जा सकता है जब कम्पनी के अन्तर्नियमों में इनकी व्यवस्था हो तथा इनके तीन से पाँच वर्ष के मध्य अनिवार्य परिवर्तन का विशेष प्रस्ताव अंशधारियों द्वारा पारित कर दिया गया हो।

(ix) ये अंश प्रविवरण के द्वारा ही जन-साधरण को समता अंशों के साथ-साथ निर्गमित किये जा सकते हैं।

5. प्रत्याभूतित तथा अप्रत्याभूतित अंश (Guaranteed and Non-guaranteed Preference Shares)—ऐसे पूर्वाधिकारी अंश जिनके सम्बन्ध में निर्धारित लाभांश के भुगतान की गारन्टी दी जाती है, **''प्रत्याभूतित पूर्वाधिकारी अंश''** कहते हैं।

ऐसे पूर्वाधिकारी अंश जिनको लाभांश देने की प्रत्याभूति नहीं दी जाती है, उन्हें **अप्रत्याभूतित पूर्वाधिकारी अंश** कहते हैं।

पूर्वाधिकारी अंशों के लाभ (Advantages of Preference Shares)—पूर्वाधिकारी अंशों से कम्पनी तथा विनियोक्ता को अनेक लाभ प्राप्त होते हैं, ये निम्न प्रकार हैं—

कम्पनी को लाभ (Advantages for the Company)—एक कम्पनी की दृष्टि से पूर्वाधिकारी अंश निम्न प्रकार लाभदायक होते हैं—

1. सरलता से बाजार की प्राप्ति (Easy availability of the market)—कम्पनी को पूँजी प्राप्त करने के लिए सरलता से विस्तृत बाजार मिल जाता है क्योंकि भीरु स्वभाव के विनियोक्ता भी पूर्वाधिकारी अंशों में विनियोग के लिए आकर्षित होते हैं।

2. स्वतन्त्र प्रबन्ध (Independent Management)—पूर्वाधिकारी अंशधारी कम्पनी के प्रबन्ध एवं नियन्त्रण में हस्तक्षेप नहीं कर सकते हैं। अतः पूर्वाधिकारी अंशों से प्रबन्ध का अधिकार दिये बिना पूँजी प्राप्त हो जाती है।

3. प्रभार रहित पूँजी (No Charge Capital)—इन अंशों से पूँजी प्राप्त करने के लिए कम्पनी को अपनी सम्पत्ति बन्धक अथवा गिरवी रखने की आवश्यकता नहीं होती है। अतः पूँजी पूर्णतया प्रभार रहित होती है।

4. मितव्ययी अर्थ-प्रबन्धन (Economical)—पूर्वाधिकारी अंशों के निर्गमन का व्यय बहुत कम होता है। अतः इस साधन का प्रयोग मितव्ययी रहता है।

5. लोचदार पूँजी ढाँचा (Flexible)—पूर्वाधिकारी अंशों के निर्गमन से कम्पनी का पूँजी ढाँचा लोचदार बना रहता है। कम्पनी शोध्य अंशों का निर्गमन कर सकती है, जिसे बाद में कभी भी वापस भुगतान किया जा सकता है।

6. समता अंशों पर अधिक लाभांश (More Dividend on Equity Shares)—यदि कम्पनी पूर्वाधिकारी अंशों पर देय लाभांश दर से अधिक लाभ अर्जित करती है तो कम्पनी पूर्वाधिकारी अंशों का निर्गमन करके समता अंशों पर लाभ की दर बढ़ाने में सफल हो जाती है।

7. अति पूँजीकरण से सुरक्षा (Safe from Over-capitalisation)—कम्पनी विमोचनशील अथवा शोध्य अंशों का भुगतान करके पूँजी की मात्रा कम कर सकती है।

विनियोक्ताओं को लाभ (Advantages for the Investors)—पूर्वाधिकारी अंश निम्न प्रकार से विनियोक्ताओं के लिए लाभदायक होते हैं—

1. नियमित व निश्चित आय (Fixed and regular income)—पूर्वाधिकारी अंशों पर निश्चित दर से नियमित आय प्राप्त होती रहती है।

2. पूँजी वापस प्राप्त करने में प्राथमिकता (Preference in getting back capital)—कम्पनी के अवसायन की दशा में पूँजी की वापसी में प्राथमिकता प्राप्त होती है।

3. कम जोखिम (Less Risky)—पूर्वाधिकारी अंशों में धन विनियोजित करने पर जोखिम कम रहती है।

4. निषेधाधिकार (Veto Power)—अपने हितों की रक्षा करने के लिए कुछ निषेधाधिकार (Veto Power) प्राप्त होता है।

पूर्वाधिकारी अंशों की हानि (Disadvantages of Preference Shares)—पूर्वाधिकारी अंशों से कम्पनी तथा विनियोक्ता दोनों को ही निम्न हानियाँ होती हैं—

कम्पनी को हानि (Disadvantages for the Company)—कम्पनी को पूर्वाधिकारी अंशों से निम्न हानियाँ होती हैं—

1. समता अंशधारियों को हानि (Loss to equity shareholders)—कम्पनी को कम लाभ प्राप्त होने पर भी पूर्वाधिकारी अंशों पर निश्चित दर से लाभांश का भुगतान करना पड़ता है। अत: इससे समता अंशधारियों को मिलने वाला लाभ कम हो जाता है।

2. स्थायी आर्थिक भार (Fixed economic burden)—पूर्वाधिकारी अंशों पर निश्चित दर से लाभांश देना पड़ता है, अत: यह कम्पनी पर स्थायी भार हो जाता है।

3. अतिरिक्त पूँजी प्राप्त करने में कठिनाई (Difficulty in getting additional capital)—यदि कम्पनी के अन्तर्नियमों में यह व्यवस्था है कि अतिरिक्त पूर्वाधिकारी अंशों या ऋणपत्रों के निर्गमन करने से पूर्व विद्यमान पूर्वाधिकारी अंशधारियों की सहमति लेना आवश्यक होगा तो कम्पनी के लिए ऐसी स्थिति में अतिरिक्त पूँजी प्राप्त करना बड़ा कठिन होता है।

4. पूँजी प्राप्त करने की ऊँची लागत (High cost of capital)—पूर्वाधिकारी अंश पर देय लाभांश कर के लिए स्वीकृत व्यय नहीं माना जाता है, अत: इस साधन से पूँजी प्राप्त करने की लागत ऋणपत्रों की तुलना में अधिक ऊँची होती है।

विनियोक्ताओं को हानि (Dis-Advantages for Investors)—पूर्वाधिकारी अंशों में विनियोजन से विनियोक्ताओं को निम्न हानियाँ होती हैं—

1. **सीमित मताधिकार** (Limited voting right)—पूर्वाधिकारी अंशधारियों को संचालकों की नियुक्ति तथा कम्पनी के अन्य महत्त्वपूर्ण मामलों के सम्बन्ध में मताधिकार प्राप्त नहीं होता है। इन्हें केवल अपने हितों की रक्षा के लिए सीमित मताधिकार प्राप्त होता है।

2. **स्थिर दर से लाभ** (Fixed Rate of Dividend)—यदि ये अंश भागयुक्त नहीं होते हैं तो कम्पनी की समृद्धि का लाभ इन्हें नहीं मिलता है क्योंकि गैर-भागयुक्त पूर्वाधिकारी अंशों पर निश्चित दर से लाभांश प्राप्त होता है।

3. **शोध्य पूर्वाधिकारी अंशों की अनिश्चित स्थिति** (Uncertain situation of Redeemable Preference Shares)—शोध्य पूर्वाधिकारी अंशों का शोधन प्रायः कम्पनी की इच्छा पर निर्भर करता है। कम्पनी का प्रबन्ध जब चाहे तब सूचना देकर उनकी पूँजी वापस लौटा सकता है।

4. **समापन के समय आधिक्य में भाग नहीं** (No Share in Surplus on Liquidation)—यदि कम्पनी का समापन हो जाता है तो पूर्वाधिकारी अंशों के धारकों को केवल उतना ही मूल्य चुकाया जाता है जितना उन्होंने विनियोजित किया है जबकि समता अंशधारी कम्पनी के आधिक्य में भी हिस्सा प्राप्त करते हैं।

पूर्वाधिकारी अंशों का विश्लेषण (Analysis of Preference Shares)—कम्पनियों के लिए दीर्घकालीन पूँजी जुटाने में पूर्वाधिकारी अंशों का महत्त्वपूर्ण स्थान है, क्योंकि इनके निर्गमन द्वारा ऐसे विनियोक्ताओं से धन प्राप्त किया जाना सम्भव है जो बिना अधिक जोखिम उठाये उचित आय प्राप्त करना चाहते हैं। निश्चित लाभांश की देनदारी के अनुसार पूर्वाधिकारी अंशों तथा ऋण-पत्रों में कुछ समानता है परन्तु इन दोनों में आधारभूत अन्तर यह है कि ऋण-पत्रों पर देय ब्याज व्यावसायिक व्यय माना जाता है तथा निगम कर निकालने से पहले लाभ में से घटाया जाता है परन्तु पूर्वाधिकारी अंशों को स्वामीगत प्रतिभूति माना जाता है, अतः उन पर देय लाभांश को व्यावसायिक व्यय न मानकर कर लाभ का वितरण माना जाता है।

कम्पनी की वित्त व्यवस्था में पूर्वाधिकारी अंशों का स्थान समता अंशों से पूर्व परन्तु ऋण-पत्रों के बाद आता है। पूर्वाधिकारी अंशों के निर्गमन का निर्णय करते समय कम्पनी प्रबन्ध को यह अवश्य देख लेना चाहिए कि कम्पनी की आय उपार्जन क्षमता इतनी अवश्य है कि कम्पनी ऋण-पत्रों पर देय ब्याज एवं निगम कर चुकाने के बाद

इतनी आय अवश्य प्राप्त करे जिससे इन पर निश्चित दर से लाभांश चुकाया जा सके। यदि कम्पनी की आय उपार्जन क्षमता इतनी नहीं है तो पूर्वाधिकारी अंशों का निर्गमन नहीं किया जाना चाहिए।

भारत में पूर्वाधिकारी अंशों में अधिकांश विनियोग संस्थागत विनियोक्ताओं द्वारा किया जाता है। ये अंश अधिक लोकप्रिय नहीं हैं क्योंकि भारत में अनेक कम्पनियाँ इन पर लाभांश का समय पर भुगतान नहीं करती हैं तथा असंचयी पूर्वाधिकारी अंशों की स्थिति में लाभांश की कई-कई वर्षों में घोषणा ही नहीं की जाती है। अतः इन अंशों को लोकप्रिय बनाने के लिए इनके धारकों के अधिकारों की रक्षा की जानी चाहिए तथा उन्हें अधिक कानूनी संरक्षण प्रदान करना चाहिए।

समता तथा पूर्वाधिकारी अंशों का तुलनात्म अध्ययन (Acomparision of equity and preference shares)—समता अंशों तथा पूर्वाधिकारी अंशों के अपने-अपने गुण-दोष हैं तथा ये विभिन्न प्रकार के विनियोक्ताओं की आवश्यकताओं की संतुष्टि करते हैं। इन दोनों प्रकार के अंशों की तुलना निम्नलिखित आधारों पर की जा सकती है—

1. लाभांश पर प्राथमिकता (Preference as Regards Dividend)—समता अंशों पर लाभांश तब ही दिया जा सकता है जब पूर्वाधिकारी अंशों पर लाभांश चुका दिया गया हो। अर्थात् पूर्वाधिकारी अंशधारियों को समता अंशधारियों पर लाभांश प्राप्त करने में प्राथमिकता रहती है।

2. पूँजी पर प्राथमिकता (Preference as Regards Re-Payment of Capital)—प्रमण्डल के अवसायन की स्थिति में पूँजी को वापस चुकाने में पूर्वाधिकारी अंशधारियों को समता अंशधारियों पर प्राथमिकता प्राप्त होती है।

3. अंशों का मूल्य (Share Price)—सामान्यतया समता अंशों का मूल्य पूर्वाधिकारी अंशों की तुलना में कम होता है।

4. लाभांश दर (Dividend Rate)—समता अंशों की लाभांश दर निश्चित नहीं है परन्तु पूर्वाधिकारी अंशों की लाभांश दर पूर्व-निर्धारित होती है। सामान्यतया समता अंशों की लाभांश दर पूर्वाधिकारी अंशों की लाभांश दर से ऊँची होती है।

5. शोधनशीलता (Redemption)—समता अंशों का कम्पनी के जीवन काल में शोधन नहीं हो सकता, परन्तु शोध्य पूर्वाधिकारी अंशों का शोधन किया जा सकता है।

6. प्रबन्ध का अधिकार (Right of Management)—समता अंशधारियों की पूँजी 'जोखिम पूँजी' होती है, अतः उनको कम्पनी के प्रबन्ध एवं नियन्त्रण का अधिकार होता है। पूर्वाधिकार अंशधारियों को कुछ विशेष परिस्थितियों को छोड़कर यह अधिकार प्राप्त नहीं है।

7. पूँजी ढाँचे की लोच (Elasticity of Capital Structure)—पूर्वाधिकारी अंशों का निर्गमन कम्पनी के पूँजी ढाँचे को लोचदार बनाता है जबकि समता अंशों का निर्गमन इसे अलोचशील बनाता है।

8. निर्गमन व्यय (Issuing Expenses)—समता अंशों का निर्गमन व्यय पूर्वाधिकारी अंशों के निर्गमन व्यय की तुलना में कम होता है।

3. स्थगित अंश (Deferred Shares)—

कम्पनी अधिनियम, 1956 के पूर्व भारतीय कम्पनियों को इस प्रकार के अंश पत्र निर्गमन करने का अधिकार था। इस प्रकार के अंश प्रवर्तकों एवं संस्थापकों को उनकी सेवाओं के बदले दिये जाते थे। इसीलिए इन्हें प्रवर्तकों एवं संस्थापकों के अंशों के नाम से सम्बोधित किया जाता था। स्थगित अंशों के निर्गमन से समता अंशों की स्थिति कुछ असामान्य हो जाती थी तथा प्राथमिकता क्रम में इनका स्थान सबसे बाद आता था। ऋणपत्रों पर ब्याज तथा पूर्वाधिकारी अंशों पर लाभांश देने के बाद ही इन पर लाभांश दिया जाता था। इन पर लाभांश की दर बहुत ऊँची होती थी।

इन अंशों का अंकित मूल्य बहुत कम होता था परन्तु अंशों को समता अंशों के बराबर समान अधिकार प्राप्त होते थे। इन अंशों की इसी तथ्य के आधार पर आलोचना की जाती थी कि कम्पनी में बहुत थोड़ी पूँजी लगा कर संस्थापक लोग कम्पनी की कुल मतदान शक्ति के एक बड़े भाग का नियन्त्रण करने में सफल हो जाते थे। इसी असमानुपाती मताधिकार के कारण इन अंशों को समाप्त करने की समय-समय पर माँग की जाती थी। भाभा समिति ने भी इन्हें समाप्त करने का सुझाव दिया था। 1956 के भारतीय कम्पनी अधिनियम में दो ही प्रकार के अंशों के निर्गमन की व्यवस्था की गई है। ये समता अंश तथा पूर्वाधिकार अंश है। धारा 88 के अनुसार पूर्वाधिकार अंशों को छोड़कर अन्य सभी प्रकार के ऐसे अंशों के निर्गमन को निषेध कर दिया है जिन्हें असमानुपातिक मताधिकार प्राप्त हो। 1956 के कम्पनी अधिनियम की धारा 89 के अनुसार यह व्यवस्था की गई थी कि जिन कम्पनियों में स्थगित अंश थे उन्हें इस अधिनियम के लागू होने के एक वर्ष के अन्दर ऐसे अंशों या उन अंशों में परिवर्तित करना आवश्यक था जिससे समानुपातिक मताधिकार प्राप्त हो। इसलिए सभी कम्पनियों

ने अपने स्थगित अंशों को समताअंशों में परिवर्तित कर दिया था। अत: जब भारतीय कम्पनियों की वित्त व्यवस्था में स्थगित अंशों का कोई स्थान नहीं है।

4. 'सम-मूल्यरहित अंश' (No-Par Value Shares)—

'सम-मूल्य रहित अंश' निर्गमित करने का कानून सर्वप्रथम संयुक्त राज्य अमेरिका के न्यूयॉर्क राज्य में सन् 1912 में पारित किया गया था। बाद में अन्य राज्यों में इसके निर्गमन के कानून पारित किये गये। **गेर्स्टनबर्ग** के अनुसार, "सम-मूल्य रहित अंशों का तात्पर्य ऐसे अंशों से है, जिनका कोई सम-मूल्य अथवा अंकित मूल्य नहीं होता है।"[1]

सम-मूल्य रहित अंश कहे जाने का तात्पर्य यह नहीं है कि इनका कोई मूल्य नहीं होता है। सम-मूल्य रहित अंशों वाली कम्पनी के समग्र स्वामित्व को अंशों की सहायता से विभाजित करके ऐसे एक अंश का मूल्य निकाला जा सकता है। ऐसे अंशों पर लाभांश प्रतिशत के रूप में घोषित न करके प्रति अंश लाभांश रुपयों में घोषित किया जाता है। सम-मूल्य रहित अंशों का प्रचलन सम-मूल्य अंशों की कठिनाई के कारण हुआ। सम-मूल्य अंशों पर अंकित मूल्य होता है जिसे कम्पनी द्वारा अंश प्रमाण-पत्रों पर अंकित कर दिया जाता है। सम-मूल्य उस धन राशि को व्यक्त नहीं करता है जो एक अंशधारी अंशों के विक्रय अथवा निगम के अवसायन के समय प्राप्त कर सकता है। यह एक स्थिर मूल्य है जो आर्थिक परिस्थितियों में हुए परिवर्तनों को व्यक्त करने में असफल रहता है। व्यवसाय एक गतिशील उद्यम होता है तथा इसका मूल्य लगातार इसे होने वाले लाभ एवं हानियों के अनुसार परिवर्तित होता रहता है। सम-मूल्य स्थिर रहता है, अत: यह इन परिवर्तनों को मापने में असफल रहता है। सम-मूल्य रहित अंश की धारणा इन्हीं कठिनाइयों को समाप्त करने के लिए विकसित हुई। सम-मूल्य रहित अंशों के मूल्य का निर्धारण कम्पनी की वित्तीय स्थिति के अनुसार समय-समय पर किया जा सकता है।

सम-मूल्य रहित अंशों के लाभ (Advantages of No-par Value Shares)— सम-मूल्य रहित अंशों के निर्गमन से निम्न लाभ प्राप्त होते हैं—

1. सत्य एवं सही स्थिति (True and Correct Position) **का ज्ञान**—सम-मूल्य रहित अंश कम्पनी की सत्य एवं सही स्थिति का ज्ञान कराते हैं। इन अंशों का अंकित मूल्य नहीं हाता है। इनका मूल्य समय-समय पर कम्पनी की वित्तीय स्थिति के अनुसार निर्धारित किया जाता है जो समय के अधिक निकट होता है।

2. निर्गमन मूल्यों में लोच (Flexibility in Issue Prices)—सम-मूल्य रहित अंशों के निर्गमन मूल्य में लोचशीलता होती है। कम्पनी प्रारम्भ में इन्हें कम मूल्य पर निर्गमित करके अधिक विनियोक्ताओं को आकर्षित कर सकती है तथा बाद में कम्पनी की आर्थिक स्थिति अच्छी होने पर वह इनके शेष भाग को अधिक मूल्य पर निर्गमित कर सकती है।

3. अवांछनीय कार्यों पर रोक (Check on Undesirable Activities)—सम-मूल्य रहित अंशों की दशा में स्थिति विवरण सही स्थिति बताता है, अतः अवांछनीय कार्यों को करने की आवश्यकता नहीं होती है जबकि सम-मूल्य अंशों की दशा में पूँजी तथा सम्पत्तियों में सन्तुलन स्थापित करने के लिए कपट एवं अवांछनीय कार्यों का सहारा लिया जाता है।

4. वितरण की व्यापकता (Wide Circulation)—सम-मूल्य रहित अंश प्रायः कम मूल्य पर निर्गमित किये जाते हैं, अतः इनकी ओर विनियोक्ता अधिक आकर्षित होते हैं।

5. हिसाब-किताब में सरलता (Accounting Facilities)—सम-मूल्य रहित अंशों की स्थिति में पूँजी निर्गमन से सम्बन्धित व्ययों को अमूर्त सम्पत्तियों में दिखाने अथवा छिपाने की आवश्यकता नहीं होती है बल्कि इन्हें दायित्व की ओर पूँजी की राशि में से घटाकर दिखाया जाता है।

6. अति पूँजीकरण का उपचार (Remedy of Over-Capitalisation)—सम-मूल्य रहित अंशों के वर्णित मूल्य (Stated Price)—को कम अथवा अधिक करने का अधिकार संचालकों को होता है। इसके लिए अंशधारियों अथवा ऋणपत्रधारियों की सहमति की आवश्यकता होती है। अतः वर्णित मूल्य को कम करके अति-पूँजीकरण की समस्या का समाधान किया जा सकता है।

7. विनियोक्ताओं को प्रेरणा (Encouragement to Investors)—अंश विनियोक्ताओं को इस बात की प्रेरणा देते हैं कि वे कम्पनी की वास्तविकता वित्तीय स्थिति की जाँच करें तथा कम्पनी की क्रियाओं में अधिक रुचि लें।

सम-मूल्य रहित अंशों के दोष (Disadvantages of Non-Par Value Shares)—सम-मूल्य रहित अंशों के निर्गमन के निम्न दोष देखे जाते हैं—

1. सामान्य विनियोक्ता हतोत्साहित (General Investors Discouraged)—सम-मूल्य रहित अंशों को खरीदते समय विनियोक्ता के सामने मनोवैज्ञानिक दुविधा

रहती है कि कहीं बाद में अंश का मूल्य कम न हो जाये। इसलिए वह हतोत्साहित होता है।

2. विनियोग के पूर्व आर्थिक विश्लेषण कठिन (Economic Analysis Difficult)—सम-मूल्य रहित अंशों में विनियोग से पूर्व कम्पनी की आर्थिक स्थिति का विश्लेषण किया जाना चाहिए परन्तु सामान्य विनियोक्ता यह कार्य नहीं कर सकता है।

3. छल-कपट की गारन्टी नहीं (No Guarantee for Frauds)—अंशों पर अंकित मूल्य का न होना इस बात की गारन्टी नहीं है कि प्रबन्धक छल-कपट नहीं करेगा तथा विनियोक्ता के हितों की रक्षा की जायेगी।

4. ऋण प्राप्ति में कठिनाई (Difficulty in getting Loans)—सम-मूल्य रहित अंशों की स्थिति में ऋणदाताओं के अधिकार स्पष्ट नहीं होते हैं जिससे कम्पनी की ऋण प्राप्त करने की क्षमता कम हो जाती है।

5. अंशों से प्राप्त धन में से लाभांश वितरण (Distribution of dividend out of funds paid through shares)—सम-मूल्य रहित अंशों की स्थिति में प्राप्त धन को प्रबन्धक दो भागों में बाँटते हैं-एक भाग वर्णित मूल्य (Stated Price or Designated Price) कहलाता है तथा दूसरे भाग को पूँजी आधिक्य (Capital Surplus) कहते हैं। प्रबन्धक दूसरे भाग का उपयोग लाभांश वितरण हेतु कर सकते हैं, जो उचित नहीं है।

6. पूर्व विनियोक्ताओं के साथ अन्याय (Injustice with old shareholders)—यदि पहले इन अंशों का निर्गमन अधिक मूल्य पर कर दिया जाये तथा बाद में वह मूल्य कम कर दिया जाये तो यह पूर्व के विनियोक्ताओं के साथ अन्याय ही कहा जायेगा।

7. सही स्थिति दर्शाने वाला चिट्ठा बनाना कठिन (Difficult to prepare true fair position balance sheet)—इन अंशों की स्थिति में कम्पनी का स्थिति विवरण व्यवसाय की आय तथा सम्पत्ति के आधार पर सही स्थिति प्रदर्शित करने वाला बनाना होता है जो बड़ा कठिन कार्य है।

8. कम्पनी की साख पर बुरा प्रभाव (Bad effect on prestige of the Company)—इन अंशों के विरुद्ध लेनदारों के अधिकार बहुत सीमित होते हैं, अतः इससे कम्पनी की साख क्षमता कम हो जाती है।

5. मताधिकार विहीन अंश (Non-Voting Shares)

मताधिकार विहीन अंश अनेक विकसित देशों में अनेक वर्षों से दीर्घकालीन साधन प्राप्ति हेतु प्रचलित है। इसे भारत में 1996-97 के बजट में शामिल किया गया। भारत में यह कोई नया विचार नहीं है। सन् 1993 के कम्पनी अधिनियम में मताधिकार विहीन अंशों क्रो कोष संग्रहण के साधन के रूप में प्रस्तुत किया गया था परन्तु वह अधिनियम ही समाप्त कर दिया गया। फेरवानी अध्ययन दल ने इस तरह के अंशों की वकालत की थी। यह अध्ययन दल 28-3-1991 को गठित किया था।

मताधिकार विहीन अंश पूर्वाधिकार अंशों की तरह होते हैं जिन्हें न तो मत देने का अधिकार होता है और न ही उन पर लाभांश की दर पूर्व निर्धारित होती है। सामान्यतया इन्हें ऊँची जोखिम के कारण अधिक ऊँची दर पर लाभांश दिया जाता है। इन अंशों के निर्गमन के अनेक लाभ प्राप्त होते हैं जैसे विद्यमान प्रवर्तकों का नियन्त्रण बना रहता है, ये प्रबन्ध में हस्तक्षेप नहीं कर सकते हैं। विदेशें में निवास कर रहे भारतीयों से धन प्राप्त किया जा सकता है, इससे कम्पनी की ऋणं प्राप्ति की शक्ति चढ़ती है तथा पूँजी लागत नीची रहती है।

इन अंशों के कुछ बुरे प्रभाव भी होते हैं जैसे विदेशी संस्थागत विनियोक्ता इन्हें पसन्द नहीं करते, ये अंश कम्पनी पर स्थायी दायित्व पैदा करते हैं तथा कम्पनी को लगातार हानि की स्थिति में ये मताधिकार भी प्राप्त कर सकते हैं, इनसे मताधिकार वाले समता अंशधारियों पर विपरीत प्रभाव पड़ सकता है तथा इन पर ऊँची दर पर लाभ देना होगा।

▣▣▣

8

वित्तीय संस्थाएँ

स्वतन्त्रता प्राप्ति से पूर्व भारत में औद्योगिक वित्त की स्थिति सन्तोषप्रद नहीं थी। देश में दीर्घकालीन वित्त प्रदान करने वाली संस्थाओं का पूर्ण रूप से अभाव था। भारत में व्यापारिक बैंकों का गठन ब्रिटिश बैंकों के अनुरूप किया गया था जो केवल अल्पकालीन वित्त की पूर्ति ही करते थे। ऐसी स्थिति में औद्योगिक इकाइयों को अपने स्वयं के अथवा अपने प्रबन्ध अभिकर्त्ताओं के साधनों पर निर्भर रहना पड़ता था। सन् 1918 में 'औद्योगिक आयोग' ने अपने प्रतिवेदन में भारतीय उद्योगों को दीर्घकालीन वित्त प्रदान करने हेतु औद्योगिक बैंकों की स्थापना का सुझाव दिया था। सन् 1929 में 'केन्द्रीय बैंकिंग जाँच समिति' ने भी अपने प्रतिवेदन में 'विशिष्ट वित्तीय संस्थाओं' की स्थापना का सुझाव दिया था, परन्तु स्वतन्त्रता प्राप्ति के पूर्व भारत में 'औद्योगिक विकास बैंकों' अथवा 'विशिष्ट वित्तीय संस्थाओं' की स्थापना के क्षेत्र में कोई विशेष कार्य नहीं हो सका। स्वतन्त्रता प्राप्ति के बाद औद्योगिक वित्त के क्षेत्र में नये युग का सूत्रपात हुआ तथा देश में अनेक विशिष्ट वित्तीय संस्थाओं (विकास बैंकों) की स्थापना की गई। इन विशिष्ट वित्तीय संस्थाओं ने औद्योगिक वित्त की पूर्ति के साथ-साथ औद्योगिक इकाइयों के प्रवर्तन तथा विकास कार्यों में भी अत्यधिक रुचि ली

है। ये संस्थाएँ वित्त प्रदान करती हैं, औद्योगिक इकाइयों का प्रवर्तन करती हैं, कम्पनियों की प्रतिभूतियों का अभिगोपन करती हैं तथा कम्पनियों के अंशों तथा ऋणपत्रों में सीधा विनियोग करती हैं। ये संस्थाएँ औद्योगिक इकाइयों को तकनीकी एवं प्रबन्धकीय सलाह एवं सहायता भी प्रदान करती हैं।

विकास बैंक का अर्थ एवं परिभाषा

(Meaning and Definition of Development Banks)

विकास बैंक ऐसे बैंक होते हैं जो साहसियों को उद्योगों की स्थापना तथा विकास हेतु मध्यम एवं दीर्घकालीन ऋण उपलब्ध करवाते हैं, उनको तकनीकी ज्ञान एवं परामर्श देते हैं। ये उन्हें प्रोत्साहनात्मक सेवाएँ भी उपलब्ध करवाते हैं।

डायमण्ड विलियम (Diamond William) के शब्दों में, ''विकास बैंक एक संस्था है जो निजी क्षेत्र में उपक्रम का प्रवर्तन करती है तथा वित्त उपलब्ध करवाती है।''[1]

सी.एस. वेंकटराव (C.S. Venkat Rao) के अनुसार, ''विकास वित्त बैंक के अन्तर्गत विभिन्न प्रकार की वित्तीय संस्थाएँ सम्मिलित की जाती हैं जो उद्योग या कृषि के विस्तार के लिए आवश्यक तकनीक एवं प्रबन्धकीय परामर्श देती हैं। साथ ही मध्यम एवं दीर्घकालीन ऋण उपलब्ध करवाती हैं।''[2]

उपरोक्त के अनुसार विकास बैंक एक बहुउद्देशीय बैंक अथवा संस्था होता है जो उद्योगों के विकास एवं स्थापना में सहायता करता है। **विकास बैंक उद्योग के** अतिरिक्त कृषि एवं विदेशी व्यापार को भी सहायता प्रदान करते हैं। आज विशिष्ट प्रकार के विकास बैंकों की स्थापना होने लगी है।

विकास बैंकों की आवश्यकता

(Need for Development Banks)

भारत जैसे विकासशील देश में विकास बैंकों अथवा विशिष्ट वित्तीय संस्थाएँ जो दीर्घकालीन वित्त की पूर्ति करें तथा औद्योगिक विकास में सहायता करें उनकी आवश्यकता निम्न कारणों से है—

(1) अपर्याप्त एवं संकोचशील पूँजी (Inadequate and Shy Capital)—देश में उद्योगों के लिए उपलब्ध पूँजी अपर्याप्त है तथा जो कुछ पूँजी बचतकर्त्ता एकत्र कर पाते हैं उसे वे कम से कम जोखिम वाले व्यापारिक प्रतिष्ठानों में लगाना चाहते हैं। ऐसी स्थिति में नये स्थापित उद्योगों के लिए पर्याप्त पूँजी उपलब्ध नहीं होती है।

इसलिए यह आवश्यक है कि दीर्घकालीन वित्तीय संस्थाओं का विकास किया जाये, जो नये उद्योगों के लिए पूँजी की व्यवस्था कर सकें।

(2) अविकसित एवं असंगठित पूँजी बाजार (Under-developed and Unorganised Capital Market)—देश में प्रबन्ध अभिकर्त्ता प्रणाली के कारण पूँजी बाजार का विकास नहीं हो सका था। प्रबन्ध अभिकर्त्ता प्रणाली सन् 1970 से समाप्त कर दी गई है। देश में पूँजी निर्गमन के अभिगोपन, वितरण एवं विपणन की समुचित व्यवस्था नहीं रही है। इसके अभाव में जनता की बचतों का औद्योगिक आवश्यकताओं की पूर्ति के लिए समुचित उपयोग नहीं हो पाता है। दीर्घकालीन वित्तीय संस्थाओं की स्थापना से इस कमी को एक सीमा तक दूर करना सम्भव है।

(3) व्यापारिक बैंकों की असमर्थता (Incompetence of Commercial Banks)—भारत के व्यापारिक बैंक ब्रिटिश पद्धति पर आधारित हैं जो औद्योगिक विकास के लिए दीर्घकालीन वित्त की पूर्ति करने में असमर्थ हैं। ये अधिकांशत: अल्पकालीन वित्त की पूर्ति करते हैं। अत: दीर्घकालीन वित्त की पूर्ति के लिए विशिष्ट वित्तीय संस्थाओं की स्थापना करना आवश्यक है।

(4) पूँजी निर्माण की नीची दर (Low Rate of Capital Formation)—भारत में लोगों की औसत आय बहुत कम है, जिसका अधिकांश भाग वे उपभोग कार्यों में प्रयोग कर लेते हैं जिससे बचत बहुत कम होती है। पूँजी निर्माण बचत पर निर्भर करता है तथा बचत न होने पर पूँजी निर्माण नहीं हो पाता। विशिष्ट वित्तीय संस्थाओं की स्थापना करके देश में पूँजी निर्माण की दर को बढ़ाया जा सकता है।

(5) सन्तुलित औद्योगिक विकास (Balanced Industrial Development)—भारत में प्रारम्भिक औद्योगिक विकास का श्रेय ब्रिटिश एजेन्सी गृहों एवं प्रबन्ध अभिकर्त्ताओं को है। इन संस्थाओं द्वारा देश में केवल उपभोक्ता उद्योगों की स्थापना में अधिक रुचि ली गई तथा ये आधारभूत उद्योगों के प्रति उदासीन रहीं। देश के सन्तुलित औद्योगिक विकास के लिए आधारभूत एवं पूँजीगत उद्योगों का विकास करना अत्यन्त आवश्यक है। सन्तुलित औद्योगिक विकास के लिए तुलनात्मक रूप से कम लाभदायक परन्तु आवश्यक उद्योगों का विकास भी जरूरी है। यह कार्य औद्योगिक वित्त संस्थाएँ ही कर सकती हैं।

(6) औद्योगिक प्रवर्तन के क्षेत्र में सहयोग (Assistance in Industrial Promotion)—भारत में योग्य प्रवर्तकों का अभाव रहा है। प्रवर्तन का कार्य प्रबन्ध अभिकर्त्ता प्रणाली की समाप्ति के समय तक प्रबन्ध अभिकर्त्ताओं द्वारा ही किया जाता

रहा है। इनके द्वारा किये गये प्रवर्तन कार्य में अनेक दोष देखे गये हैं, जैसे—प्रस्तावित योजना की पूर्ण छानबीन न करना, वित्तीय योजना का दोषपूर्ण होना, परियोजना से सम्बन्धित प्रतिवेदनों को ठीक से तैयार न करना आदि। इन दोषों को दूर करने तथा प्रवर्तन कार्य में सहायता पहुँचाने में विशिष्ट वित्तीय संस्थाएँ महत्त्वपूर्ण कार्य कर सकती हैं।

(7) आधुनिकीकरण एवं नवीनीकरण (Modernisation)—भारत में अनेक औद्योगिक इकाइयों को कार्य करते हुए बहुत समय हो गया है तथा उनमें मशीनों एवं संयन्त्रों का आधुनिकीकरण एवं नवीनीकरण साधनों के अभाव में नहीं किया जा सकता है। अतः ऐसी औद्योगिक इकाइयों के आधुनिकीकरण एवं नवीनीकरण के लिए वित्त की पूर्ति हेतु विशिष्ट वित्तीय संस्थाओं की स्थापना आवश्यक है।

(8) लघु उद्योगों के विकास हेतु (Development of Small Scale Industries)—देश में बड़े पैमाने पर व्याप्त बेरोजगारी के निवारण में लघु एवं मध्यम उद्योगों का विशिष्ट महत्त्व है। इन उद्योगों का बड़े उद्योगों की प्रतियोगिता में टिकना बड़ा कठिन कार्य है जब तक इनकी वित्तीय आवश्यकताओं को मितव्ययितापूर्वक पूरा नहीं किया जाता। यह कार्य विशिष्ट वित्तीय संस्थाएँ ही कुशलतापूर्वक कर सकती हैं।

(9) नियोजित विकास की सफलता हेतु (Success of Planned Development)—नियोजित विकास की सफलता में विशिष्ट संस्थाएँ महत्त्वपूर्ण योगदान करती हैं। आधारभूत उद्योगों एवं जनोपयोगी उपक्रमों के विकास में इनके द्वारा अधिक सहायता प्रदान की जाती है। सरकार द्वारा निर्धारित औद्योगिक विकास के लक्ष्यों की प्राप्ति में ये संस्थाएँ महत्त्वपूर्ण योगदान देती हैं।

(10) समन्वय (Co-ordination)—औद्योगिक विकास के लिए अनेक वित्तीय संस्थाएँ सहायता देती हैं। इन विभिन्न संस्थाओं के कार्यों में समन्वय स्थापित करने के लिए भी कुछ विशिष्ट संस्थाओं की स्थापना शीर्ष संस्था के रूप में करना आवश्यक होता है। भारत में औद्योगिक विकास बैंक (IDBI) यह कार्य कर रहा है।

उपर्युक्त तथ्यों से स्पष्ट होता है कि भारत जैसे विकासशील देश में पूँजी बाजार के विकास, पूँजी निर्माण की दर को ऊँचा करने, सन्तुलित औद्योगिक विकास के लक्ष्य की प्राप्ति तथा देश के औद्योगीकरण की गति को तेज करने के लिए विकास बैंकों अथवा दीर्घकालीन वित्त प्रदान करने वाली विशिष्ट वित्तीय संस्थाओं की अत्यधिक आवश्यकता होती है।

विकास बैंक के उद्देश्य

(Objectives of Development Banks)

विकास बैंक के प्रमुख उद्देश्य निम्नलिखित हैं—

1. मध्यमकालीन एवं दीर्घकालीन ऋण प्रदान करना (Provide medium term and long term loan)—विकास बैंक उद्योगों को उनके विकास के लिए मध्यमकालीन एवं दीर्घकालीन ऋण प्रदान करता है। ये ऋण उद्योगों की स्थापना, विस्तार, आधुनिकीकरण, विविधीकरण आदि के लिए प्रदान करता है।

2. समता अंशों, ऋण-पत्रों, बॉण्ड एवं स्टॉक आदि क्रय करना (Purchase of equity share, debenture, bond and stock etc.)—विकास बैंक औद्योगिक इकाइयों के समता अंशों, ऋण-पत्रों, बॉण्ड्स, स्टॉक आदि का क्रय भी करता है।

3. प्रतिभूतियों का अभिगोपन (Underwriting of Securities)—विकास बैंक का मुख्य उद्देश्य उद्योगों की प्रतिभूतियों का अभिगोपन करना है।

4. नयी परियोजनाओं को सहायता (Assistance to new project)—विकास बैंक नयी परियोजनाओं के लिए अनेक प्रकार से सहायता प्रदान करता है। यह नयी औद्योगिक परियोजनाओं की स्थापना में सहायता, परियोजना चयन एवं क्रियान्वयन की व्यवस्था करता है।

5. तकनीकी एवं प्रबन्धकीय कौशल का विकास (Development of Technical and Management Skill)—विकास बैंक तकनीकी एवं प्रबन्धकीय कौशल में विकास के लिए तकनीकी सलाह, प्रशिक्षण एवं परामर्श प्रदान करता है। प्रबन्धकीय कौशल बढ़ाने के लिए प्रशिक्षण व्यवस्था, वर्कशॉप आदि का आयोजन करता है।

6. शोध को बढ़ावा (Encourage to Research)—विकास बैंक औद्योगिक विकास से सम्बन्धित सभी प्रकार के अनुसन्धान को बढ़ावा देता है। विकास बैंक औद्योगिक विकास के नवीन तकनीकी ज्ञान, प्रबन्ध, प्रशासन, बाजार, निवेश आदि की जानकारी साहसियों को उपलब्ध करवाता है।

विकास बैंकों के कार्य

(Functions of Development Banks)

विकास बैंक का अर्थ स्पष्ट करते समय पूर्व में बताया गया है कि विकास बैंक ऋण प्रदान करने के अलावा भी अनेक कार्य करते हैं, जिनमें से प्रमुख निम्न हैं—

1. उद्योगों को मध्यम एवं दीर्घकालीन ऋण प्रदान करना।

2. उद्योगों के लिए जोखिम पूँजी की व्यवस्था करना।

3. औद्योगिक संस्थाओं के समता अंश, ऋण-पत्र एवं बॉण्डों का अभिदान करना।

4. औद्योगिक संस्थाओं के अंशों एवं ऋण-पत्रों का अभिगोपन करना।

5. नयी इकाइयों की स्थापना में सहायता देना।

5. औद्योगिक इकाइयों के आधुनिकीकरण, नवीनीकरण एवं विकास हेतु सहायता देना।

7. उद्यमिता विकास हेतु प्रशिक्षण एवं सलाह देना।

8. औद्योगिक अनुसन्धान एवं सर्वेक्षण कार्य में सहायता देना।

9. उद्योगों के लिए ऋण हेतु अन्य संस्थाओं को गारण्टी देना।

10. उद्योगों के लिए बाजार उपलब्ध करवाना।

भारत के प्रमुख विकास बैंक
(Chief Development Banks of India)

भारत में अनेक विकास बैंकों की स्थापना की गई है जिनमें से निम्न का इस अध्याय में अध्ययन किया जावेगा—

(i) भारतीय औद्योगिक वित्त निगम।

(ii) भारतीय औद्योगिक विकास बैंक।

(iii) भारतीय औद्योगिक साख एवं विनियोग बैंक।

(iv) भारतीय लघु उद्योग विकास बैंक।

(v) भारतीय औद्योगिक निवेश बैंक (यह बैंक खराब आर्थिक स्थिति के कारण स्वैच्छिक बन्द करने की प्रक्रिया में है अत: इसका विशेष अध्ययन नहीं किया जायेगा।)

(vi) इन्फ्रास्ट्रक्चर विकास वित्त कम्पनी लिमिटेड।

(vii) राज्य वित्त निगमें एवं विकास एवं विनियोग निगमें।

भारतीय औद्योगिक वित्त निगम लिमिटेड

(Industrial Finance Corporation of India Limited)

भारतीय औद्योगिक वित्त निगम (I.F.C.I.) की स्थापना 1 जुलाई, 1948 को संसद के विशेष अधिनियम के अन्तर्गत भारत में प्रथम विकास वित्त संस्था के रूप में हुई थी। इसकी स्थापना का प्रमुख उद्देश्य उद्योगों की मध्यम एवं दीर्घकालीन वित्तीय आवश्यकताओं की पूर्ति करना रहा है।

21 मई, 1993 को भारतीय औद्योगिक वित्त निगम लिमिटेड का गठन एक कम्पनी के रूप में भारतीय कम्पनी अधिनियम, 1956 के अन्तर्गत पूर्व में कार्य कर रही भारतीय औद्योगिक वित्त निगम की समस्त सम्पत्तियों एवं दायित्वों का अधिग्रहण करने के लिए की गई। इसे व्यवसाय प्रारम्भ करने का प्रमाण-पत्र 24 जून, 1993 को प्राप्त हुआ तथा इसने 1 जुलाई, 1993 से पूर्व कार्यशील भारतीय औद्योगिक वित्त निगम की समस्त सम्पत्तियाँ एवं देनदारियाँ प्राप्त कर ली हैं तथा अब यह संस्था एक सार्वजनिक लिमिटेड कम्पनी के रूप में कार्य कर रही है तथा इसके निजी लोग भी अंशधारी हैं। कम्पनी का प्रधान कार्यालय दिल्ली में है तथा क्षेत्रीय कार्यालय बम्बई, कलकत्ता, मद्रास तथा कानपुर में हैं।

उद्देश्य (Objectives)—निगम की स्थापना भारत में समामेलित तथा पंजीकृत उन सार्वजनिक प्रमण्डलों, सहकारी प्रमण्डलों तथा सहकारी संस्थाओं को मध्यकालीन तथा दीर्घकालीन वित्तीय सहायता प्रदान करना है जो उत्पादन, खनन, विद्युत उत्पादन एवं वितरण, अन्य किसी शक्ति के उत्पादन एवं वितरण, जहाजरानी अथवा होटल व्यवसाय में लगी हुई हैं।

कार्य (Functions)—भारतीय औद्योगिक वित्त निगम लिमिटेड निम्न कार्य करता है—

(i) औद्योगिक इकाइयों द्वारा लिये गये ऐसे ऋणों की प्रत्याभूति देना जो सार्वजनिक बाजार से लिये गये हों तथा जिनकी अधिकतम अवधि 25 वर्ष हो।

(ii) औद्योगिक इकाइयों द्वारा निर्गमित प्रतिभूतियों का अभिगोपन करना और सात वर्ष के अन्दर-अन्दर उन प्रतिभूतियों का निवर्तन (Disposal) करना।

(iii) औद्योगिक इकाइयों को अधिकतम 25 वर्ष की अवधि तक के ऋण एवं अग्रिम देना अथवा उनके ऋण-पत्रों का क्रय करना।

(iv) केन्द्रीय सरकार तथा विश्व बैंक के अभिकर्त्ता के रूप में कार्य करना।

(v) विदेशों से आयात किये गये पूँजीगत माल के सम्बन्ध में किसी औद्योगिक इकाई द्वारा देय स्थगित भुगतानों की प्रत्याभूति देना।

(vi) औद्योगिक इकाइयों द्वारा अनुसूचित तथा सरकारी बैंकों से प्राप्त ऋणों की प्रत्याभूति देना।

(vii) केन्द्रीय सरकार की पूर्वानुमति से औद्योगिक इकाइयों द्वारा प्राप्त किये गये विदेशी मुद्रा के ऋणों की प्रत्याभूति देना।

(viii) किसी औद्योगिक इकाई के अंशों तथा ऋणपत्रों में अपनी पूँजी का विनियोग करना।

(ix) माल को बन्धक रखकर ऋण देना।

कम्पनी की पूँजी, संचय एवं साधन (Capital Resources and Resources of the Company)—इस औद्योगिक वित्त निगम को अपने साधन चुकता पूँजी, संचय, दीर्घकालीन कौशी-समता पूँजी फण्ड (Long-term quasi-equity fund) तथा बॉण्ड एवं ऋण-पत्रों से प्राप्त होते हैं। कुछ चुने हुए वर्षों में इन साधनों को निम्न तालिका 5.1 से देखा जा सकता है—

तालिका 8.1 (करोड़ रु.)

वर्ष 31 मार्च को समाप्त	चूकता पूँजी (Paid-up Capital)	संचय कोष (Reserve Fund)	दीर्घकालीन कौसी समता फण्ड (Long-term quasi-equity Fund)	बॉण्ड एवं ऋण-पत्र (Bonds and Debentures)
1980	15	33	00	378
1990	100	327	00	2,851
2000	1,096	907	00	15,040
2005	1,068	447	500	11,129
2006	1,068	443	500	10,306
2007	1,068	874	400	9,806
2008	1,190	2,135	400	7,942
2009	1,108	2,632	400	7,511

कम्पनी की चुकता पूँजी सन् 1948 में 5 करोड़ रुपये थी जो बढ़कर 1980 में 15 करोड़, 1990 में 100 करोड़, सन् 2000 में 1,096 करोड़ तथा 2009 में 1,108 करोड़ रुपये हो गई।

संचय सन् 1980 में 33 करोड़, सन् 2000 में 907 करोड़ तथा सन् 2009 में 2,632 करोड़ हो गये। बॉण्ड एवं ऋण-पत्र सन् 1980 में 378 करोड़ रुपये के थे जो बढ़कर सन् 2000 में 15,040 करोड़ रुपये तथा 2009 में घटकर 7,511 करोड़ रुपये तक हो गये।

प्रगति (Progress)—30 जून, 2009 को निगम की स्थापना को 61 वर्ष पूरे हो चुके हैं। इस अवधि में निगम द्वारा स्वीकृत तथा वितरित वित्तीय सहायता में महत्त्वपूर्ण प्रगति हुई है जिसे तालिका 5.2 से देखा जा सकता है—

तालिका 8.2 (करोड़ रु.)

वर्ष	स्वीकृत (Sanctions)	वितरित (Disbursements)
1970-71	32	17
1980-81	207	109
1990-91	2,430	1,574
2000-01	1,767	2,157
2006-07	1,050	550
2007-08	2,551	2,280
2008-09	4,015	3,312

जहाँ निगम द्वारा 1970-71 में 32.8 करोड़ के ऋण स्वीकृत एवं 17 करोड़ रुपये के वितरित किये जो क्रमश: बढ़कर सन् 2000-01 में 1,767 करोड़ एवं 2,157 करोड़ रुपये को रहे। सन् 2008-09 में निगम द्वारा 4,015 करोड़ रुपये के ऋण स्वीकृत एवं 3,312 करोड़ रुपये के ऋण वितरित किये।

निगम द्वारा प्रवर्तित संस्थाएँ

(Institutions promoted by I.F.C.I.)

इस निगम ने निम्न संस्थाओं का प्रवर्तन किया है—

(i) भारतीय पर्यटन वित्त निगम।

(ii) प्रबन्ध विकास संस्था।

(iii) तकनीकी परामर्श संगठन।

(iv) भारतीय विनियोग सूचना तथा उधार क्षमता एजेन्सी लि.।

(v) श्रम विकास संस्थान।

निगम की आलोचनाएँ
(Criticism of I.F.C.I.)

निगम ने औद्योगिक परियोजनाओं के लिए मध्यम एवं दीर्घकालीन वित्त उपलब्ध करवाने में महत्त्वपूर्ण कार्य किया, परन्तु फिर भी निगम की निम्न कारणों से आलोचनाएँ की जाती हैं—

(i) पक्षपातपूर्ण नीति (Biased Loan Policy)—निगम पर यह आरोप लगाया जाता है कि निगम ने ये ऋण स्वीकार करने में पक्षपातपूर्ण नीति अपनायी है।

(ii) बड़ी इकाइयों को अधिक ऋण (Favour to big units)—निगम द्वारा ऋण देने में बड़ी इकाइयों को प्राथमिकता दी जाती है तथा छोटे एवं मध्यम आकार की इकाइयों की अपेक्षा की जाती है।

(iii) सुदृढ़ इकाइयों को ऋण (More funds to strong units)—निगम पूर्वस्थापित ऐसी इकाइयों को अधिक ऋण देता है जिनकी आर्थिक स्थिति सुदृढ़ होती है। नवगठित इकाइयों की उपेक्षा की जाती है।

(iv) आधारभूत उद्योगों की उपेक्षा (Basic industries are ignored)—निगम द्वारा उपभोक्ता उद्योगों को अधिक ऋण दिया गया है तथा आधारभूत उद्योगों की उपेक्षा की गई है।

(v) पिछड़े क्षेत्रों की उपेक्षा (Backward areas ignored)—निगम द्वारा अधिकांश सहायता विकसित क्षेत्रों में स्थापित उद्योगों को दी गई, परन्तु अब निगम पिछड़े क्षेत्रों में स्थापित उद्योगों को भी सहायता देने लगा है।

(vi) अपर्याप्त सहायता (Inadequate assistance)—निगम द्वारा औद्योगिक इकाइयों द्वारा माँगी गई सहायता को आंशिक रूप से ही पूरा किया गया है।

(vii) ऋण स्वीकृति में विलम्ब (Long time taken in sanctions)—औद्योगिक इकाइयों से प्रार्थना-पत्र प्राप्त होने तथा उन्हें सहायता स्वीकृति करने के मध्य लम्बा समय होता है, अर्थात् सहायता स्वीकृत करने में अधिक लम्बा समय लिया जाता है।

(viii) ऋण प्रयोग पर नियन्त्रण का अभाव (Lack of control on use of loaned funds)—औद्योगिक इकाइयों द्वारा जिस उद्देश्य के लिए ऋण लिया गया है, इसके अतिरिक्त अन्य उद्देश्यों के लिए प्रयोग किया जाता है। निगम का इन पर नियन्त्रण नहीं होता है।

(ix) ऊँची ब्याज दर (High interest rates)—निगम वर्तमान में 14 प्रतिशत से अधिक ब्याज वसूल करता है जो दीर्घकालीन ऋणों पर ऊँची प्रतीत होती है।

(ix) अंश पूँजी प्रदान करने में असफलता (Unsuccessful in providing equity capital)—निगम ने ऋणपत्रों में अधिक धन लगाया है तथा अंश पूँजी प्रदान करने में असफल रहा है।

(x) भारी प्रबन्ध व्यय (High management cost)—निगम का प्रबन्ध व्यय बहुत अधिक है।

भारतीय औद्योगिक विकास बैंक
(Industrial Development Bank of India)

भारतीय औद्योगिक विकास बैंक की स्थापना 1, जुलाई, 1964 को संसद द्वारा पारित औद्योगिक विकास बैंक अधिनियम के अन्तर्गत रिजर्व बैंक की पूर्ण स्वामित्व वाली सहायक संस्था के रूप में हुई थी। 1976 में इसका स्वामित्व भारत सरकार को हस्तान्तरित कर दिया गया। इस बैंक का प्रधान कार्यालय बम्बई में है। इसके पाँच क्षेत्रीय कार्यालय अहमदाबाद, गोहाटी, कलकत्ता, मद्रास तथा नई दिल्ली में हैं। इसके ग्यारह शाखा कार्यालय बैंगलौर, भोपाल, भुवनेश्वर, चण्डीगढ़, कोचीन, जयपुर, जम्मू, कानपुर, पटना, शिमला तथा हैदराबाद में हैं। अक्टूबर, 1994 में इस बैंक के अधिनियम में परिवर्तन करके इसे जनता को अपनी अंश-पूँजी बेचने का अधिकार दिया गया। इसके परिणामस्वरूप सरकार का 100% स्वामित्व घट कर 31 मार्च, 2009 को 52.68 प्रतिशत रह गया। भारतीय संसद द्वारा IDBI (Transfer of Undertaking and Repeal) Act, 2003 पारित किया गया जिसके द्वारा इसका एक वाणिज्य बैंक के रूप में रूपान्तरण करना है। यह कानून 2 जुलाई, 2004 से प्रभाव में आ गया।

वर्तमान में IDBI Bank Ltd. के अन्तर्नियमों के अनुसार संचालक मण्डल में अध्यक्ष सहित 11 संचालक हैं। इनमें 3 एक्जीक्यूटिव संचालक, 2 गैर-एक्जीक्यूटिव संचालक तथा 6 स्वतन्त्र संचालक (Independent directors) हैं। 29 जुलाई, 2004 को IDBI तथा IDBI बैंक के संचालक मण्डलों ने IDBI बैंक को Industrial Development Bank of India में समामेलित करने का निर्णय लिया जिससे अब यह बैंक विकास बैंक से बदल कर एक वाणिज्य बैंक हो गया है तथा इसका नाम IDBI Bank Ltd. हो गया है। अब यह अन्य व्यापारिक बैंकों की तरह से उद्योग एवं व्यापार के लिए साख उपलब्ध करवा सकता है।

बैंक के उद्देश्य
(Objectives of the Bank)

औद्योगिक विकास बैंक की स्थापना से पूर्व देश में अनेक औद्योगिक वित्त संस्थाएँ स्थापित की जा चुकी थीं तथा उनमें अनेक संस्थाओं का कार्य सन्तोषप्रद ढंग से भी चल रहा था, परन्तु उन विभिन्न संस्थाओं के कार्यों में उचित समन्वय का अभाव था तथा वे धनाभाव की समस्या से पीड़ित थीं। फलतः इन अभावों को दूर करने तथा देश में एक शीर्ष संस्था के रूप में कार्य करने के लिए भारतीय औद्योगिक विकास बैंक की स्थापना की गई। इस बैंक की स्थापना के निम्न उद्देश्य रहे हैं—

(i) विशिष्ट वित्तीय संस्थाओं को औद्योगिक वित्त के लिए सहायता देना तथा बैंकों द्वारा दिये गये ऋणों के लिए पुनर्वित्त एवं गारण्टी सुविधाएँ प्रदान करना।

(ii) बिलों की कटौती अथवा पुनःकटौती, ऋणों अथवा स्थगित भुगतानों की प्रत्याभूति देकर औद्योगिक संस्थाओं की सहायता करना तथा उन्हें तकनीकी एवं प्रशासनिक सहायता देना।

(iii) वित्तीय संस्थाओं के अंशों एवं बॉण्डों को खरीदना अथवा उनका अभिगोपन करना।

(iv) औद्योगिक प्रतिष्ठानों को ऋण देना अथवा उनकी प्रतिभूतियों को क्रय करना अथवा अभिगोपन करना।

(v) औद्योगिक विकास के सम्बन्ध में अनुसन्धान, सर्वेक्षण तथा तकनीकी अध्ययन सम्पन्न करना।

(vi) भारत में संस्थागत वित्त के क्षेत्र में एक शीर्ष संस्था के रूप में कार्य करना।

(vii) देश के औद्योगिक विकास पर निगाह रखना तथा देश के भावी विकास को प्रोत्साहित करने के लिए प्राथमिकताओं का निर्धारण करना।

(viii) दीर्घकालीन तथा मध्यमकालीन औद्योगिक वित्त की माँग तथा पूर्ति के मध्य खाई को पाटना। आई.डी.बी.आई. बैंक अब एक शीर्ष औद्योगिक वित्त संस्था नहीं रह गया है। अब यह एक अग्रणी वाणिज्य बैंक बन गया है।

बैंक के वित्तीय साधन

(Financial Resources of the Bank)

बैंक की अधिकृत पूँजी 1,150 करोड़ रुपये हैं जबकि 31 मार्च, 2009 के समेकित तुलन पत्र (Consolidation Balance Sheet) के अनुसार इसकी चुकता पूँजी 724.78 करोड़ रुपये, रिजर्व एवं अधिकोष 8,837.20 करोड़ रुपये, जमाएँ 1,12,329.23 करोड़ रुपये तथा उधार (Borrowings) 45,710 करोड़ रुपये थे। इस तरह से इसकी वित्तीय स्थिति अत्यधिक सुदृढ़ थी।

प्रगति (Progress)—बैंक की स्थापना को 1 जुलाई, 2009 को 45 वर्ष पूरे हो चुके हैं। पिछले 45 वर्षों में इसके द्वारा स्वीकृत एवं वितरित सहायता में अत्यधिक वृद्धि हुई है। इसे तालिका 5.3 से देखा जा सकता है—

तालिका 8.3

औद्योगिक विकास बैंक स्वीकृत एवं वितरित सहायता

(करोड़ रुपये)

वर्ष	स्वीकृत	वितरित
शीर्ष संस्था के रूप में		
1970-71	70	58
1980-81	1,691	1,259
1990-91	6,278	4,501
2000-01	28,833	17,477
2004-05	10,799	6,183

वाणिज्य बैंक के रूप में

(बकाया ऋण Advances as on 31st March)

2007-08	82,213
2008-09	1,03,428

उपरोक्त से स्पष्ट है कि 1970-71 में बैंक द्वारा 70 करोड़ रुपये के ऋण स्वीकार एवं 58 करोड़ रुपये के ऋण वितरित किये गये जो क्रमशः बढ़कर 2000-01 में 28,833 करोड़ रुपये एवं 17,477 करोड़ रुपये हो गये।

2007-08 में बैंक के संचयी अग्रिमों (Commulative advances) की राशि 82,213 करोड़ रुपये तथा 2008-09 में 1,03,428 करोड़ रुपये हो गये। 2008-09 के कुल अग्रिमों में से 2, 453 करोड़ रुपये खरीदे। भुनाए/पुनर्भुनाई किए गए बिल, 12,809 करोड़ रुपये के नगद ऋण, ओवर ड्राफ्ट और माँग पर प्रतिदेय आय तथा 88,166 करोड़ रुपये के मियादी ऋण (Term Loans) थे।

शीर्षस्थ संस्था के रूप में भूमिका—भारतीय औद्योगिक विकास बैंक ने दीर्घकालीन वित्त प्रदान करने वाली संस्थाओं में एक शीर्ष संस्था के रूप में अत्यन्त महत्त्वपूर्ण कार्य किया है। शीर्ष संस्था के रूप में इसने अन्य वित्तीय संस्थाओं के अंशों एवं ऋणपत्रों का क्रय किया है। बैंक शीर्ष संस्था के रूप में अन्य वित्तीय संस्थाओं को पुनर्वित्त एवं पुनः कटौती की सुविधाएँ देता है। बैंक द्वारा प्रदत्त पुनर्वित्त एवं कटौती की सुविधाओं का वर्णन पिछले पृष्ठों पर किया जा चुका है। शीर्षस्थ संस्था के रूप में यह विभिन्न वित्तीय संस्थाओं के कार्यों में समन्वय करता है। इस कार्य के लिए यह बैंक सितम्बर, 1965 से 'अन्तर-संस्थागत मासिक बैठकें' आयोजित करता है, जिसमें IDBI, IFCI, ICICI, LIC व UTI के उच्च अधिकारी भाग लेते हैं। बैंक ने समन्वय के लिए IDBI, IFCI तथा ICICI से ऋण आवेदन के लिए एक सामान्य आवेदन फार्म निकाला है। परियोजनाओं के मूल्यांकन के लिए परियोजना दल गठित किये हैं। इन दलों में इन्जीनियर, अर्थशास्त्री एवं आर्थिक विश्लेषक होते हैं। 16 फरवरी, 1976 के बाद इस संस्था का शीर्ष संस्था के रूप में महत्त्व अत्यधिक बढ़ गया था। अक्टूबर, 1994 के इस बैंक अधिनियम में परिवर्तन के बाद इसका महत्त्व और अधिक बढ़ गया परन्तु 2005-06 से यह बैंक अब एक शीर्ष संस्था नहीं रह गया है।

IDBI Bank की 5 सहायक कम्पनियाँ (Subsidiary Companies) भी हैं जिनके नाम निम्न प्रकार हैं—

(i) IDBI Capital Market Services Ltd.

(ii) IDBI Home Finance Ltd.

(iii) IDBI Intech Ltd.

(iv) IDBI Gilts Ltd.

(v) IDBI Fortis Life Insurance Company Ltd.

भारतीय औद्योगिक साख एवं विनियोग निगम

(Industrial Credit and Investment Corporation of India)

सन् 1954 में विश्व बैंक तथा अमेरिकी सरकार के प्रतिनिधियों ने भारत का भ्रमण तथा अध्ययन करते समय यह सुझाव दिया था कि वित्त निगम निजी क्षेत्र में स्थापित किया जाना चाहिए। इसी सुझाव को मानते हुए 5 जनवरी, 1955 को भारतीय औद्योगिक साख एवं विनियोग निगम की स्थापना भारत सरकार, अमेरिकी सरकार तथा इंग्लैण्ड एवं भारत के विनियोक्ताओं के सहयोग से की गई। इसका प्रधान कार्यालय बम्बई है तथा इसके दो शाखा कार्यालय कलकत्ता एवं मद्रास में हैं। यह निगम भारतीय कम्पनी अधिनियम के अन्तर्गत एक कम्पनी के रूप में संगठित की गई है तथा इसकी स्थापना निजी क्षेत्र के विकास के लिए की थी। वित्तीय क्षेत्र में उभरती प्रतियोगिता को देखते हुए ICICI Ltd. तथा ICICI Bank Ltd. के संचालक मण्डल ने ICICI Ltd. को ICICI Bank Ltd. में समामेलित करने का निर्णय लिये जिससे ICICI Ltd. की दो सहायक संस्थाओं सहित इसको ICICI Bank Ltd. में समामेलित कर दिया तथा यह मई, 2002 से प्रभावशील हो गया।

उद्देश्य—निगम की स्थापना का प्रमुख उद्देश्य निजी क्षेत्र में स्थापित औद्योगिक इकाइयों के विकास के लिए दीर्घकालीन वित्तीय सहायता प्रदान करना है। इसकी स्थापना के कुछ प्रमुख उद्देश्य निम्न हैं—

(i) निजी क्षेत्र की औद्योगिक इकाइयों को प्रवर्तन, संस्थापन, विस्तार एवं विवेकीकरण हेतु वित्तीय सहायता प्रदान करना।

(ii) निजी क्षेत्र में औद्योगिक इकाइयों में घरेलू एवं विदेशी विनियोगों को प्रोत्साहित करना।

(iii) औद्योगिक इकाइयों में संस्थागत विनियोग के स्थान पर व्यक्तिगत विनियोग को बढ़ावा देना।

ये उद्देश्य निगम की स्थापना के समय थे तथा निगम ने 1955 से अप्रेल, 2002 तक इन उद्देश्यों की पूर्ति के लिए कार्य किया। अब यह एक पूर्ण बैंक है जो खुदरा तथा थोक ऋण का कार्य करता है। निगम तथा बैंक के रूप में इसकी प्रगति को आगे देखा जा सकता है।

प्रगति (Progress)—निगम की 1955 से 2001-02 तक की प्रगति को निम्न तालिका से देखा जा सकता है—

तालिका 8.4

निगम द्वारा स्वीकृत व वितरित राशि (करोड़ रु.)

वर्ष	स्वीकृत	वितरित
1970-71	44	29
1980-81	314	185
1990-91	3,744	1,968
2000-01	55,815	31,665
2001-02	36,229	25,831

निगम द्वारा 1970-71 में 44 करोड़ रुपये की राशि स्वीकृत एवं 29 करोड़ रुपये की राशि वितरित की जो बढ़कर 1990-91 में क्रमश: 3,744 करोड़ रुपये एवं 1,968 करोड़ रुपये एवं 2001-02 में क्रमश: 36,229 करोड़ रुपये एवं 25,831 करोड़ रुपये हो गई।

ICICI Bank Ltd. के रूप में प्रगति को तालिका 8.5 से देखा जा सकता है

तालिका 8.5

ICICI Bank Ltd. (करोड़ रुपये)

मदें	वर्ष (31 मार्च को समाप्त)						
	2003	2004	2005	2006	2007	2008	2009
अग्रिम (Advances)	53,279	62,648	91,405	1,46,163	1,95,866	2,25,616	2,18,311
जमाएँ (Deposits)	48,169	68,109	99,819	1,65,083	2,30,510	2,44,431	2,18,348
कुल सम्पत्तियाँ (Total Assets)	1,06,812	1,25,229	1,67,659	2,51,389	3,44,658	3,99,795	3,79,301
समता पूँजी एवं कोष (Equity Capital & Reserves)	6,933	8,010	12,550	22,206	24,313	46,471	49,533

बैंक के बकाया अग्रिमों की राशि 2003 में 53,279 थी जो बढ़कर 2005 में 91,405 करोड़ एवं 2008 में 2,25,616 करोड़ एवं 2009 में घटकर, 2,18,311 करोड़ रुपये हो गये। इसी तरह जमाओं की राशि 2003 में 48,169 करोड़ रुपया, 2005 में 99,819 करोड़ रुपया व 2008 में बढ़कर 2,44,431 करोड़ रुपया व 2009 में घट कर 2,18,348 करोड़ रुपया हो गया।

मूल्यांकन

(Evaluation)

निगम के रूप इसके कार्यों का मूल्यांकन केवल मात्रात्मक रूप से ही नहीं किया जा सकता है। निगम ने जो कार्य किये हैं वे अत्यन्त महत्त्वपूर्ण हैं। निगम ने स्वस्थ पूँजी बाजार के विकास के लिए काम किया है। निगम देश की सबसे बड़ी अभिगोपन संस्था के रूप में सामने आयी है। निगम अन्य वित्तीय संस्थाओं, जैसे—स्टेट बैंक, औद्योगिक वित्त निगम, राज्य वित्त निगमें, बीमा निगम आदि के सहयोग से कार्य करती है। निगम ने विदेशों से ऋण लेने के लिए भी सम्बन्ध स्थापित किये हैं। इसके अन्तर्राष्ट्रीय वित्त निगम, कॉमन वेल्थ डवलपमेन्ट फाइनेन्स कॉरपोरेशन तथा अन्य विनियोग संस्थाओं व बैंकों से विशेष सम्बन्ध हैं। निगम के प्रयत्नों से भारतीय विनियोग केन्द्र (Investment

Centre of India) की स्थापना हो सकी है जो विदेशी निजी पूँजी को भारत में विनियोग को प्रोत्साहित करता है।

अब यह एक अग्रणी बैंक के रूप में महत्त्वपूर्ण कार्य कर रहा है।

आई.सी.आई.सी.आई. बैंक लिमिटेड की सहायक कम्पनियाँ (Subsidiary Companies of I.C.I.C.I. Bank Ltd)—31 मार्च, 2009 को इसकी निम्न सहायक कम्पनियाँ थीं—

घरेलू सहायक कम्पनियाँ (Domestic Subsidiaries)	अन्तर्राष्ट्रीय सहायक कम्पनियाँ (International Subsidiaries)
ICICI Prudential Life Insurance Company Limited	ICICI Bank UK PLC
ICICI Lombard General Insurance Company Limited	ICICI Bank Canada
ICICI Prudential Asset Management Company Limited	ICICI Wealth Management Inc.[1]
ICICI Prudential Trust Limited	ICICI Bank Eurasia Limited Liability Company
ICICI Securities Limited	ICICI Securities Holdings Inc.[2]
ICICI Securities Primary Dealership Limited	ICICI Securities Inc.[3]
ICICI Venture Funds Management Company Limited	ICICI International Limited
ICICI Home Finance Company Limited	
ICICI Investment Management Company Limited	
ICICI Trusteeship Services Limited	

1. Subsidiary of ICICI Bank Canada.
2. Subsidiary of ICICI Securities Limited.
3. Subsidiary of ICICI Securities Holdings Inc.

भारतीय औद्योगिक विनियोग बैंक

(The Industrial Investment Bank of India)

इस बैंक की स्थापना 20 मार्च, 1985 को संसद के एक अधिनियम द्वारा भारतीय औद्योगिक पुनर्निर्माण निगम के पुनर्गठन द्वारा भारतीय औद्योगिक पुनर्निर्माण बैंक के नाम से की गई है। भारतीय औद्योगिक पुनर्निर्माण निगम की स्थापना एक लोकमण्डल के रूप में 12 अप्रेल, 1971 को भारतीय औद्योगिक विकास बैंक के प्रयत्नों द्वारा की गई। निगम की स्थापना का प्रमुख उद्देश्य अस्वस्थ औद्योगिक इकाइयों (Sick Industrial Concerns) को वित्तीय सहायता तथा विकास सम्बन्धी सुविधाएँ प्रदान करना है। निगम उन औद्योगिक इकाइयों के प्रबन्ध के दायित्व को अपने ऊपर ले सकता है जिनकी प्रबन्ध व्यवस्था एवं प्रगति सन्तोषप्रद नहीं है। निगम का कार्यक्षेत्र प्रारम्भ में पूर्वी क्षेत्र तक ही सीमित रखा गया था, इसलिए इसका पंजीकृत कार्यालय कलकत्ता में रखा गया। परन्तु निगम बाद में सभी प्रदेशों की अस्वस्थ औद्योगिक इकाइयों को सहायता देने लगा। भारतीय औद्योगिक पुनर्निर्माण बैंक उद्योगों के आधुनिकीकरण, विस्तार, पुनर्संगठन, विशाखन और युक्ति-युक्तीकरण तथा इसी प्रकार के कार्य में लगी अन्य संस्थाओं के समन्वय और औद्योगिक प्रतिष्ठानों की सहायता तथा उनके पुनर्वास द्वारा औद्योगिक पुन:प्रवर्तन के लिए प्रमुख ऋण और पुनर्गठन एजेन्सी के रूप में कार्य करने के उद्देश्य से स्थापित किया गया है। 17 मार्च, 1997 को इस बैंक को एक सरकारी कम्पनी के रूप में परिवर्तित कर दिया गया तथा इसका नाम भारतीय औद्योगिक विनियोग बैंक लिमिटेड कर दिया गया। इससे इसको कार्य प्रचालन में अत्यधिक लोच तथा वित्तीय स्वायत्तता प्राप्त हो गई।

बैंक की प्रगति (Progress of the Bank)—बैंक की स्थापना सबसे पहले भारतीय औद्योगिक पुनर्निर्माण निगम के रूप में की गई तथा इसके बाद IRBI Act, 1984 के अन्तर्गत इसे भारतीय औद्योगिक पुनर्निर्माण बैंक के नाम से परिवर्तित कर दिया गया। इसके बाद IRBI Act, 1984 को समाप्त कर इसे भारतीय कम्पनी अधिनियम, 1956 के अन्तर्गत एक कम्पनी के रूप में परिवर्तित कर दिया गया। अब यह सन् 2004 से स्वैच्छिक समापन की अवस्था में चल रहा है।

बैंक की प्रगति को निम्न तालिका से देखा जा सकता है—

बैंक द्वारा स्वीकृत एवं वितरित सहायता (करोड़ रुपये)

वर्ष	स्वीकृत	वितरित
1971-72	6.6	1.1
1980-81	19.4	16.9
1990-91	234.7	153.9
2000-01	2,102.3	1,709.8
2001-02	1,321.9	1,068.0
2002-03	1,206.5	1,091.9
2003-04	2,412.0	2,552.0

उपरोक्त तालिका से स्पष्ट होता है कि 1971-72 में 6.6 करोड़ रुपये के ऋण स्वीकार किये तथा 1.1 करोड़ रुपये के ऋण वितरित किये। सन् 2000-01 में 2,102.3 करोड़ रुपये के ऋण स्वीकृत एवं 1,709.8 करोड़ रुपये ऋण वितरित किये। 2003-04 में 2,412 करोड़ रुपये के ऋण स्वीकृत एवं 2,552 करोड़ रुपये के ऋण वितरित किये।

भारतीय लघु उद्योग विकास बैंक
(Small Industries Development Bank of India)

भारतीय लघु उद्योग विकास बैंक (सिडबी) की स्थापना 1989 में संसद के एक अधिनियम के द्वारा भारतीय औद्योगिक विकास बैंक की पूर्ण स्वामित्व वाली सहायक संस्था के रूप में हुई। सिडबी ने 2 अप्रैल, 1990 से अपने कार्य प्रारम्भ किये। सिडबी को लघु उद्योग क्षेत्र के बेहद छोटे और कुटीर उद्योगों के संवर्धन, वित्त-पोषण और विकास के लिए मुख्य वित्तीय संस्था की भूमिका सौंपी गई है। इस काम में लगी अन्य संस्थाओं के कार्यों को समन्वित करने की जिम्मेदारी भी सिडबी की है।

सिडबी का ध्येय (Misssion of SIDBI)—इसका ध्येय "आर्थिक संवृद्धि, रोजगार सृजन तथा सन्तुलित क्षेत्रीय विकास की प्रक्रिया में योगदान करने के उद्देश्य से अल्प, लघु एवं मध्यम उद्यम क्षेत्र को सशक्त बनाना" है।

सिडबी का लक्ष्य-कथन (Vision of SIDBI)—इसका लक्ष्य-कथन है, "अल्प, लघु एवं मध्यम क्षेत्र को सुदृढ़, ऊर्जावान तथा वैश्विक स्तर पर प्रतिस्पर्धा बनाने के उद्देश्य से उसकी वित्तीय और विकास सम्बन्धी आवश्यकताओं की पूर्ति का एकल

केन्द्र बनना, सिडबी की छवि वरीय और ग्राहक-अनुकूल संस्था के रूप में स्थापित करना तथा आधुनिक प्रौद्योगिकी का उपयोग करते हुए शेयरधारकों के धन तथा सर्वोच्च निगमित मूल्यों की वृद्धि करना।''

सिडबी के कार्य (Functions of SIDBI)—सिडबी के प्रमुख कार्य निम्न हैं—

(i) लघु क्षेत्र को राज्य वित्त निगमों, बैंकों तथा अन्य वित्तीय संस्थाओं द्वारा दिये गये मियादी ऋणों का पुनर्वित्त करना।

(ii) मशीनरी/पूँजीगत उपकरण की बिक्री के बिलों की भुनाई और पुनर्भुनाई।

(iii) उद्यमियों बीज पूँजी (Seed capital) के द्वारा राष्ट्रीय इक्विटी निधि के अन्तर्गत समता सहायता (Equity assistance) प्रदान करना।

(iv) लघु क्षेत्र के संवर्धन, विकास और वृद्धि के लिए तकनीकी और अन्य सम्बद्ध सहायक सेवाएँ प्रदान करना।

(v) राज्य लघु उद्योग निगमों, विकास निगमों तथा अन्य संस्थाओं को कच्चे माल की आपूर्ति, उत्पादों के विपणन, किराया क्रय, लीजिंग सुविधाओं के विस्तार, औद्योगिक सम्पदाओं के निर्माण, आधारभूत औद्योगिक ढाँचे की रचना आदि कार्यों में सहायता प्रदान करना।

सिडबी का प्रबन्ध (Management of SIDBI)—सिडबी का प्रबन्ध 15 सदस्यों के एक संचालक (निदेशक) मण्डल द्वारा किया जाता है जिसमें एक अध्यक्ष एवं प्रबन्ध निदेशक (CMD) तथा दो उपप्रबन्ध निदेशक (DMD) होते हैं। संचालक मण्डल की सहायता के लिए निदेशक मण्डल की अनेक समितियाँ जैसे कार्यपालक समिति, अल्प वित्त के लिए अधिकार प्राप्त समिति, जोखिम प्रबन्ध समिति, राज्य वित्त निगमों के पर्यवेक्षण के लिए समिति, लेखा परीक्षा समिति, बनाई गई हैं।

प्रगति (Progress)—सन् 1990 में बैंक की स्थापना की गई थी तब से लेकर अब तक बैंक ने बहुत तेजी से विकास किंया है जो इसके द्वारा स्वीकृत एवं वित्तीय सहायता की राशि से जाना जा सकता है :

तालिका

सिडबी की प्रगति (करोड़ रुपये)

वर्ष	स्वीकृत	वितरित
1990-91	2,410	1,839
2000-01	10,821	6,444
2004-05	9,091	6,188
2005-06	11,975	9,100
2006-07	11,102	10,225
2007-08	16,146	15,099
2008-09	29,645	28,293

उपरोक्त तालिका से स्पष्ट होता है कि जहाँ सिडबी द्वारा 1990-91 में 2,410 करोड़ रुपये की सहायता स्वीकृत एवं 1,839 करोड़ रुपये की सहायता वितरित की गई वह बढ़ कर 2000-01 में क्रमश: 10,821 करोड़ रुपये एवं 6,444 करोड़ रुपये एवं 2007-08 में 16,146 करोड़ रुपये एवं 15,099 करोड़ रुपये हो गई। 2008-09 में यह क्रमश: 29,645 तथा 28,293 करोड़ रुपये हो गई।

पूँजी व कोष (Capital and Resources)—बैंक की अधिकृत पूँजी 1990-91 में 500 करोड़ रुपया तथा वर्तमान में (2008-09) में 1,000 करोड़ रुपया है तथा चुकता पूँजी 1990-91 को लेकर अब तक 450 करोड़ रुपये हैं।

बैंक के संचित कोष 1990-91 में 45 करोड़ रुपये 2005-06 में 4,506 करोड़ रुपये तथा 2007-08 में 4,810 करोड़ रुपये थे।

बैंक का शुद्ध लाभ (Net Profit) 1990-91 में 36 करोड़ रुपये 2005-06 में 270 करोड़ रुपये एवं 2007-08 में 198 करोड़ रुपये था।

नई पहल (New Initiations)—बैंक ने अपने उत्पाद विकास (Product Development) के अन्तर्गत वित्तीय वर्ष 2008 में सूक्ष्म (Micro), लघु एवं मध्यम उद्यमों के लिए ईक्विटी सहायता के रूप में एक नई योजना प्रारम्भ की है, जिससे उन्हें अपनी गतिविधियों के विस्तार करने तथा मूल उपकरण निर्माताओं के साथ ऊर्ध्वाधर (Vertical) एकीकरण में मदद मिलेगी। इसके अतिरिक्त वर्ष के दौरान बैंक ने एक व्यापक गारण्टी योजना प्रारम्भ की, जिसका उद्देश्य सूक्ष्म एवं लघु उद्यम क्षेत्र

के अपने ग्राहकों को वित्तीय, कार्य-निष्पादन तथा आस्थगित भुगतान (Deferred payment) की गारण्टियाँ प्रदान करना है।

राज्य वित्त निगमें

(State Finance Corporations—SFCs)

28 सितम्बर, 1951 को संसद द्वारा एक राज्य वित्त निगम अधिनियम (State Financial Corporation Act) पारित किया गया था। इस अधिनियम के अन्तर्गत अब तक देश के विभिन्न राज्यों में 18 वित्त निगमों की स्थापना हो चुकी है।

उद्देश्य (Objectives)—राज्य वित्त निगमों की स्थापना का उद्देश्य प्रत्येक राज्य के औद्योगिक विकास हेतु लघु तथा मध्यम आकार की औद्योगिक एवं व्यावसायिक संस्थाओं की दीर्घकालीन वित्तीय आवश्यकताओं की पूर्ति करना है। भारतीय औद्योगिक वित्त निगम द्वारा केवल बड़े आकार की औद्योगिक इकाइयों की सहायता की जाती है, जबकि राज्य वित्त निगम लघु तथा मध्यम आकार की इकाइयों की वित्तीय आवश्यकताओं की पूर्ति करता है। राज्य वित्त निगमें लघु उद्योगों, पिछड़े क्षेत्रों में स्थापित उद्योगों तथा नये उद्यमियों एवं तकनीशियन उद्यमियों द्वारा स्थापित उद्योगों को सहायता देने पर विशेष बल देते हैं।

कार्य (Functions)—राज्य वित्त निगम प्रायः निम्नलिखित कार्य करते हैं—

(i) व्यावसायिक संस्थाओं को अधिकतम 20 वर्ष की अवधि के लिए ऋण एवं अग्रिम देना अथवा उनके ऋणपत्र खरीदना।

(ii) व्यावसायिक संस्थाओं द्वारा अधिकतम 20 वर्ष की अवधि तक के लिए प्राप्त किये गये ऋणों की प्रत्याभूति देना।

(iii) औद्योगिक संस्थाओं की प्रतिभूतियों का अभिगोपन करना तथा अभिगोपन दायित्व के अन्तर्गत प्राप्य प्रतिभूतियों को अधिकतम 7 वर्ष की अवधि के भीतर निवर्तन (Disposal) करना।

(iv) राज्य सरकार, अनुसूचित तथा सहकारी बैंकों की प्रत्याभूति पर व्यावसायिक संस्थाओं को ऋण देना।

(v) ऋणों की राशि बाँटने तथा ऋणी संस्थाओं से वसूल करने में केन्द्रीय सरकार, राज्य सरकार तथा औद्योगिक वित्त निगम के अभिकर्त्ता के रूप में कार्य करना।

वर्जित कार्य—(i) राज्य वित्त निगम अपनी चुकता पूँजी के 10% अथवा 30 लाख, जो भी कम हो, उससे अधिक राशि का ऋण किसी एक संस्था को नहीं दे सकते।

(ii) औद्योगिक संस्थाओं के अंशों का प्रत्यक्ष क्रय नहीं कर सकते।

(iii) निगम 5% से अधिक लाभांश वितरित नहीं कर सकते।

(iv) निगम अपने अंशों की जमानत पर ऋण नहीं दे सकते।

पूँजी एवं वित्तीय साधन—राज्य वित्त निगमें अपनी पूँजी तथा साधन निम्न द्वारा प्राप्त करते हैं—

(i) अंश पूँजी—अलग-अलग राज्यों की वित्त निगमों की पूँजी अलग-अलग है। अधिनियम के अनुसार अधिकृत पूँजी की न्यूनतम राशि 50 लाख रुपये तथा अधिकतम राशि 5 करोड़ रुपये निर्धारित की गई है। इस पूँजी को राज्य सरकारों द्वारा इच्छित मूल्य के अंशों में विभक्त किया जा सकता है।

निर्गमित पूँजी का 25 प्रतिशत भाग जनता द्वारा तथा शेष 75 प्रतिशत भाग राज्य सरकार, रिजर्व बैंक, अनुसूचित व्यापारिक बैंकों, सहकारी बैंकों, बीमा तथा विनियोग संस्थाओं द्वारा क्रय किया जाता है। पूँजी तथा उस पर लाभांश सम्बन्धी राज्य सरकार द्वारा प्रत्याभूतित होता है। लाभांश की अधिकतम दर 5% निश्चित की गई है।

(ii) बन्धकपत्र एवं ऋणपत्र—राज्य वित्त निगम अपनी चुकता पूँजी तथा संचित कोष के सम्मिलित योग के 10 गुने तक के बन्धकपत्र एवं ऋणपत्र निर्गमित कर सकते हैं। इनके मूलधन तथा ब्याज के भुगतान की राज्य सरकार द्वारा प्रत्याभूति दी जाती है।

(iii) जन-निक्षेप—राज्य वित्त निगम जनता से निक्षेप स्वीकार कर सकती है, परन्तु यह 6 माह से कम अवधि के लिए न हो तथा निगम की चुकता पूँजी से अधिक न हो।

(iv) रिजर्व बैंक से ऋण—राज्य वित्त निगम 4 करोड़ रुपये तक के मध्यमकालीन ऋण तथा 2 करोड़ रुपये तक का 90 दिन के लिए अल्पकालीन ऋण रिजर्व बैंक से प्राप्त कर सकते हैं।

(v) अन्य ऋण—राज्य वित्त निगम आवश्यकता पड़ने पर भारतीय औद्योगिक विकास बैंक तथा राज्य सरकारों से ऋण ले सकते हैं।

(vi) संचित कोष—राज्य वित्त निगमें अपने लाभों से विभिन्न कोषों का निर्माण करके भी अपने साधन प्राप्त कर सकती हैं।

प्रगति—राज्य वित्त निगमों द्वारा स्वीकृत एवं वितरित सहायता की मात्रा लगातार बढ़ती जा रही है। 18 राज्य वित्त निगमों ने अपनी स्थापना से लेकर 31 मार्च, 2004 तक 40,321 करोड़ रुपये की सहायता स्वीकृत की तथा जिसमें से 33,676 करोड़ रुपये की सहायता वितरित (Disbursed) की गई।

राज्य वित्त निगमों द्वारा स्वीकृत सहायता को उद्योगानुसार देखा जाये तो ज्ञात होता है कि सबसे अधिक सहायता रसायन उद्योग को स्वीकृत की गई। इसके बाद वस्त्र उद्योग, खाद्य सामग्री निर्माण उद्योग तथा धातु उद्योग को प्राप्त हुई।

राज्य वित्त निगमों द्वारा अपनी सहायता का अधिकांश भाग लघु उद्योगों को प्रदान किया गया है। ये निगम तकनीशियनों तथा नवीन उद्यमियों द्वारा स्थापित तथा पिछड़े क्षेत्रों में स्थापित उद्योगों को सहायता देने में प्राथमिकता देते हैं।

आलोचनाएँ—राज्य वित्त निगमों की निम्नलिखित आलोचनाएँ की जाती हैं—

(i) अपर्याप्त सहायता (Inadequate assistance)—लघु तथा मध्यम आकार की व्यावसायिक इकाइयों की संख्या तथा उनकी आवश्यकताओं के सन्दर्भ में राज्य वित्त निगमों द्वारा स्वीकृत सहायता बहुत कम है।

(ii) स्वीकृति में देरी (Delay in sanctions)—ये निगमें सहायता स्वीकृत करने में अधिक समय लेती हैं जिससे सहायता चाहने वाली इकाइयों की समस्याएँ बढ़ जाती हैं तथा उन्हें संकट का सामना करना पड़ता है।

(iii) विचाराधीन अधिक प्रार्थना-पत्र (More applications for assistance)—इन निगमों के पास विचाराधीन प्रार्थना-पत्र बहुत अधिक होते हैं।

(iv) अपर्याप्त अभिगोपन (Inadequate Underwritings)—राज्य वित्त निगमों ने अभिगोपन के क्षेत्र में विशेष उल्लेखनीय कार्य नहीं किया है।

(v) प्रबन्ध योग्यता का अभाव (Lack of efficient management)—निगम के अधिकारी एवं कर्मचारी अनुभवहीन हैं तथा उन्हें उद्योग व व्यवसाय का ज्ञान नहीं है।

(vi) ऋण स्वीकृति में कठिनाइयाँ (Difficulties in loan sanctions)—लघु औद्योगिक इकाइयों द्वारा सही लेखे नहीं रखे जाते हैं तथा निगम द्वारा पूछी गई सूचनाएँ

प्रार्थना-पत्र में सही-सही नहीं भरी जाती हैं जिससे निगम को ऋण स्वीकृत करने में कठिनाई होती है।

(vii) समन्वय का अभाव (Lack of co-ordination)—एक राज्य में अनेक संस्थाएँ, जैसे—राज्य वित्त निगम, औद्योगिक विकास एवं विनिमय निगम, राज्य लघु उद्योग विकास निगम आदि कार्य करते हैं। इनकी क्रियाओं में समन्वय न होने से बड़ी कठिनाई होती है।

राज्य वित्त निगमों की कार्यप्रणाली में सुधार किया जाना चाहिए तथा इनके विकास के मार्ग में आने वाली बाधाओं को दूर किया जाना चाहिए।

9

पूँजी प्रबन्धन

पूँजी बजटन प्रबन्ध की वह तकनीक है जिसके अन्तर्गत फर्म के लिए पूँजीगत व्यय का इस प्रकार नियोजन किया जाता है जिससे फर्म के उद्देश्यों की सरलता से प्राप्ति हो सके। पूँजी व्यय का तात्पर्य ऐसे व्यय से होता है जिससे फर्म को अनेक वर्षों तक आय अथवा लाभ प्राप्त होता रहता है। लेखांकन में स्थायी सम्पत्तियों के क्रय अथवा विस्तार पर किये गये व्यय को ही पूँजी व्यय माना जाता है लेकिन वित्तीय प्रबन्ध में पूँजी व्यय का दृष्टिकोण थोड़ा व्यापक होता है। वित्तीय प्रबन्ध विषय में पूँजी व्यय तथा आगम व्यय में अन्तर किये गये व्यय को रोकड़ में वापस प्राप्त करने में लगने वाले समय, के आधार पर किया जाता है। आगम व्यय सामान्यतया एक-दो माह अथवा अधिक से अधिक एक वर्ष के अन्तर्गत वापस वसूल हो जाते हैं जबकि पूँजी व्यय तभी कहा जायेगा, जब इसकी रोकड़ वसूली में एक से अधिक वर्ष लगें। स्थायी सम्पत्तियों को अधिग्रहण करने में किया गया व्यय पूँजी व्यय होता है, क्योंकि इन सम्पत्तियों से अगले अनेक वर्षों तक आय प्रवाहित होती रहेगी। कार्यशील पूँजी में स्थायी वृद्धि के लिए आवश्यक व्यय, विज्ञापन तथा अनुसंधान एवं विकास पर व्यय पूँजी व्यय माना जाता है, क्योंकि ये फर्म की आय को दीर्घकाल तक प्रभावित

करते हैं। परन्तु क्रियाशील व्ययों (Operating Expenses) से उत्पन्न आय एक वर्ष तक सीमित रहती है। अत: क्रियाशील अथवा आगम व्यय एवं पूँजी व्यय का अन्तर इस आधार पर किया जाता है कि उनसे फर्म को कितनी अवधि तक आय प्राप्त होती है। अधिकतम एक वर्ष तक जिन व्ययों से आय प्राप्त होती है, वे आगम व्यय होते हैं तथा जिन व्ययों से एक से अधिक वर्ष तक आय प्राप्त होती है, वे पूँजी व्यय होते हैं।

पूँजी बजटन का अर्थ एवं परिभाषाएँ

(Meaning and Definitions of Capital Budgeting)

पूँजी बजटन एक प्रबन्धकीय तकनीक है जिसका प्रस्तावित पूँजी व्ययों एवं उनके अर्थ-प्रबन्धन पर विचार करने तथा उपलब्ध साधनों से सर्वोत्तम विनियोजन की योजना बनाने तथा उसे क्रियान्वित करने के लिए प्रयोग किया जाता है।

इसकी कुछ प्रमुख परिभाषाएँ निम्न हैं-

1. **आर. एन. एन्थोनी** के अनुसार, "पूँजी बजटन प्रबन्ध द्वारा विश्वास की गई उचित परियोजनाओं के लिए माँगी गई पूँजी सम्पत्तियों की सूची है जिसमें परियोजना की अनुमानित लागत भी दी हुई होती है।"[1]

2. **आर. एम. लिंच** के अनुसार, "पूँजीगत बजटन संस्था की दीर्घकालीन लाभदायकता (विनियोग पर प्रत्याय) को अधिकतम करने के उद्देश्य से उपलब्ध पूँजी के विकास के नियोजन से सम्बन्धित है।"[2]

3. **केलर एवं फरेरा** के अनुसार, "पूँजी बजटन किसी बजट अवधि में स्थायी सम्पत्तियों में विनियोग एवं व्यय के लिए बनाई गई योजनाओं का प्रतिनिधित्व करता है।"[3]

4. **फिलिप्पाटोस** के अनुसार, "पूँजी बजटन उपलब्ध बाजार अवसरों में फर्म के दुर्लभ वित्तीय साधनों के बँटवारे से सम्बन्धित है। विनियोग अवसरों में किसी परियोजना से सम्भावित भावी आयों के साथ इसके लिए इसी समय तथा बाद के व्ययों के प्रवाह की तुलना के सम्बन्ध में विचार किया जाता है।"

निष्कर्ष के रूप में कहा जा सकता है कि पूँजी बजटन एक प्रबन्धकीय तकनीक है जिसके द्वारा फर्म के लाभ को अधिकतम करने के उद्देश्य से फर्म के वित्तीय साधनों को ऐसी सम्पत्तियों में विनियोजित किया जाता है जिनका लाभ फर्म को अनेक वर्षों तक प्राप्त होगा।

पूँजी बजटन की आवश्यकता
(Need for Capital Budgeting)

प्राय: सभी प्रकार के व्यावसायिक उपक्रमों में कुल विनियोग का एक महत्त्वपूर्ण भाग पूँजी सम्पत्तियों में विनियोजित किया जाता है। पूँजी सम्पत्तियों में विनियोग की एक जटिल समस्या होती है। इस जटिल समस्या को पूँजी बजटन द्वारा ही नियन्त्रित किया जा सकता है। पूँजी बजटन की आवश्यकता अग्रलिखित कारणों से होती है–

1. पूँजी व्यय का विश्लेषण (Analysis of capital expenditure)—पूँजी बजट द्वारा फर्म के प्रबन्ध को प्रस्तावित विभिन्न पूँजी व्ययों का विश्लेषण करके उचित निर्णय करने का अवसर मिलता है। एक बार किया गया पूँजी व्यय पुन: वापस रोकड़ में शीघ्र परिवर्तित नहीं किया जा सकता है। इसका सम्बन्ध लम्बी अवधि से भी होता है।

2. श्रेष्ठ विकल्प का चुनाव (Selection of best alternative)—प्रबन्ध के सामने अनेक परियोजनाएँ हो सकती हैं। प्रबन्ध द्वारा पूँजी व्यय विश्लेषण की उपयुक्त तकनीकों का प्रयोग करके विभिन्न विकल्पों में से श्रेष्ठ विकल्प को चुना जा सकता है।

3. विभिन्न पूँजी व्ययों में समन्वय (Co-ordination between various capital expenditure)—फर्म के प्रबन्ध को एक साथ अनेक परियोजनाओं अथवा क्षेत्रों में पूँजी व्यय करना होता है। पूँजी बजटन की सहायता से विभिन्न पूँजी व्ययों में समन्वय स्थापित किया जा सकता है।

4. हानि से बचना (To avoid losses)—पूँजी व्यय प्राय: अधिक बड़ी राशि में लम्बी अवधि के लिए किया जाता है। बजट प्रावधानों तथा वास्तविक व्यय की तुलना करके विचलन ज्ञात किया जा सकता है तथा इस विचलन के कारण एवं इन्हें दूर करने के उपाय किये जा सकते हैं।

5. हानि से बचना (To avoid losses)—पूँजी व्यय प्राय: अधिक बड़ी राशि में लम्बी अवधि के लिए किया जाता है। पूँजी सम्पत्तियों में किया गया व्यय स्थायी प्रतिबन्धन होता है, अत: उसे बिना महत्त्वपूर्ण हानि उठाये परियोजनाओं से वापिस नहीं निकाला जा सकता है। अत: इस तरह की हानि से बचने के लिए पूँजी बजटन आवश्यक होता है।

6. अनिश्चितता एवं जोखिमों का विश्लेषण (Analysis of uncertainty and risk)—पूँजी व्यय के निर्णय किसी एक ही वर्ष की अवधि से सम्बन्धित नहीं होते हैं, बल्कि इनका प्रभाव अनेक वर्षों तक रहता है। अत: इनके नियोजन में अधिक जटिलताएँ होती हैं। पूँजी व्यय में अनिश्चितता एवं जोखिम तुलनात्मक रूप से अधिक रहती है। अत: इन अनिश्चितताओं एवं जोखिमों का अनुमान लगाने तथा इन्हें कम करने के लिए पूँजी बजटन आवश्यक होता है।

7. साधनों की व्यवस्था (Managing sources of Finance)—पूँजी व्यय निर्णय लम्बी अवधि से सम्बन्धित होते हैं, अत: इन निर्णयों के अन्तर्गत विभिन्न परियोजनाओं पर अधिक राशि व्यय करने की आवश्यकता होती है। इस राशि को संस्था किन साधनों से प्राप्त करेगी, इसका निर्धारण भी पूँजी व्यय को निर्धारित करते समय किया जाता है।

8. फर्म की सफलता (Success of the firm)—पूँजी व्यय निर्णय प्रबन्ध के बहुत महत्त्वपूर्ण कार्यों में से एक है तथा फर्म की भावी सफलता अथवा असफलता पूँजी व्यय निर्णयों की सफलता पर बहुत कुछ निर्भर करती है। यदि आवश्यकता से अधिक पूँजी का विनियोजन करके अनावश्यक क्षमता का विकास किया जाता है तथा उसका उपयोग नहीं किया जाता है तो परिचालन लागतें बढ़ती हैं तथा फर्म की लाभदायकता पर प्रतिकूल असर पड़ता है।

पूँजी विनियोग निर्णयों के प्रकार
(Types of Capital Investment Decisions)

एक व्यवसाय में अनेक प्रकार के व्यय पूँजीगत व्यय होते हैं जो विभिन्न उद्देश्यों अथवा कार्यों के लिए किये जाते हैं। प्राय: पूँजी व्यय अग्र प्रकार की परियोजनाओं के लिए किये जाते हैं :

(i) विस्तार परियोजनाएँ (Expansion Projects)—जब एक व्यवसाय अपनी विद्यमान परियोजनाओं का विस्तार करता है तब विस्तार निर्णय करने होते हैं। नई मशीनों एवं भवनों का क्रय, वर्तमान मशीनों व भवनों के विस्तार, दूसरी व्यावसायिक इकाइयों का क्रय अथवा दूसरी व्यावसायिक इकाई का संविधान आदि इस तरह कि विस्तार परियोजनाओं के उदाहरण हैं। इन परियोजनाओं में विनियोग करते समय विनियोग की लागत तथा सम्भावित लाभ के आधार पर निर्णय करना चाहिए।

(ii) पुनर्स्थापन परियोजनाएँ (Replacement Projects)—मशीनों का लगातार प्रयोग करने से वे नष्ट हो जाती हैं। कुछ मशीनें नष्ट तो नहीं होती हैं परन्तु अच्छी किस्म की नई मशीनों के आ जाने के कारण अप्रचलित हो जाती हैं। दोनों ही स्थितियों में मशीनों का पुनर्संस्थापन आवश्यक होता है। पुनर्संस्थापन मशीनों के लगने से प्रचालन व्ययों में होने वाली बचतों तथा अधिक उत्पादन के कारण प्राप्त होने वाले अतिरिक्त लाभों को ध्यान में रखकर किया जाना चाहिए।

(iii) परिवर्द्धन परियोजनाएँ (Extension Projects)—बाजारों में माल की खपत अधिक बढ़ाने, नये बाजार प्राप्त करने तथा वस्तु की किस्म या रूप में परिवर्तन करने से सम्बन्धित परियोजनाएँ इस वर्ग में सम्मिलित की जाती हैं। ये परियोजनाएँ विस्तार परियोजनाओं के समान ही होती हैं परन्तु इनमें विस्तार का क्रम धीमा होता है। ये परियोजनाएँ इनके कारण लाभों में होने वाली अनुमानित वृद्धि तथा इनकी लागतों की तुलना के आधार पर चुनी जानी चाहिए।

(iv) उत्पादन अथवा प्रक्रिया विकास परियोजनाएँ (Product or Process Improvement Projects)—नये उत्पादों का विकास करने अथवा पुराने उत्पादों के निर्माण की प्रक्रिया में सुधार करके लागत कम करने अथवा लाभ बढ़ाने के उद्देश्य से इस तरह की परियोजनाएँ प्रारम्भ की जाती हैं। इन परियोजनाओं में ही मानव श्रम को मशीनों से प्रतिस्थापित करने की परियोजनाएँ आती हैं।

(v) गृह-व्यवस्थी परियोजनाएँ (House-Keeping Project)—ये वे परियोजनाएँ होती हैं जिनमें विनियोग करने से प्रत्यक्ष रूप से प्रत्याय प्राप्त नहीं होती है किन्तु इन परियोजनाओं पर किये गये व्यय से कर्मचारियों की कुशलता तथा मनोबल बढ़ता है जिससे उपक्रम को प्रत्यक्ष रूप से अधिक उत्पादन का लाभ प्राप्त होता है। इन परियोजनाओं में कुछ ऐसी परियोजनाएँ भी शामिल की जाती हैं जिनकी पूर्ति किसी प्रचलित विधान के अन्तर्गत करना आवश्यक होता है। स्वास्थ्य एवं सुरक्षा परियोजनाएँ, गृह-निर्माण योजना, शिक्षा परियोजना तथा श्रम-कल्याण परियोजनाएँ होती हैं।

(vi) शोध एवं विकास परियोजनाएँ (Research and Development Project)—उपक्रम के विभिन्न कार्य-क्षेत्रों के सम्बन्ध में किये जाने वाले शोध एवं विकास की योजनाएँ इनके अन्तर्गत सम्मिलित की जाती हैं। बाजार शोध (Market Research), नवीन वस्तु की खोज, उत्पादन की किस्म सुधार के लिए खोज इत्यादि शोध एवं विकास परियोजनाएँ होती हैं।

1. विनियोग प्रस्तावों क उद्गम (Origin of Investment Proposals)—पूँजी बजट तैयार करने में सबसे पहला कदम विनियोग प्रस्तावों के उद्गम से प्ररम्भ होता है। विनियोग प्रस्तावों का उद्गम प्रबन्ध के किसी भी स्तर पर हो सकता है . उदाहरण के लिए उत्पादन क्रिया में सुधार के लिए सुझाव किसी फोरमैन से आ सकता है। कुछ प्रस्ताव उच्च प्रबन्ध द्वारा किये जा सकते हैं जो प्राय: उत्पादन क्षमता को बढ़ाने अथवा नई वस्तुओं के उत्पादन की योजना के सम्बन्ध में होते हैं।

2. प्रस्तावों का प्रस्तुतीकरण (Presentation of Proposals)—जब विनियोग प्रस्तावों का उद्भव हो जाता है तब उन्हें उचित अधिकारियों के सामने व्यवस्थित प्रस्तावों के रूप में प्रस्तुत किया जाता है। प्राय: प्रत्येक विभागाध्यक्ष अपने विभाग के पूँजी व्ययों का निर्धारण करता है तथा उन्हें उचित प्रस्ताव के रूप में बजट अथवा योजना समिति को प्रस्तुत करता है। विनियोग प्रस्तावों के सम्बन्ध में विभागाध्यक्ष द्वारा दिया गया विवरण प्राय: एक फर्म से दूसरी फर्म में भिन्न होता है। प्राय: विनियोग प्रस्तावों में निम्न सूचनाएँ दी जाती हैं :[1]

प्रार्थना की तारीख (Date of request)

परियोजना पहचान संख्या (Project identification number)

परियोजना का वर्णन (Description of the project)

परियोजना का उद्देश्य एवं जोखिम (Purpose of and risks for the project)

अनुमानित कुल लागत (Estimated total costs)

अनुमानित प्रारम्भ एवं समाप्ति की तारीखें (Estimated starting and completion dates);

अनुमानित राशि तथा व्यय की समय अवधि (Estimated amount and the timing of expenditures);

लागत में अनुमानित बचत अथवा अन्य आर्थिक अथवा वित्तीय औचित्य (Estimates of the amount savings or other economic or financial justifications); तथा

परियोजना की सम्भावित आय तथा राशि प्राप्ति का समय (Estimates of the amount and timing of income from the project approvals)।

3. प्रस्तावों की जाँच (Screening the Proposals)—जब विभिन्न विभागों द्वारा विनियोग प्रस्ताव बजट समिति के पास भेजे जाते हैं तब बजट समिति इन प्रस्तावों

की गहराई से जाँच करती है। यह जाँच उच्च प्रबन्ध तथा बजट समिति द्वारा स्थापित मापदण्डों के अनुसार की जाती है। समिति देखती है कि प्रस्ताव संस्था के दीर्घकालीन विकास कार्यक्रमों के अनुसार हैं या नहीं ? ये प्रस्ताव अन्य विभागों में असन्तुलन तो उत्पन्न नहीं करेंगे ? संस्था इनकी वित्तीय व्यवस्था कर सकेगी या नहीं ? इन सब बातों पर बजट समिति विचार करती है तथा जिन प्रस्तावों को जाँच के बाद उपयुक्त पाया जाता है उनका आगे आर्थिक विश्लेषण किया जाता है।

4. प्रस्तावों का आर्थिक विश्लेषण (Economic Evaluation of the Proposals)—जिन प्रस्तावों को आर्थिक जाँच के बाद बजट समिति विचारणीय मानती है उनका प्रारम्भिक विश्लेषण किया जाता है। इस विश्लेषण में प्रत्येक परियोजना की लागत एवं आर्थिक लाभों का विश्लेषण किया जाता है। इस मूल्यांकन के लिए अनेक विधियों का प्रयोग किया जाता है जिनका इस अध्याय में आगे विस्तार से अध्ययन किया गया है।

5. परियोजना का चयन (Project Selection)—जब विभिन्न परियोजनाओं का आर्थिक विश्लेषण किया जाता है तब उनमें से उन परियोजनाओं को छोड़ दिया जाता है जो अनार्थिक अथवा अलाभप्रद होती हैं। जो लाभदायक परियोजनाएँ बच जाती हैं उनमें से फर्म के वर्तमान साधनों व भावी साधनों को देखते हुए विभिन्न परियोजनाओं को फर्म की पूर्व निर्धारित प्राथमिकताओं के अनुसार चुना जाता है। फर्म की प्राथमिकताएँ अलग-अलग समयों पर अलग-अलग होती हैं। ये प्राथमिकताएँ चालू अथवा अपूर्ण परियोजना को शीघ्र पूरा करने, प्रतिस्थापन परियोजनाओं को स्वीकार करने, लागत में कमी आने वाली परियोजनाओं को स्वीकार करने तथा वैधानिक आवश्यकताओं को पूरा करने के सम्बन्ध में हो सकती हैं।

6. परियोजना पर अन्तिम निर्णय (Final Decision on the Project)—बजट समिति विभिन्न परियोजनाओं का विश्लेषण करके उसमें से उपयुक्त परियोजनाओं को चुनती है तथा उन्हें विस्तृत सिफारिशों के साथ संचालक मण्डल के पास भेज देती है। संचालक मण्डल उनकी अनिवार्यता, लाभदायकता तथा उपलब्ध साधनों को ध्यान में रखकर अपना अन्तिम निर्णय घोषित करता है। संचालक मण्डल द्वारा स्वीकृति मिलने पर परियोजना को संस्था के वार्षिक पूँजी बजट में सम्मिलित कर लिया जाता है।

7. पूँजी बजट निर्माण (Formation of Capital Budget)—विभिन्न पूँजी व्यय प्रस्तावों पर संचालक मण्डल की स्वीकृति मिल जाने पर उनके कोषों का नियोजन किया जाता है। कोषों के नियोजन की व्यवस्था करना ही पूँजी बजट कहलाता है।

वित्त समिति पूँजी बजट का निर्माण करती है तथा विभिन्न परियोजनाओं के लिए साधनों का आवंटन किया जाता है। ये आवंटित साधन प्राय: वित्तीय प्रबन्धक द्वारा जुटाये जाते हैं।

8. व्ययों का अधिकरण (Authorisation of Capital Expenditure)—किसी परियोजना को जब पूँजी बजट में सम्मिलित कर लिया जाता है तब विभिन्न विभागाध्यक्षों को अपने-अपने विभागों की परियोजनाओं को क्रियान्वित करने हेतु अधिकृत किया जाता है। यह अधिकरण विभागाध्यक्षों के अधिकरण के लिए किये गये प्रार्थना-पत्रों के आधार पर किया जाता है। यह कार्य वित्तीय नियन्त्रक करता है।

9. परियोजना का क्रियान्वयन (Project Execution)—परियोजना के व्यय के लिए जब खर्चों अथवा व्यय की स्वीकृति प्रदान कर दी जाती है तब परियोजना का क्रियान्वयन विभिन्न चरणों में किया जाता है।

10. अनुवर्तन (Feedback)—परियोजना के क्रियान्वयन में वास्तविक व्यय का बजट व्ययों से समय-समय पर मिलान किया जाता है तथा अन्तर पूर्व-निर्धारित सीमा से अधिक होता है तो इसका विश्लेषण किया जाता है तथा लागत अनुमानों में संशोधन किया जाता है अथवा लागत नियन्त्रण के लिए प्रभावी कदम उठाये जाते हैं।

पूँजी बजटन में महत्त्वपूर्ण विचारणीय घटक

(Important Factors to be Considered in Capital Budgeting)

पूँजी बजटन का कार्य बड़ा ही जटिल एवं कठिन कार्य है। पूँजी बजटन में पूँजी व्यय निर्णय किये जाते हैं। पूँजी व्यय निर्णयों का प्रभाव अनेक वर्षों तक होता है। ये भविष्य से सम्बन्धित होने के कारण इनके बारे में सही-सही पूर्वानुमान करना कठिन होता है। पूँजी व्यय निर्णय करते समय निम्न महत्त्वपूर्ण तथ्यों अथवा घटकों पर सावधानीपूर्वक विचार करना चाहिए-

1. शुद्ध विनियोग की राशि अथवा कुल रोकड़ बहिर्वाह (Net Investment Outlay or Total Cash Outflows)—शुद्ध विनियोग का तात्पर्य किसी परियोजना में लगने वाली कुल धन राशि से होता है जो मुद्रा में निर्धारित की जाती है। यह कुल रोकड़ बहिर्वाह (Total Cash Outflows) के बराबर होती है।

नवीन परियोजना की स्थिति में शुद्ध विनियोग राशि में उस सम्पत्ति का बीजक मूल्य, लाने का भाड़ा, चुंगी, स्थापना व्यय आदि सम्मिलित होते हैं। यदि किसी सम्पत्ति की स्थापना के लिए निर्माण कार्य आदि करने पड़ें तो उनके लिए किया गया व्यय

भी विनियोग राशि में शामिल होगा। विनियोग राशि कुल रोकड़ बहिर्वाह के बराबर होती है; अतः किसी पूँजी व्यय निर्णय के फलस्वरूप अतिरिक्त कार्यशील पूँजी की आवश्यकता होती है तो वह भी विनियोग राशि में जोड़ी जाती है। उदाहरण के लिए मॉडर्न टेक्सटाइल्स में किसी मशीन की लागत 50,000 रु., लाने का भाड़ा 2,000 रु., चुंगी 500 रु., मशीन की स्थापना व्यय 4,000 रु. है तो कुल विनियोग 56,500 रुपये होगा। हाँ, यदि मशीन के परिचालन के लिए स्थायी रूप में 10,000 रुपये की कार्यशील पूँजी की आवश्यकता भी पड़ेगी तो कुल विनियोग की राशि 66,500 रुपये होगी।

प्रतिस्थापन परियोजना की स्थिति में पुरानी सम्पत्ति का नई सम्पत्ति से प्रतिस्थापन किया जाता है, अतः नई सम्पत्ति में विनियोग की शुद्ध राशि ज्ञात करते समय उसकी लगत व स्थापना व्ययों में से पुरानी सम्पत्ति को बेचने से प्राप्त अवशिष्ट या निस्तारण मूल्य (Scrap Values or Salvage Values) को घटा दिया जाता है। इस प्रकार ज्ञात राशि शुद्ध विनियोग राशि कहलाती है। उदाहरण के लिए मॉडर्न थ्रेड में एक पुरानी सूत कताई मशीन के स्थान पर नई मशीन लगाने की कुल लागत 65,000 रुपये है तथा पुरानी मशीन को बेचने से 5,000 रुंपये प्राप्त हो सकते हैं तो शुद्ध विनियोग की राशि 60,000 रुपये होगी।

प्रतिस्थापना परियोजनाओं की स्थिति में शुद्ध विनियोग की राशि ज्ञात करते समय कर समायोजन करना आवश्यक होता है। यह समायोजन ऋणात्मक अथवा धनात्मक हो सकता है। यदि पुरानी मशीन को बेचने से हानि होती है तो इससे उपक्रम का कर दायित्व कम हो जायेगा तथा नवीन मशीन के क्रय पर कर दायित्व में कमी के बराबर रोकड़ बहिर्वाह कम होगा। इसके विपरीत यदि पुरानी सम्पत्ति को बेचने से लाभ प्राप्त होता है तो उपक्रम का कर दायित्व बढ़ जाता है तथा संस्था से रोकड़ बहिर्वाह बढ़ जाता है अतः नवीन मशीन की विनियोग राशि ज्ञात करते समय उसे जोड़ दिया जाता है।

कर समायोजन को उदाहरणों द्वारा स्पष्ट किया जा सकता है। माना कि मोना इण्डस्ट्रीज में एक नई मशीन के क्रय एवं स्थापना पर 60,000 रुपये व्यय होते हैं तथा पुरानी मशीन जिसका पुस्तक मूल्य 8,000 रुपये है, को बेचने पर 4,000 रुपये प्राप्त होते हैं तथा उपक्रम की कर दर 50% है तो यहाँ संस्था का कर दायित्व 4,000 रुपये की हानि के कारण 2,000 रुपये कम हो जायेगा, अतः नई मशीन की शुद्ध विनियोग राशि इस प्रकार ज्ञात की जायेगी :

नई मशीन की लागत	60,000 रु.
घटाइए : पुरानी मशीन का अवशिष्ट मूल्य	4,000 रु.
	56,000 रु.
घटाइए : पुरानी मशीन को बेचने से 4,000 रु. (8,000 रु. पुस्तक मूल्य –4,000 रु. विक्रय मूल्य) की हानि पर 50% कर की बचत	2,000 रु.
शुद्ध विनियोग	54,000 रु.

इसी प्रकार यदि पुरानी सम्पत्ति के विक्रय पर लाभ प्राप्त होता है तो उससे संस्था का कर दायित्व बढ़ जाता है जिससे रोकड़ बहिर्वाह बढ़ जाता है। अत: लाभ पर देय कर की राशि की नई सम्पत्ति की विनियोग राशि में जोड़ दिया जाता है।

पुरानी सम्पत्ति को हटाने से कार्यशील पूँजी की राशि रोकड़ के रूप में प्राप्त हो जाती है, अत: उसे शुद्ध विनियोग की राशि में से कम कर दिया जाता है परन्तु नवीन सम्पत्ति के लगाने से जितनी कार्यशील पूँजी की आवश्यकता होगी उसे विनियोग राशि में जोड़ दिया जाता है।

शुद्ध विनियोग अथवा रोकड़ बहिर्वाह की राशि की गणना निम्न प्रकार की जा सकती है :

Estimation of Net Investment or Net Cash Outlay

	Rs.
1. Cost of new Project	× × ×
2. (+) Installation Cost	× × ×
3. (±) Working Capital	× × ×
4. (–) Sale proceeds of old assets	× × ×
5. (±) Taxes on sale of assets	× × ×

6. (–) Investment allowance	× × ×
Net cash outflows or Net Investment of Initial outlay	× × ×

2. शुद्ध रोकड़ अन्तर्वाह अथवा रोकड़ प्रवाह (Net Cash Inflows or Benefits)—पूँजी व्यय निर्णयों में परियोजना की शुद्ध विनियोजन राशि ज्ञात करने के पश्चात् उस परियोजना से प्राप्त होने वाले भावी शुद्ध रोकड़ अन्तर्वाह अथवा लाभों की गणना की जाती है। शुद्ध रोकड़ अन्तर्वाह (Net Cash Inflow) का तात्पर्य पूँजी सम्पत्ति पर ह्रास घटाने से पूर्व परन्तु कर घटाने के बाद बची राशि से होता है। शुद्ध रोकड़ अन्तर्वाहों की राशि निम्न प्रकार ज्ञात की जा सकती है :

Estimation of Net Cash Inflow

		Rs.
	Sales Revenue	× × ×
Less :	Operating expenses including depreciation	× × ×
	Income (before Interest And Tax)	× × ×
Less :	Interest	× × ×
	Income before Tax	× × ×
Less :	Tax	× × ×
	Net Income (After Tax)	× × ×
Add :	Depreciation	× × ×
	Net Cash Inflow	× × ×

अतः शुद्ध रोकड़ अन्तर्वाह = कर बाद शुद्ध लाभ + ह्रास

(Net Cash Inflow) (Net Profit After Tax) Depreciation

3. परियोजना का जीवनकाल (Project Life)—प्रत्येक परियोजना का एक निश्चित जीवनकाल होता है जिसमें उस परियोजना से आय प्राप्ति की आशा होती है। इस जीवन काल का निर्धारण सम्पत्ति की प्रकृति, उसके उपयोग, रख-रखाव, तकनीकी परिवर्तन आदि को ध्यान में रखकर किया जाता है। हमें सम्पत्ति के आर्थिक जीवन-काल पर ध्यान देना चाहिए, उसके भौतिक जीवन काल पर नहीं। सम्पत्ति का आर्थिक जीवन काल ही अधिक महत्त्वपूर्ण होता है। सम्पत्ति का भौतिक जीवनकाल उस सम्पत्ति के पूर्तिकर्त्ताओं द्वारा सामान्य परिचालन दशाओं के आधार पर व्यक्त किया जाता है जबकि सम्पत्ति के आर्थिक जीवनकाल का निर्धारण उसके उपयोगकर्त्ताओं द्वारा किया जाता है। यह भौतिक काल से अधिक अथवा कम हो सकता है।

4. वांछित न्यूनतम प्रत्याय दर (Desirable Minimum Rate of Return)—उपक्रम के प्रबन्धकों की दृष्टि से यह वह न्यूनतम दर होती है जिसके प्राप्त होने पर ही किसी पूँजी विनियोग निर्णय को स्वीकार किया जाता है। यदि प्रत्याय इससे कम होती है तो उसे स्वीकार नहीं किया जाता है। प्रायः यह 'पूँजी की औसत लागत' होती है, इससे कम पर विनियोग करने का प्रश्न ही उत्पन्न नहीं होता है। इसे अवसर लागत भी कहा जाता है।

5. अवसर लागत (Opportunity Cost)—पूँजी व्यय निर्णयों में अवसर लागत की धारणा का अत्यधिक महत्त्व होता है। किसी विनियोग प्रस्ताव को स्वीकार करने की अवसर लागत उसके फलस्वरूप वैकल्पिक आय की होने वाली हानि होती है। उदाहरण के रूप में किसी व्यवसाय में 20,000 रुपये की नकद राशि है जिसको विपणन योग्य प्रतिभूतियों में विनियोजित कर के 12% वार्षिक आय अर्जित की जा सकती है। अब यदि इस 20,000 रुपये को एक प्रिंटिंग मशीन के क्रय में लगा दिया गया है तो यहाँ प्रिन्टिंग मशीन में विनियोग की अवसर लागत 2,400 रुपये प्रतिवर्ष है।

6. अप्रचलन से जोखिम (Risk of Obsolescence)—वर्तमान समय में हर क्षेत्र में तकनीकी परिवर्तन बहुत तेजी से हो रहे हैं जिनके परिणामस्वरूप प्रचलित उत्पादन विधियाँ, उपकरण एवं मशीनें अप्रचलित होती जा रही हैं तथा नवीन विधियों व मशीनों का विकास हो रहा है। अतः किसी भी परियोजना का चुनाव करते समय उसके अप्रचलन से उत्पन्न होने वाली जोखिमों पर गहराई से विचार किया जाना चाहिए।

इन जोखिमों से बचने के लिए उन परियोजनाओं को चुना जा सकता है जिनकी पुनर्भुगतान अवधि कम से कम हो।

7. उपलब्ध कोष (Available Funds)—पूँजी व्यय निर्णयों का सम्बन्ध अधिक विनियोजन से होता है। अत: किसी परियोजना को स्वीकार करने से पूर्व संस्था के आन्तरिक तथा बाह्य वित्तीय साधनों पर पूर्ण रूप से विचार कर लिया जाना चाहिए तथा ऐसी परियोजनाओं को स्वीकार नहीं करना चाहिए जिनके लिए संस्था के पास साधन नहीं हैं अथवा जिनको प्राप्त करने की लागत उस सम्पत्ति से प्राप्त होने वाली प्रत्याय से अधिक हो।

8. गैर–आर्थिक कारण (Non-Economic Factors)—पूँजी व्यय निर्णयों को करते समय केवल आर्थिक तत्त्वों पर ही नहीं, गैर–आर्थिक तत्त्वों पर भी विचार करना होता है। चुनी जाने वाली परियोजना का कर्मचारियों के मनोबल एवं अनुशासन पर क्या प्रभाव होगा ? क्या सरकारी नीति इनके प्रतिकूल तो नहीं है ? क्या श्रम संघ उसका विरोध तो नहीं करेंगे ? आदि प्रश्नों पर विचार करना चाहिये।

परियोजना मूल्यांकन तकनीकें

(Project Evaluation Techniques)

पूँजी व्यय प्रस्तावों को स्वीकार अथवा अस्वीकार किये जाने के पूर्व उन प्रस्तावों की लाभदायकता का मूल्यांकन किया जाना चाहिए। पूँजी व्यय प्रस्तावों के मूल्यांकन के लिए किसी भी विधि का प्रयोग किया जाये, वह ऐसी हो जिसके आधार पर स्वीकार्य तथा अस्वीकार्य परियोजनाओं में भेद करना, अनेक विकल्पों में से किसी एक अथवा अधिक को चुनना, उनका क्रम निर्धारित करना, अधिक लाभों को कम लाभों तथा शीघ्र आयों को बाद के लाभों की तुलना में प्राथमिकता देना सम्भव होना चाहिए।

पूँजी व्यय प्रस्तावों अथवा परियोजना का मूल्यांकन करने के लिए अनेक विधियाँ प्रचलित हैं जिनमें से कुछ प्रमुख विधियों का हम यहाँ अध्ययन करेंगे–

पुनर्भुगतान अवधि विधि

(Pay-back Period Method)

पूँजी व्यय का मूल्यांकन करने के लिए प्रयुक्त की जाने वाली विधियों में यह सबसे सरल तथा सबसे अधिक प्रचलित विधि है। इस विधि को Pay-out अथवा Pay-off विधि भी कहते हैं। किसी परियोजना में विनियोजित राशि जितनी अवधि

में वापस प्राप्त हो जाती है उस अवधि को पुनर्भुगतान अवधि (Pay-back Period) कहते हैं। विनियोजित पूँजी से प्रतिवर्ष जो आय अर्जित की जाती है अथवा जो बचत प्राप्त की जाती है उसे 'रोकड़ अर्जन', 'रोकड़ बचत' अथवा 'शुद्ध रोकड़ अन्तर्वाह' कहा जाता है। इसकी गणना पिछले पृष्ठों पर स्पष्ट की गई विधि द्वारा की जा सकती है।

इस शुद्ध रोकड़ अन्तर्वाह के आधार पर पूँजी सम्पत्ति में किये गये विनियोग के पुनर्भुगतान की अवधि ज्ञात की जाती है। यदि सभी वर्षों में रोकड़ अन्तर्वाह की राशि समान रहती है तो विनियोजित राशि में इस रोकड़ अन्तर्वाह की वार्षिक राशि का भाग देकर परियोजना के पुनर्भुगतान की अवधि ज्ञात कर ली जाती है। एक ही परियोजना की स्थिति में यदि यह अवधि प्रबन्ध की स्वीकार्य अवधि के बराबर अथवा उससे कम होती है तो उस परियोजना को स्वीकार कर लिया जाता है अन्यथा अस्वीकार कर दिया जाता है। एक से अधिक वैकल्पिक परियोजनाओं मे से किसी एक ही परियोजना को इस विधि के अनुसार चुनना हो तो उस परियोजना को चुना जाता है जिसकी पुनर्भुगतान अवधि सबसे कम हो।

इस विधि का प्रयोग करने के लिए दो बातों की जानकारी आवश्यक है–

प्रथम परियोजना में 'विनियोजन की कुल राशि' तथा द्वितीय परियोजना से प्राप्त होने वाली वार्षिक बचत अथवा 'शुद्ध वार्षिक रोकड़ अन्तर्वाह'। परियोजना में विनियोजन की अनुमानित राशि विनियोग प्रस्ताव में दी होती है तथा शुद्ध वार्षिक अन्तर्वाह की राशि ज्ञात कर ली जाती है।

(i) सम्पत्ति से प्रतिवर्ष समान शुद्ध रोकड़ अन्तर्वाह होने पर पुनर्भुगतान अवधि की गणना–सम्पत्ति में किये विनियोग से यदि प्रतिवर्ष समान शुद्ध रोकड़ अन्तर्वाह होता है तो परियोजना के पुनर्भुगतान की अवधि को निम्न सूत्र की सहायता से ज्ञात किया जा सकता है :

$$P = \frac{C}{R}$$

Where P = Pay-back period

C = Initial Investment

R = Uniform annual net return before depreciation but after taxes or net annual cash inflows.

Illustration 1 :

If a company by investing Rs. 80,000 gets net annual income of Rs. 20,000 before depreciation but after taxes continuously for ten years, compute the pay-back period.

$$P = \frac{C}{R} = \frac{80,000}{20,000} = 4\text{Years}$$

Illustration 2 :

Rakesh Limited wants to buy a new machine on the condition that its costs can be recovered in five years by savings there from.

You are given the following information :

1.	Cost of the machine	Rs. 3,00,000
2.	Annual sales revenue generated by the new machine	Rs. 4,00,000
3.	Variable Cost	60% of sales
4.	Annual fixed costs other than depreciation	Rs. 20,000
5.	Life of the machine is 8 years.	
6.	Taxation to be charged at 50% of Profits.	

Advise the management whether the machine should be acquired or not.

Solution :

Profitability Statement

	Rs.	Rs.
Sales Revenue		4,00,000
Less : Variable Cost (60% of Sales)	2,40,000	
Fixed Cost	20,000	2,60,000
		1,40,000
Less : Depreciation (3,00,000 ÷ 8)		37,500

	Profit before tax	1,02,500
Less :	Income tax (50%)	51,250
	Profit after tax	51,250
Add :	Depreciation	37,500
	Net Cash Inflow	88,750

$$\text{Pay Back Period} = \frac{C}{R} = \frac{3,00,000}{88,750} = 3.38 \text{ Years}$$

Machine should be acquired.

Illustration 3 :

X Ltd. is considering the purchase of new machine which will carry out same operation performated by labour. A and B are alternative models. From the following information you are required to prepare a profitability statement and work out the pay back period.

	Machine A	Machine B
Estimated life of machine	5 Years	4 Years
	Rs.	Rs.
Cost of machine	1,50,000	2,50,000
Salvage value of machine	Nil	Nil
Cost of indirect materials p.a.	6,000	8,000
Estimated savings in scrap p.a.	10,000	15,000
Additional Cost of Supervision p.a.	12,000	16,000
Additional Cost of maintenance p.a.	7,000	11,000
Estimated savings in direct wages :		
Employees not required (Number)	150	200
Wages per employee (p.a.)	600	600

Depreciation is to be provided on straight line basis and taxation is to be charged at 50% of profit.

Which model would you recommend ?

Solution :

Statement Showing Annual Cash Inflows

		Machine A	Machine B
	Estimated savings in scrap	10,000	15,000
	Estimated savings in direct wages (Employees not required × Wages per employees)	90,000	1,20,000
	Total Savings (A)	1,00,000	1,35,000
	Additional Cost of Supervision	12,000	16,000
	Additional Cost of Maintenance	7,000	11,000
	Additional Cost of Indirect Materials	6,000	8,000
	Depreciation	30,000	62,500
	Total additional Costs (B)	55,000	97,500
	Annual Savings before tax (A – B)	45,000	37,500
Less :	Tax (50%)	22,500	18,750
	Annual Savings after tax	22,500	18,750
Add :	Depreciation	30,000	62,500
	Annual Cash Inflows	52,500	81,250

$$\text{Pay Back Period} = \frac{C}{R}$$

$$\text{Pay Back Period of Machine A} = \frac{1,50,000}{52,500} = 2.86 \text{ years}$$

$$\text{Pay Back Period of Machine B} = \frac{2,50,000}{81,250} = 3.08 \text{ years}$$

Machine A is recommended because it has a shorter pay back period.

(ii) सम्पत्ति से प्रति वर्ष असमान रोकड़ अन्तर्वाह होने पर पुनर्भुगतान अवधि की गणना—जब किसी सम्पत्ति के प्रतिवर्ष समान रोकड़ अन्तर्वाह नहीं होता है, तब पुनर्भुगतान अवधि की गणना संचयी बचत (Cumulative Savings) की सहायता से की जाती है। प्रत्येक वर्ष की बचत को अगले वर्ष की बचत की राशि में उस समय तक जोड़ा जाता है जब तक संचयी बचत की राशि सम्पत्ति में किये गये कुल विनियोग की राशि के बराबर नहीं हो जाती है। जिस अवधि की बचत विनियोग की वास्तविक लागत के बराबर हो जाती है, उसी अवधि को पुनर्भुगतान अवधि कहेंगे। इस विधि से पुनर्भुगतान अवधि ज्ञात करते समय उस समय कठिनाई उत्पन्न होती है जब विनियोग की कुल लागत के बराबर राशि ज्ञात करने के लिए वार्षिक बचत का थोड़ा सा भाग ही प्रयोग करना पड़े। ऐसी परिस्थिति में वार्षिक बचत की राशि को पूरे वर्ष में समान रूप से प्राप्त किया हुआ मान लिया जाता है तथा वार्षिक बचत की राशि का जितना भाग प्रयोग किया जाता है, उसका कुल वार्षिक बचत राशि से अनुपात निकाल कर उसे बारह महीनों की अवधि से गुणा कर दिया जाता है जिससे महीनों में अवधि आ जाती है जिसे पूर्ण वर्षों की अवधि में जोड़ देने पर सम्पत्ति के पुनर्भुगतान की अवधि ज्ञात हो जाती है।

Illustration 4 :

A company is considering the purchase of a machine. Two machines are available in the market, X and Y, each costing Rs. 40,000. Earnings after tax but before depreciation are expected to be as follows :

Year	Cash Inflows	
	Machine X	Machine Y
1	10,000	5,000

2	15,000	15,000
3	20,000	20,000
4	10,000	15,000
5	5,000	10,000

Evaluation the two alternatives according to the pay-back method.

Solution :

Initial Investment = Rs. 40,000

Year	Machine-X		Machine-Y	
	Annual Cash Inflow	Cumulative Cash Inflow	Annual Cash Inflow	Cumulative Cash Inflow
1	10,000	10,000	5,000	5,000
2	15,000	25,000	15,000	20,000
3	20,000	45,000	20,000	40,000
4	10,000	55,000	15,000	55,000
5	5,000	60,000	10,000	65,000

$$\text{Pay Back Period of Machine X} = 2 + \frac{40,000 - 25,000}{20,000}$$

$$= 2 + \frac{15,000}{20,000}$$

$$= 2 + \frac{3}{4} = 2\frac{3}{4} \text{ years}$$

Pay-back period of Machine 'Y' = 3 years

The Pay-back period of Machine X is shorter, therefore, it should be purchased.

पुनर्भुगतान अवधि विधि के गुण

(Merits of Pay-back Period Method)

पुनर्भुगतान अवधि विधि पूँजी व्यय परियोजनाओं के मूल्यांकन की सरल विधि है। इस विधि के प्रमुख गुण निम्न हैं :

1. **सरल** (Simple)—इस विधि को प्रयोग करना एवं समझना बड़ा सरल है।

2. **रोकड़ की कमी वाली संस्थाओं के लिए महत्त्वपूर्ण** (Important method for cash shortage firms)—यह विधि ऐसी संस्थाओं के लिए अत्यधिक महत्त्व की होती है जिनमें रोकड़ की कमी होती है तथा जो परियोजना की वित्त व्यवस्था ऋण लेकर करती हैं। ऐसी संस्थायें लघु पुनर्भुगतान अवधि वाली परियोजनाओं पर ही विचार करती हैं।

3. **अप्रचलन का भय** (Danger of obsolescence)—ऐसे उद्योग जिनमें तकनीकी प्रगति बड़ी तेजी से होती है वहाँ मशीनों के अप्रचलन का भय अधिक रहता है, अतः उन्हीं परियोजनओं को चुना जाता है जिनकी पुनर्भुगतान अवधि कम से कम हो।

4. **अधिक सही अनुमान** (More accurate estimates)—इस विधि में परियोजना के सम्पूर्ण जीवन पर विचार नहीं किया जाता है बल्कि उसकी लागत के केवल पुनर्भुगतान की अवधि पर ही विचार किया जाता है। अतः अल्पकालीन विक्रय व लागत तत्वों के अनुमान अधिक सही होते हैं।

पुनर्भुगतान अवधि-विधि के दोष
(Demerits of Pay-back Period Method)

इस विधि में अनेक दोष अथवा कमियाँ बतायी जाती हैं जिससे इस विधि का प्रयोग सीमित हो जाता है। प्रमुख दोष निम्न हैं–

1. **विनियोजित काषों की शीघ्र वापसी को अधिक महत्त्व** (More importance to pay back of invested funds)—इस विधि में विनियोग की लाभदायकता की अपेक्षा उसकी तरलता पर अधिक ध्यान दिया जाता है, जो ठीक नहीं है।

2. **विनियोग की लागत वापसी के पश्चात् की आय पर ध्यान न देना** (Does not consider the income received after pay back period)—इस विधि में केवल विनियोग की लागत की वापसी पर ध्यान दिया जाता है तथा उसके पश्चात् प्राप्त होने वाली आय पर ध्यान नहीं दिया जाता है। किसी व्यावसायिक संस्था का पूँजी परियोजनाओं में विनियोग का उद्देश्य केवल लागत की वापसी ही नहीं होता है बल्कि विनियोग से लाभ प्राप्त करना होता है। अतः किसी परियोजना की उपयुक्तता परियोजना के सम्पूर्ण जीवन काल में प्राप्त लाभों के आधार पर ही की जा सकती है।

3. विनियोजन से प्राप्त कुल आय की व्याख्या न करना (Does not explains the total income received from investment)—इस विधि में विनियोग पुनर्भुगतान पर ध्यान दिया जाता है। यह विधि विनियोग के जीवनकाल में प्राप्त कुल आय पर विचार नहीं करती है।

4. पूँजी लागत की उपेक्षा (Ignores cost of capital)—यह विधि पूँजी की लागत की उपेक्षा करती है। पूँजी की लागत सुदृढ़ विनियोग निर्णयों का आधार होती है; अतः यह विधि सुदृढ़ विनियोग निर्णयों का आधार नहीं हो सकती।

5. समय कारक पर ध्यान नहीं देती (Does not consider the time factor)—इस विधि में आय प्राप्ति के समय कारक पर विचार नहीं किया जाता है। विभिन्न परियोजनाओं में विभिन्न समय अवधियों में प्राप्त होने वाली आय को तुलनात्मक बनाने के लिए उनका वर्तमान मूल्य (Present Value) ज्ञात करना आवश्यक है, परन्तु इस विधि में ऐसा नहीं किया जाता है।

6. अवशेष मूल्य पर ध्यान न देना (Does not consider scrap value)—इस विधि में सम्पत्ति के अवशेष मूल्य पर विचार नहीं किया जाता है।

7. जोखिम का मापन नहीं (Does not measure risks)—इस विधि में परियोजना की जोखिम पर विचार नहीं किया जाता है। किसी परियोजना की पुनर्भुगतान की अवधि कम होने पर अत्यधिक जोखिमपूर्ण योजना को भी स्वाकीर कर लिया जाता है जो ठीक नहीं है।

8. प्रारम्कि वर्षों की प्रत्याय पर अधिक ध्यान (More emphasis on the income of initial years)—इस विधि में किसी परियोजना का मूल्यांकन उसके सम्पूर्ण जीवनकाल में प्राप्त होने वाली आय के आधार पर न करके परियोजना के प्रारम्भिक वर्षों में प्राप्त होने वाली आय के आधार पर किया जाता है। यदि किसी परियोजना से प्रारम्भ के वर्षों में अधिक आय मिलती है तो उसे स्वीकार कर लिया जाता है जबकि किसी परियोजना से बाद के वर्षों में बहुत अधिक आय प्राप्त होने पर भी उसे छोड़ दिया जाता है।

पुनर्भुगतान विधि में सुधार (Improvement in Pay-back Method)

पुनर्भुगतान अवधि विधि की उपर्युक्त कमियों को दूर करने के लिए कुछ विद्वानों ने इसमें सुधार के सुझाव दिये हैं, जिनमें से कुछ अग्रलिखित हैं–

1. पुनर्भुगतान अवधि के पश्चात् की लाभदायकता की गणना (Calculating the Post-pay-back Period Profitability)—पुनर्भुगतान विधि की एक प्रमुख आलोचना इस अधार पर की जाती है कि इसमें पुनर्भुगतान अवधि के पश्चात् परियोजना की लाभदायकता नहीं देखी जाती है। इस दोष को दूर करने के लिए यह सुझाव दिया जाता है कि पुनर्भुगतान अवधि के पश्चात् जिस परियोजना से सर्वाधिक आय प्राप्त हो, उसे श्रेष्ठ विनियोग मान कर चुन लिया जाये।

Post Pay-back Profitability = Total Cash Inflow in life—Initial Cost

Or

= Annual Cash Inflow × (Total Life – Pay back Period)

Illustration 5 :

X Y Z Ltd. is considering the purchase of a machine. Two machine A and B are available at the cost of Rs. 60,000 each. Earnings after taxes but before depreciation are expected as follows :

Year	Cash Inflows	
	Machine A	Machine B
1	20,000	10,000
2	20,000	15,000
3	20,000	25,000
4	20,000	20,000
5	20,000	20,000

Evaluation the two alternative by using :

(i) Pay-back Period Method, and (ii) Post Pay-back Period Method.

Solution :

Initial Investment Rs. 60,000

Year	Machine A		Machine B	
	Yearly Cash Inflow	Cumulative Cash Inflow	Yearly Cash Cash Inflow	Cumulative Cash Inflow
1	20,000	20,000	10,000	10,000

2	20,000	40,000	15,000	25,000
3	20,000	60,000	25,000	50,000
4	20,000	80,000	20,000	70,000
5	20,000	1,00,000	20,000	90,000

Machine A :

(i) Pay-back Period $= \frac{\text{Initial Investment}}{\text{Annual Cash Inflow}}$

$= \frac{\text{Rs. } 60{,}000}{\text{Rs. } 20{,}000} = 3 \text{ Years}$

(ii) Post Pay-back Profitability = Total Cash Inflows in life – Initial Cost

$= 1{,}00{,}000 - 60{,}000$

$= \text{Rs. } 40{,}000$

Machine B :

(i) Pay-back Period $= 3 + \frac{\text{Rs. } 60{,}000 - \text{Rs. } 50{,}000}{\text{Rs. } 20{,}000}$

$= 3\frac{1}{2}$ years

(ii) Post Pay-back Profitability = Total Cash Inflows in life – Initial Cost

$= \text{Rs. } 90{,}000 - \text{Rs. } 60{,}000$

$= \text{Rs. } 30{,}000$

The Pay-back Period of machine 'A' is shorter than the Pay-back Period of machine 'B', therefore, machine 'A' will be selected.

Post-pay-back period profitability of machine 'A' is more than machine 'B', therefore machine 'A' will be selected.

2. बेल-आउट पुनर्भुगतान अवधि की गणना (Calculating the Bail-out Pay back Period)—पुनर्भुगतान अवधि-विधि की एक आलोचना यह की जाती है कि इस विधि में सम्पत्ति के निरस्तरण मूल्य (Salvage Value) को ध्यान में नहीं रखा जाता है। इस कमी को दूर करने के लिए बेल आउट पुनर्भुगतान अवधि की गणना की जा सकती है। यह विधि उन पूँजी निर्णयों में अधिक महत्त्वपूर्ण होती है जिनमें जोखिम की मात्रा अधिक होती है। इस विधि के अन्तर्गत सर्वप्रथम सम्पत्ति के जीवन काल के सभी वर्षों के लिए निरस्तरण मूल्य अथवा क्षतिहीन मूल्य ज्ञात किया जाता है। प्रत्येक वर्ष की आय अथवा बचत का संचयी रूप से योग कर लिया जाता है तथा प्रत्येक वर्ष के संचयी यौग को उस वर्ष के सम्पत्ति के निरस्तरण मूल्य से बढ़ा देते हैं। जिस अवधि में संचयी बचत और निस्तरण मूल्य की राशि विनियोग की लागत के बराबर हो जाती है उसे ही बेल-आउट पुनर्भुगतान अवधि कहते हैं।

Illustration 6 :

The following information relates to project 'X' :

Cost	Rs. 60,000
Economic Life	10 yrs
Annual net cash inflows	Rs. 10,000

Salvage value at the end of 1st yr. is Rs. 40,000. Annual decrease in the cost of investment from the second year and onwards Rs. 5,000.

Find out Bail out Pay-back Period.

Solution :

Computation of Bail-out Pay-back Period

Initial Investment Rs. 60,000

Year	Annual Cash Inflows	Cumulative Cash Inflow	Salvage Value	Cumulative Total (Col. 3 + 4)
1	2	3	4	5
I	10,000	10,000	40,000	50,000
II	10,000	20,000	35,000	55,000
III	10,000	30,000	30,000	60,000

It is clear from the above table that the Bail-out Pay-back Period is 3 years.

3. पुनर्भुगतान अवधि व्युत्क्रमों की गणना (Calculating Pay-back Reciprocals)—पुनर्भुगतान अवधि विधि के अन्तर्गत न तो समय कारक पर ध्यान दिया जाता है और न ही विनियोग पर प्रत्याय दर (Rate of Return) की गणना की जाती है। इन दोनों कमियों के पुनर्भुगतान अवधि व्युत्क्रमों की गणना करके दूर किया जा सकता है। व्युत्क्रमों को प्रतिशत में बदल देने पर यह विनियोग पर समय समायोजित प्रत्याय दर को व्यक्त करता है। पे-बैक-व्युत्क्रम को निम्न सूत्र से ज्ञात किया जाता है :

$$\text{Pay-back Reciprocal} = \frac{1}{\text{Pay back Period}}$$

यदि किसी विनियोग की पुनर्भुगतान अवधि 4 वर्ष है तो उसका व्युत्क्रम $^1/_4$ होगा तथा इसे प्रतिशत में बदल दिया जाये तो यह 25% होगा। विनियोग प्रस्तावों के मूल्यांकन के लिए इस विधि का प्रयोग तभी करना चाहिए जब सम्पत्ति के सम्पूर्ण जीवनकाल में वार्षिक बचत एक समान हो तथा परियोजना का आर्थिक जीवनकाल पुनर्भुगतान अवधि का दुगना हो।

वित्तीय विवरण विधि या औसत प्रत्याय विधि
(Financial Statement Method or Average Rate of Return Method)

इस विधि के अनेक नाम हैं। इसे लेखांकन विधि (According Method) या विनियोग पर प्रत्याय (Return on Investment-R.O.I.) या औसत प्रत्याय दर (Average Rate of Return) या असमायोजित प्रत्यय दर विधि (Unadjusted Rate of Return) भी कहते हैं। इस विधि में किसी परियोजना में किये गये विनियोग पर प्रत्याय की दर ज्ञात की जाती है। इस विधि में समय समायोजन नहीं किया जाता है। इस विधि के अनुसार जब विभिन्न परियोजनाओं का मूल्यांकन करके उनमें से किसी एक को चुनना होता है तब सभी परियोजनाओं की प्रत्याय दर ज्ञात की जाती है। इसके विपरीत जब किसी एक ही परियोजना की लेखांकन प्रत्याय दर ज्ञात करना हो तथा उसे स्वीकार अथवा अस्वीकार करना हो तब परियोजना की प्रत्याय दर प्रबन्ध द्वारा स्वीकार्य न्यूनतम दर के बराबर अथवा उससे अधिक होनी चाहिए। इस विधि के अनुसार दीर्घकालीन परियोजनाओं का मूल्यांकन किया जाता है।

(i) प्रारम्भिक विनियोग पर प्रत्याय दर (Accounting Rate of Return on Initial Investment)—प्रारम्भिक विनियोग पर प्रत्याय की दर विनियोग एवं विनियोग पर अनुमानित औसत शुद्ध वार्षिक आय का अनुपात होती है। इसकी गणना निम्न सूत्र द्वारा की जा सकती है :

$$\text{Accounting Rate of Return} = \frac{\text{Estimated average net annual income after depreciation \& tax}}{\text{Initial Investment}} \times 100$$

इस विधि में अनुमानित औसत शुद्ध वार्षिक आय की गणना करनी होती है। यह आय रोकड़ प्रवाह पर आधारित न होकर लेखांकन सिद्धान्त पर आधारित होती है। यह शुद्ध आय कर के बाद की होती है तथा यह औसत शुद्ध वार्षिक आय ली जाती है। अतः परियोजना के जीवनकाल में प्राप्त कर बाद की समस्त शुद्ध आय में परियोजना के जीवन काल का भाग देकर औसत वार्षिक शुद्ध आय ज्ञात कर ली जाती है। यदि परियोजना के शुद्ध वार्षिक रोकड़ प्रवाह (Net annual cash flow) दिया हुआ हो तो उसमें से वार्षिक ह्रास घटा कर औसत वार्षिक शुद्ध आय ज्ञात कर ली जाती है।

(ii) औसत विनियोग पर प्रत्याय दर (Accounting Rate of Return on Average Investment)—यह विधि प्रथम विधि से थोड़ी सी भिन्न है। इसके अन्तर्गत भी ऊपर वाली विधि से औसत शुद्ध आय की गणना की जाती है। इस औसत शुद्ध आय का अनुपात प्रारम्भिक विनियोग से न निकाल कर औसत विनियोग से निकाला जाता है। प्रारम्भिक विनियोग में निरस्तरण मूल्य को जोड़कर उनमें दो का भाग देकर औसत विनियोग ज्ञात किया जाता है।

सूत्र रूप में इसे निम्न प्रकार व्यक्त कर सकते हैं :

$$\text{ARR} = \frac{\text{Average Annual Income after Tax \& Depreciation}}{\text{Average Investment}} \times 100$$

$$\text{Or ARR} = \frac{\text{Average Annual Cash Inflow} - \text{Annual Depreciation}}{\text{Average Investment}} \times 100$$

$$\text{Annual Depreciation} = \frac{\text{Initial Investment} - \text{Scrap Value}}{\text{Life of the Project}}$$

$$\text{ARR} = \text{Average Annual Cash Inflow} = \frac{\left(\dfrac{\text{Initial Investment} - \text{Scrap Value}}{\text{Life of the Project}}\right)}{\dfrac{1}{2}(\text{Initial Investment} + \text{Scrap Value})}$$

Illustration 7 :

A Project costs Rs. 60,000 and has a scrap value of Rs. 12,000. Its stream of income before depreciation and taxes during first five years is Rs. 12,000, Rs. 14,400; Rs. 16,800; Rs. 19,200 and Rs. 24,000. Assuming tax rate at 50% and depreciation on straight line basis, calculate the average rate of return for the project.

Solution :

Calculation of Average Income after Dep. and Tax

Year	1	2	3	4	5	Total	Average
	Rs.	Rs.	Rs.	Rs.	Rs.	Rs.	Rs.
Income before depreciation & tax	12,000	14,400	16,800	19,200	24,000	86,400	17,280
Less : Depreciation	9,600	9,600	9,600	9,600	9,600	48,000	9,600
Net Income before tax	2,400	4,800	7,200	9,600	14,400	38,600	7,680
Less : Tax @ 50%	1,200	2,400	3,600	4,800	7,200	19,200	3,840
Net Income after tax	1,200	2,400	3,600	4,800	7,200	19,200	3,840

ARR on Average Investment :

$$\text{ARR} = \frac{\text{Average Annual Income after Tax and Dep.}}{\text{Average Investment}} \times 100$$

$$= \frac{3,800}{36,000} \times 100 = 10.67\%$$

$$\text{Average Investment} = \frac{\text{Initial Investment} + \text{Scrap Value}}{2}$$

$$= \frac{60,000 + 12,000}{2}$$

$= 36,000$

ARR on Initial Investment :

$$\text{ARR} = \frac{\text{Average Annual Income after Tax and Dep.}}{\text{Initial Investment}} \times 100$$

$$= \frac{3,840}{60,000} \times 100 = 6.40\%$$

Illustration 8 :

For each of the following, compute average return on investment :

(a)	Initial Outlay	Rs. 10,000
	Annual cash flow (after tax but before depreciation)	Rs. 1,750
	Estimated life	10 yrs.
	Salvage	None
(b)	Initial Outlay	Rs. 10,000
	Annual cash flow (after tax but before depreciation) :	
	First Five Years	Rs. 2,000
	Second Five Years	Rs. 1,500
	Salvage	None
(c)	Initial Outlay	Rs. 10,000
	Annual cash flow (after tax but depreciation)	Rs. 1750
	Estimated life	10 yrs.
	Salvage	Rs. 4,000

Solution :

(i) Average Rate of Return on Initial Investment :

(a) Rate of Return $= \frac{\text{Annual Cash Flow} - \text{Annual Dep.}}{\text{Initial Investment}} \times 100$

$$= \frac{1,750 - 1,000}{10,000} \times 100 = 7.5\%$$

(b) Rate of Return $= \dfrac{\dfrac{2,000 \times 5 + 1,500 \times 5}{10} - 1,000}{10,000} \times 100$

$= \dfrac{1,750 - 1,000}{10,000} \times 100 = 7.5\%$

(c) Rate of Return

$$= \frac{\text{Annual cash flow} - \left(\dfrac{\text{Initial Investment} - \text{Salvage Value}}{\text{Life of the Project}}\right)}{\text{Initial Investment}} \times 100$$

$$= \frac{1,750 - \left(\dfrac{10,000 - 4,000}{10}\right)}{10,000} \times 100$$

$$= \frac{1,750 - 600}{10,000} \times 100 = 11.5\%$$

(ii) Average Rate of Return on Average Investment :

(a) Rate of Return $= \dfrac{\text{Annual Cash Inflow} - \text{Depreciation}}{\text{Average Investment}} \times 100$

$= \dfrac{1,750 - 1,000}{10,000/2} \times 100 = 15\%$

(b) Rate of Return $= \dfrac{\dfrac{2,000 \times 5 + 1,500 \times 5}{10}}{10,000/2} - 1,000 \times 100$

$= \dfrac{1,750 - 1,000}{5,000} \times 100 = 15\%$

(c) Rate of Return $= \dfrac{1,750 - \left(\dfrac{10,000 - 4,000}{10}\right)}{10,000 + 4,000/2} \times 100$

$= \dfrac{1,750 - 600}{7,000} \times 100 = 16.43\%$

Illustration 9 :

Rank the Investment proposals in order of their profitability according to (a) Pay-back Method, and (b) Rate of Return Method :

Project	Initial Outlay Rs.	Annual Net Cash flow Rs.	Life in Years
A	25,000	3,000	10
B	3,000	1,000	5
C	12,000	2,000	8
D	20,000	4,000	10
E	40,000	8,000	12

Solution : (i) Ranking according to Pay-back Method

Projects	Initial outlay Rs.	Annual Cash Flow Rs.	Pay-back Period in Years	Rank
A	25,000	3,000	8	V
B	3,000	1,000	3	I
C	12,000	2,000	6	IV
D	20,000	4,000	5	II
E	40,000	8,000	5	II

(ii) Ranking according to the Rate of Return Method

	Projects				
	A	B	C	D	E
Initial Investment	25,000	3,000	12,000	20,000	40,000
Average Investment	12,500	1,500	6,000	10,000	20,000
Life in years	10	5	8	10	12
Annual Cash Flow	3,000	1,000	2,000	4,000	8,000
Annual Depreciation	2,500	600	1,500	2,000	3,333
Annual Net Income	500	400	500	2,000	4,667
Average Rate of Return	4%	26.67%	8.33%	20%	23.33%
Rank	V	I	IV	III	II

$$\text{Average Investment} = \frac{\text{Initial Investment} + \text{Scrap Value}}{2}$$

$$\text{Average Rate of Return} = \frac{\text{Average Income after Dep. and Tax}}{\text{Average Investment}} \times 100$$

$$\text{Annual Depreciation} = \frac{\text{Initial Investment} - \text{Salving Value}}{\text{Life in years}}$$

औसत प्रत्याय विधि के गुण (Merits of Average Rate of Return Method)

1. सरल (Simple)—यह विधि अत्यन्त सरल है।

2. परियोजना के सम्पूर्ण जीवनकाल पर विचार (Considers whole life of the proejct)—इस विधि में परियोजना के सम्पूर्ण जीवन काल में प्राप्त होने वाली आय पर ध्यान दिया जाता है।

3. लाभदायकता की जाँच (Test of profitability)—इसमें परियोजनाओं की लाभदायकता की जाँच की जाती है। अत: विभिन्न परियोजनाओं की तुलना करके अधिक लाभदायक परियोजनाओं को चुना जा सकता है।

4. ह्रास के बाद शुद्ध आय पर विचार (Considers net income after depreciation)—इस विधि में शुद्ध आय की गणना करने के लिए ह्रास की राशि घटा दी जाती है जो कि सैद्धान्तिक दृष्टि से उचित है।

5. दीर्घकालीन परियोजना के विश्लेषण में उपयोगी (More useful for analysis of long term projects)—यह विधि दीर्घकालीन परियोजनाओं के विश्लेषण में उपयोगी रहती है, क्योंकि इस विधि में परियोजनाओं की सम्पूर्ण जीवन अवधि पर ध्यान दिया जाता है।

6. धन का सर्वोत्तम विनियोग (Best use of wealth)—इस विधि को अपना कर एक व्यवसायी अपने धन का सबसे अधिक लाभदायक क्षेत्र में विनियोग कर सकता है।

औसत प्रत्याय विधि के दोष (Demerits of Average Rate of Return Method)

1. मुद्रा के समय मूल्य पर विचार नहीं (Does not consider time value of money)—यह विधि मुद्रा के समय मूल्य पर विचार नहीं करती है। विभिन्न परियोजनाओं के तुलनात्मक अध्ययन के लिए यह आवश्यक है कि इन परियोजनाओं में भविष्य में विभिन्न समयों पर प्राप्त आय का वर्तमान मूल्य निकालना चाहिए।

2. व्यावसायिक लाभों पर पड़ने वाले सूक्ष्म प्रभावों की जाँच सम्भव नहीं (Profits affected by micro factors are not tested)—इस विधि द्वारा व्यवसाय के कुल लाभों पर पड़ने वाले सूक्ष्म प्रभावों को नहीं मापा जा सकता है। यह विधि व्यवसाय के लाभों को औसत रूप में देखती है।

3. विनियोग की उचित दर का निर्धारण सम्भव नहीं (It is difficult to determine the fair rate on investment)—इस विधि में यह बताना कठिन होता है कि विनियोग पर जो प्रत्याय प्राप्त हो रही है वह उचित है अथवा नहीं। प्राय: उच्च प्रबन्ध द्वारा विनियोग पर न्यूनतम प्रत्याय दर निर्धारित कर दी जाती है। इस दर से कम वाली परियोजनाओं पर विचार नहीं किया जाता है।

4. विनियोग व आय की धारणा अस्पष्ट (Concepts of Investment and income are vages)—इस विधि में प्रयुक्त सूत्रों में आय एवं विनियोग शब्दों का प्रयोग किया जाता है जिसके अनेक अर्थ होते हैं। अत: इस विधि में निश्चितता का गुण नहीं है।

Illustration : 10 :

ABC Ltd. is considering investment in a project that costs Rs. 5,00,000. The estimated salvage value in zero; tax rate is 40%. The company uses straight line depreciation method and the proposed project has cash flows before tax (CFBT) as follows :

Year	CFBT Rs.
1	1,00,000
2	1,00,000
3	1,50,000
4	1,50,000
5	2,50,000

Determine : *(i)* Payback period, and *(ii)* Average rate of return.

Solution :

(i) Calculation of Payback Period :

पुनर्भुगतान अवधि की गणना करने के लिए सर्वप्रथम प्रत्येक वर्ष के कर पश्चात् शुद्ध रोकड़ अन्तर्वाह ज्ञात करना होता है किन्तु यहाँ यह रोकड़ प्रवाह कर पूर्व का

है। इसकी गणना को अग्र पृष्ठ पर तालिका में देखा जा सकता है–

शुद्ध वर्तमान मूल्य पद्धति

(Net Present Value Method)

समय समायोजित प्रत्याय दर आधारित पूँजी व्ययों के विश्लेषण के लिए प्रयोग की जाने वाली विधियों में शुद्ध वर्तमान मूल्य पद्धति अत्यन्त महत्त्वपूर्ण है। इसे Excess Present Value Method अथवा Net Gain Method भी कहते हैं। इस पद्धति का प्रयोग उस समय सरलतापूर्वक किया जाता है जब प्रबन्ध द्वारा विनियोगों पर न्यूनतम स्वीकार्य प्रत्याय दर निर्धारित कर दी जाती है। इस विधि में विनियोग पर प्राप्त रोकड़ अन्तर्वाहों का प्रबन्ध द्वारा निर्धारित अपेक्षित प्रत्याय दर (Required Earning Rate) से बट्टा करके वर्तमान मूल्य ज्ञात किया जाता है। इस वर्तमान मूल्य की विनियोग लागत से तुलना की जाती है। यदि इस तुलना में विनियोग से प्राप्त अन्तर्वाहों का वर्तमान मूल्य विनियोग की लागत के बराबर अथवा उससे अधिक होता है तो विनियोग प्रस्ताव अथवा परियोजना को स्वीकार कर लिया जाता है अन्यथा अस्वीकार कर दिया जाता है। रोकड़ अन्तर्वाहों का वर्तमान मूल्य विनियोग या परियोजना की लागत से जितना अधिक होता है, वह विनियोग उतना ही अधिक आकर्षक माना जायेगा। प्रबन्ध के सामने एक से अधिक परियोजनाओं में से किसी एक परियोजना को चुनने का प्रश्न होता है, तब उस परियोजना को चुना जाता है जिसका शुद्ध वर्तमान मूल्य (Net Present Value) अधिकतम हो।

शुद्ध वर्तमान मूल्य की गणना—किसी भी परियोजना के शुद्ध वर्तमान मूल्य को बड़ी सरलता से ज्ञात किया जा सकता है। इसके लिए सर्वप्रथम परियोजना से प्राप्त रोकड़ अन्तर्वाहों का प्रबन्ध द्वारा निर्धारित दर से बट्टा करके वर्तमान मूल्य ज्ञात किया जाता है। वर्तमान मूल्य में से परियोजना अथवा विनियोग की लागत घटा दी जाती है तथा जो परिणाम आता है वही शुद्ध वर्तमान मूल्य, आधिक्य वर्तमान मूल्य या शुद्ध प्राप्ति कहलाता है।

सूत्र रूप में इसे निम्न प्रकार व्यक्त किया जा सकता है :

$$NPV = PV - C$$

where NPV = Net Present Value

PV = Present Value of Cash Inflows

C = Initial Investment

If the rate of discount is 10 per cent, find the present value of Rs. 1.00 received at the end of first, second and third year respectively.

Solution :

Present Value of Rs. 1.00 at the end of First Year :

$$\frac{C_1}{(1+r)} = \frac{1}{\left(1+\frac{10}{100}\right)^1} = \frac{1}{1.10} = 0.909$$

Present Value of Rs. 1.00 at the end of Second Year :

$$\frac{C_2}{(1+r)^2} = \frac{1}{\left(1+\frac{10}{100}\right)^2} = \frac{1}{(1.10)^2} = \frac{1}{1.21} = 0.826$$

Present Value of Rs. 1.00 at the end of Third year :

$$\frac{C_3}{(1+r)^3} = \frac{1}{\left(1+\frac{10}{100}\right)^3} = \frac{1}{(1.10)^3} = \frac{1}{1.331} = 0.751$$

Illustration 11 :

The management of Rakesh Ltd. wants to invest Rs. 10,000 in a project which will give earnings for five years. The earnings after tax but before depreciation will be Rs. 2,000 in the first year, Rs. 4,000 in the second year, Rs. 4,000 in the third year, Rs. 2,000 in the fourth year and Rs. 1,000 in the fifth year.

Please suggest management whether this project is worthwhile to be taken, if management has suggested 10% discount rate for the computation of present value.

The present value of Rs. 1 for five year at 10% discount rate is 0.909, 0.826, 0.751, 0.683 and 0.621 respectively.

Solution :

Year	Cash Inflow	Present Value of Re. 1 at 10% Discounting	Total Present Value at 10% Discounting
1	2,000	0.909	1,818
2	4,000	0.826	3,304
3	4,000	0.751	3,004
4	2,000	0.683	1,366
5	1,000	0.621	621
		Total	10,113

NPV = Present Value of Cash Inflows – Initial Investment

= Rs. 10, 113 – Rs. 10,000 = Rs. 113

Project should be accepted because it has a positive net present value.

Illustration 12 :

From the following information calculate the net present value of the project and suggest whether we should go in for the project or not assuming a discount rate of 12%.

Project Cost	**Rs. 25 Lakhs**
Estimated Life	**10 years**
Scrap Value	**2.5 lakhs**
Annual Profit (after tax and depreciation)	**2.5 lakhs**

At 12% p.a. the present value of one rupee received annually for 10 years is Rs. 5.65 and the value of one rupee received at the end of 10th year is Re. 0.322.

Solution :

Calculation of Annual Cash Inflows :

	Rs.
Annual Profits after Depreciation and Tax	**2,50,000**

Add : Annual Depreciation $\left(\frac{25 \text{ lakh} - 2.5 \text{ lakh}}{10 \text{ years}}\right)$	2,25,000
Annual Cash Inflows	4,75,000

Present value of annual cash inflow of Rs. 4.75 Lakh for 10 years at the present value factor 5.65

$(4,75,000 \times 5.65) = 26,83,750$

Present vlaue of the scrap value of Rs. 2.5 Lakhs at the end of 10th year at the Present value factor of 0.322

$= 2,50,000 \times 0.322$ 80,500

Total Present Value of cash inflows in the life of the project 27,64,250

$$\textbf{Net Present Value} = \frac{\text{Present value of}}{\text{Future Cash Infow}} - \frac{\text{Total Cash}}{\text{Outflow}}$$

$$= 27,64,250 - 25,00,000 = \text{Rs. } 2,64,250$$

Project should be accepted because it has positive net present value.

Illustration 13 :

From the following information, calculate the net present value of the two projects and suggest which of the two projects should be accepted assuming a discount rate of 10%.

	Project A Rs.	Project B Rs.
Initial Investment	30,000	40,000
Estimated Life	5 years	5 years
Scrap Value	2,000	3,000

The profit before Depreciation and after taxes (Cash-Flows) are as follow :

Years	1	2	3	4	5
Project A	7,000	12,000	12,000	5,000	4,000
Projec B	22,000	12,000	7,000	5,000	4,000

Solution :

Calculation of Net Present Value

Year	Cash Inflows		P.V.	Present Value	
Outlay	Project A Rs. 30,000	Project B Rs. 40,000	Factor at 10%	Project A Rs. 30,000	Project B Rs. 40,000
	Rs.	Rs.		Rs.	Rs.
1	7,000	22,000	.909	6,363	19,998
2	12,000	12,000	.826	9,912	9,912
3	12,000	7,000	.751	9,012	5,257
4	5,000	5,000	.683	3,415	3,415
5	4,000	4,000	.621	2,484	2,484
5 (Scrap)	2,000	3,000	.621	1,242	1,862
Total Present Value				32,428	42,929

Not Present Value = Present Value – Cost of Investment

Project A = Rs. 32,428 – Rs. 30,000 = Rs. 2,428

Project B = Rs. 42,929 – Rs. 40,000 = Rs. 2,929

सुझाव : इस विधि के अनुसार परियोजना B को प्राथमिकता दी जायेगी, क्योंकि परियोजना B का शुद्ध वर्तमान मूल्य (Net Present Value) परियोजना A से अधिक है।

लाभदायकता निर्देशांक अथवा लाभ-लागत अनुपात

(Profitability Index or Benefit-Cost Ratio)

शुद्ध वर्तमान मूल्य पद्धति का एक सबसे बड़ा दोष यह है कि इस विधि द्वारा उन परियोजनाओं का मूल्यांकन नहीं किया जा सकता है जिनकी प्रारम्भिक लागतों में बहुत अधिक अन्तर हो। इसके लिए लाभदायकता निर्देशांक अथवा लाभ-लागत

अनुपात विधि का प्रयोग किया जाता है। यह विधि शुद्ध वर्तमान मूल्य विधि के समान है। लाभदायकता निर्देशांक विधि में परियोजना से प्राप्त प्रत्ययों का प्रति रुपया वर्तमान मूल्य मापा जाता है। इसका मापन निम्न गणितीय सूत्र द्वारा किया जा सकता है–

$$PI = \frac{\text{Present Value of Cash Inflows}}{\text{Present Value of Cash Outflows}}$$

इस सूत्र द्वारा परिणाम एक अथवा एक से अधिक आता है तो परियोजना को स्वीकार किया जा सकता है अन्यथा परियोजना को अस्वीकार कर दिया जाता है।

Illustration 14 :

उदाहरण 13 के समंकों का प्रयोग करते हुए 'A' परियोजना तथा 'B' परियोजनाओं के लाभदायकता निर्देशांके की गणना कीजिये–

While using the figures of Illustration 13, compute Profitability Index of Project 'A' and Project 'B'.

Solution :

$$\text{PI of Project 'A'} = \frac{32,428}{30,000} = 1.081$$

$$\text{PI of Project 'B'} = \frac{42,928}{40,000} = 1.073$$

टिप्पणी–लाभदायकता निर्देशांक विधि के अनुसार परियोजना 'A' का चुनाव किया जाना चाहिए।

इस विधि को लाभ-लागत अनुपात विधि भी कहते हैं क्योंकि उपर्युक्त सूत्र में 'अंश' परियोजना से प्राप्त लाभों को तथा 'हर' परियोजना की लागत को व्यक्त करता है।

प्रत्याय की आन्तरिक दर विधि

(Internal Rate of Return Method)

समय समायोजित प्रत्याय दर विधि पर आधारित तृतीय विधि प्रत्याय की आन्तरिक दर विधि है। वर्तमान मूल्य विधि अथवा शुद्ध वर्तमान मूल्य विधि में अपेक्षित प्रत्याय दर का पहले से ज्ञान होता है। अतः भावी अर्जित राशियों का वर्तमान मूल्य सरलतापूर्वक निकाला जा सकता है। अब यदि हम यह मान लें कि हमें अपेक्षित प्रत्याय दर ज्ञात नहीं है तो ऐसी स्थिति में भविष्य में प्राप्त होने वाली राशियों के वर्तमान मूल्य को

प्रारम्भिक विनियोग के बराबर करना होगा। इसके लिए जिस दर का प्रयोग किया जाता है उसे रोकड़ प्रवाहों के अपलेखन की बट्टा दर (Discounting Cash Flow Rate), प्रत्याय की आन्तरिक दर (Internal Rate of Return), समय समायोजित दर (Time Adjusted Rate), उपार्जित दर (Yield rate), पूँजी की सीमान्त उत्पादकता (Marginal Efficiency of Capital), विनियोक्ता विधि (Investor's Method); परियोजना प्रत्याय दर (Project Return Rate) आदि अनेक नामों से जाना जाता है। **प्रत्याय की आन्तरिक वह दर होती है जिससे किसी परियोजना के वार्षिक रोकड़ अन्तर्वाहों का वर्तमान मूल्य उस परियोजना के वर्तमान विनियोग मूल्य अथवा परियोजना की वर्तमान लागत के बराबर हो जाता है।**

इस विधि में प्रबन्धकों को सर्वप्रथम परियोजना में विनियोजित होने वाली राशि तथा उस परियोजना से प्राप्त होने वाले रोकड़ अन्तर्वाहों का अनुमान लगाना होता है। तत्पश्चात् परियोजना से प्राप्त रोकड़ अन्तर्वाहों का किसी दर से वर्तमान मूल्य परियोजना की विनियोजित राशि के बराबर किया जाता है। यदि वह दर इच्छित दर (required rate) या बधा दर (hurdle rate) या कट-ऑफ रेट (cut-off rate) से अधिक होती है तो परियोजना को स्वीकार कर लिया जाता है अन्यथा अस्वीकार कर दिया जाता है।

यदि बहुत-सी परियोजनाओं का मूल्यांकन करना हो तो अधिकतम आन्तरिक प्रत्याय दर वाली परियोजनाओं को प्रथम स्थान पर, उससे कम दर वाली को दूसरे स्थान पर तथा इसी क्रम में सबसे कम आन्तरिक प्रत्याय दर वाली परियोजना को सबसे नीचे अन्तिम स्थान पर रखा जायेगा। परियोजना को ऊपर से नीचे की ओर उस समय तक स्वीकार किया जायेगा जब तक पूँजी का अवरोध (Capital constraint) नहीं है।

प्रत्याय की आन्तरिक दर की गणना (Computation of IRR) :

प्रत्याय की आन्तरिक दर ज्ञात करने हेतु निम्न दो परिस्थितियाँ हो सकती हैं :

(अ) प्रति वर्ष रोकड़ अन्तर्वाह की राशि समान होने पर।

(ब) प्रति वर्ष रोकड़ अन्तर्वाह की राशि असमान होने पर।

(अ) प्रति वर्ष रोकड़ अन्तर्वाह की राशि समान होने पर—ऐसी स्थिति में प्रारम्भिक विनियोग की राशि में रोकड़ अन्तर्वाह की राशि का भाग दे दिया जाता

है तथा प्राप्त भागफल की राशि को वार्षिक सारणी (Resent Value of Re. 1 Received Annually for N years) में दिये गये वर्ष के सामने देखा जाता है। यह भागफल राशि जिस दर के अन्तर्गत आती है वही आन्तरिक प्रत्याय की दर होती है।

Illustration 15 :

Initial Investment Rs. 10,000

Annual Cash Inflows :

First year	Rs. 2,637.83
Second year	Rs. 2,637.83
Third year	Rs. 2,637.83
Fourth year	Rs. 2,637.83
Fifth year	Rs. 2,637.83

वार्षिक सारणी विधि का प्रयोग करते हुए आन्तरिक प्रत्याय दर ज्ञात कीजिये।

Determine the internal rate of return using annuity method.

Solution :

यहाँ रोकड़ अन्तर्वाह समान है, अतः सर्वप्रथम प्रारम्भिक विनियोग में रोकड़ अन्तर्वाह का भाग देंगे। अतः

$$\frac{\text{Rs.}10,000}{\text{Rs.}2,637.83} = 3.791$$

अब वार्षिकी सारणी में 5 वर्ष के सामने 3.791 को खोजने पर यह 10% के खाने के नीचे ज्ञात होता है। अतः आन्तरिक प्रत्याय दर 10% है।

(ब) रोकड़ अन्तर्वाह असमान होने पर—असमान रोकड़ अन्तर्वाहों का औसत ज्ञात कर लिया जाता है तथा इस औसत के आधार पर अनुमानित आन्तरिक प्रत्याय की दर पूर्व वर्णित विधि से ज्ञात कर लेते हैं। तत्पश्चात् अनुमानित आन्तरिक प्रत्याय दर के आसपास की किन्हीं दो दरों से रोकड़ अन्तर्वाहों का वर्तमान मूल्य ज्ञात कर वास्तविक दर की गणना हेतु निम्नसूत्र का प्रयोग करते हैं :

$$IRR = A + \frac{PVA - C}{PVA - PVB}(B - A)$$

Where

A = Lower trial rate

B	=	Higher trial rate
C	=	Initial investment or original investment
PVA	=	Present value of cash inflow with lower trial rate
PVB	=	Present value of cash inflows with higher trial rate.

Illustration 16 :

Initial Investment Rs. 10,000

Cash Inflows :

First year	Rs. 5,000
Second year	Rs. 5,000
Third year	Rs. 2,000

वार्षिक सारणी विधि का प्रयोग करते हुए आन्तरिक प्रत्याय ज्ञात कीजिए।

Determine the Internal Rate of Return using annuity method.

Solution :

Average Cash Inflow = (5,000 + 5,000 + 2,000) ÷ 3 = Rs. 4,000 Divide the Initial Investment by the Average Cash Inflow :

$$\text{Rs.}\frac{10,000}{4,000} = 2.5$$

तीन वर्ष के सामने 2.5 करीब 10% के नीचे आता है, अत: हम वास्तविक दर की गणना हेतु 10% एवं 12% से रोकड़ अन्तर्वाहों को बट्टा करेंगे जो निम्न प्रकार होगा :

10% Rate of Return

Year	Rs.	
1	5,000 × 9.909	= Rs. 4,545
2	5,000 × 0.826	= Rs. 4,130
3	2,000 × 0.751	= Rs. 1,503
	Total	= Rs. 10,177

12% rate of Return

Year	Rs.	
1	5,000 × 9.893	= Rs. 4,465
2	5,000 × 0.797	= Rs. 3,985
3	2,000 × 0.712	= Rs. 1,424
	Total	= Rs. 9,874

अब वास्तविक दर की गणना हेतु निम्न सूत्र का उपयोग करेंगे :

$$IRR = A + \frac{PVA - C}{PVA - PVB}(B - A)$$

$$= 10 + \frac{10,177 - 10,000}{10,177 - 9,874}(12 - 10)$$

$$= 10 + \frac{177}{303} \times 2 = 10 + 1.1 = 11.17\%$$

अत: आन्तरिक प्रत्यय दर 11.17% है।

Illustration 17:

A company has to select one of two alternative projects whose particulars are given below .

		Project A Rs.	Project B Rs.
Initial Outlay		1,18,720	1,00,760
Net Cash Flow			
end of the year	1	1,00,000	10,000
	2	20,000	10,000
	3	10,000	20,000
	4	10,000	1,00,000

The company can arrange necessary fund at 8%. Compute NPV and IRR of each project and comment on the result.

The PV factor of Re 1 received at the end of each year at different rate is given on next page.

Year	8%	10%	12%	14%
1	0.926	0.909	0.893	0.877
2	0.857	0.826	0.797	0.770
3	0.794	0.751	0.712	0.675
4	0.735	0.683	0.636	0.592

Solution :

(a) NPV :

Project A

Statement showing the calculation of present values of cash inflows

Year	Cash inflow	PV Inflow 8% Rs.	PV of Cash inflow Rs.
1	1,00,000	0.926	92,600
2	20,000	0.857	17,140
3	10,000	0.794	7,940
4	10,000	0.735	7,350
Total Pv of Cash inflow			1,25,030
Less : Original Investment			1,18,720
NPV			+ 6,310

Project A

IRR : Since NPV At 8% is + 6,310 try with 14% discount rate

Year	Cash Inflow	PV at 8%	Cash Inflow at 8% Rs.	PV at 14%	Cash Inflow at 14% Rs.
1	1,00,000	0.926	92,600	0.877	87,700
2	20,000	0.857	17,140	0.770	15,400
3	10,000	0.794	7,940	0.675	6,750
4	10,000	0.735	7,350	0.592	5,920
Total Pv of Cash inflow			1,25,030		1,15,700
Less : Original Investment			1,18,720		1,18,720
NPV			+ 6,310		(–) 2,950

$$IRR = A + \frac{PVA - C}{PVA - PVB}(B - A)$$

$$= 8 + \frac{1,25,030 - 1,18,720}{1,25,030 - 1,15,770} \times (14 - 8)$$

$$= 8 + \frac{+6310}{+9260} \times (6) = 8 + 0.68\,(6)$$

$$= 8 + 4.08 = 12.08\%$$

भूल एवं सुधार विधि का प्रयोग IRR ज्ञात करने के लिए किया गया है तथा हमने 8% तथा 14% दरों का प्रयोग किया है।

(a) **NPV**

Project B

Statement Showing the Calculation of Present Values

Year	Cash inflow Rs.	PV Inflow 8%	PV of Cash inflow Rs.

1	10,000	0.926	9,260
2	10,000	0.857	8,750
3	20,000	0.794	15,880
4	1,00,000	0.735	73,500
Total Pv of Cash inflow			1,07,210
Less : Original Investment			1,00,670
NPV			+ 6,540

Since NPV. at 8% is + 6,540 try with 14% discount factor

Project B

IRR :

Year	Cash Inflow	PV fact at 8%	PV Cash Inflow at 8% Rs.	PV fact at 14%	PV Cash Inflow at 14% Rs.
1	10,000	0.926	9,260	0.877	87,700
2	10,000	0.857	8,570	0.770	7,700
3	20,000	0.794	15,880	0.675	13,500
4	1,00,000	0.735	73,500	0.592	59,200
Total Pv of Cash inflow			1,07,210		89,170
Less : Original Investment			1,00,670		1,00,670
NPV			+ 6,540		(–) 11,500

$$IRR = A + \frac{PVA - C}{PVA - PVB}(B - A)$$

$$= 8 + \frac{1,07,210 - 1,00,670}{1,07,210 - 89,170}(14 - 8)$$

$$= 8 + \frac{6540}{18,040} \times 6 = 8 + 2.175 = 10.175$$

भूल सुधार विधि का प्रयोग करके IRR ज्ञात की है तथा इसके लिए 8% तथा 14% दर का प्रयोग किया है।

निष्कर्ष :

	Project A	Project B
NPV	+ 6,310	+ 6,540
IRR	12.08%	10.175%

NPV विधि से परियोजना B का चुनाव तथा IRR विधि के अनुसार परियोजना A का चुनाव किया जाय।

शुद्ध वर्तमान मूल्य विधि तथा आन्तरिक प्रत्याय दर विधि का तुलनात्मक अध्ययन

(Comparative Study of Net Present Value Method and Internal Rate of Return Method)

पूँजी विनियोगों अथवा परियोजनाओं के मूल्यांकन की ये दोनों विधियाँ ही समय समायोजन प्रत्याय दर के सिद्धान्त पर आधारित है। अत: ऐसा अनुभव होता है कि ये दोनों पद्धतियाँ एक ही हैं परन्तु वास्तव में ऐसा नहीं है। ये दोनों पद्धतियाँ विनियोग प्रस्तावों के मूल्यांकन के विभिन्न प्रश्नों का उत्तर देती हैं। दोनों पद्धतियों में सदैव समान परिणाम आना सम्भव नहीं है। इन दोनों विधियों में निम्न अन्तर हैं :

1. शुद्ध वर्तमान मूल्य विधि में परियोजना के रोकड़ अन्तर्वाहों का वर्तमान मूल्य ज्ञात करने के लिए प्रत्याय दर या बट्टा दर पहले से ज्ञात होती है, अत: उसी दर से रोकड़ अन्तर्वाहों को बट्टा करके वर्तमान मूल्य ज्ञात किया जाता है। इस वर्तमान मूल्य में से परियोजना की लागत घटाकर शुद्ध वर्तमान मूल्य ज्ञात कर लिया जाता है। इसके विपरीत प्रत्याय की आन्तरिक दर विधि में प्रत्याय दर ज्ञात नहीं होती हैं बल्कि एक ऐसी प्रत्याय दर ज्ञात की जाती है जिस पर परियोजना से प्राप्त रोकड़ अन्तर्वाहों का वर्तमान मूल्य परियोजना की लागत के बराबर हो जाता है।

2. शुद्ध वर्तमान मूल्य विधि में अपेक्षित प्रत्याय दर (Required rate of return) ज्ञात चल होता है जबकि प्रत्याय की आन्तरिक दर विधि में यह अज्ञात चल होता है।

3. प्रत्याय की आन्तरिक दर विधि से ज्ञात प्रत्याय की दर विनियोग के लिए प्राप्त किये गये कोषों पर देय ब्याज की अधिकतम दर निर्धारित करती है अर्थात् विनियोग के लिए प्राप्त कोषों की लागत (Cost of Capital) इस दर से अधिक नहीं होनी चाहिए। इसके विपरीत शुद्ध वर्तमान मूल्य विधि यह बताती है कि किस परियोजना में अधिकतम कितनी राशि विनियोजित की जाये जिससे परियोजना से प्राप्त आय इसमें लगी पूँजी पर बाजार दर पर ब्याज सहित भुगतान के लिए उपयुक्त हो।

समय समायोजित प्रत्याय दर विधियों के गुण
(Merits of Time Ajusted Rate of Return Methods)

समय समायोजित प्रत्याय दर विधियों के गुण इस प्रकार हैं–

1. इनमें विनियोग पर आय प्राप्ति की दृष्टि से विनियोग अथवा परियोजना के सम्पूर्ण जीवन काल पर विचार किया जाता है।

2. इनमें आय प्राप्ति के 'समय कारक' (Time factor) पर ध्यान दिया जाता है अर्थात् भविष्य में प्राप्त होने वाली आय का उपयुक्त दर से बट्टा करके वर्तमान मूल्य ज्ञात किया जाता है।

3. इनमें विनियोग में निहित जोखिम तथा अनिश्चितता पर ध्यान दिया जाता है तथा इन्हीं के अनुसार अपेक्षित प्रत्याय दर निर्धारित की जाती है।

4. इनकी सहायता से अनेक परियोजनाओं की तुलनात्मक लाभदायकता का मूल्यांकन किया जा सकता है।

5. शुद्ध वर्तमान मूल्य विधि, लाभदायकता निर्देशांक विधि तथा प्रत्याय की आन्तरिक दर विधि द्वारा ऐसी परियोजनाओं का भी सरलतापूर्वक मूल्यांकन किया जा सकता है जिसमें विनियोजित राशि भिन्न-भिन्न हो तथा भिन्न-भिन्न परियोजनाओं से विभिन्न वर्षों में असमान राशि प्राप्त होती हो।

समय-समायोजित प्रत्याय दर विधियों के दोष अथवा सीमाएँ
(Limitations or Demerits of Time Adjusted Rate of Return Methods)

इन विधियों की निम्न सीमाएँ होती हैं–

1. इन विधियों को व्यवहार में समझना तथा प्रयोग करना कठिन माना जाता है।

2. किसी परियोजना अथवा उसके सम्पूर्ण जीवनकाल में प्राप्त होने वाले रोकड़ अन्तर्वाहों का सही-सही मूल्यांकन करना कठिन होता है।

3. परियोजना की लागत की पूर्व की गणना कठिन होती है, अतः इनमें अशुद्धता का डर सदैव बना रहता है।

4. ये विधियाँ लेखांकन की अवधारणाओं के अनुरूप लागत एवं आगम समंकों का अभिलेखन नहीं करती हैं।

5. शुद्ध वर्तमान मूल्य विधि में परियोजना के रोकड़ अन्तर्वाहों का बट्टा अपेक्षित प्रत्याय दर के आधार पर किया जाता है परन्तु समुचित अपेक्षित प्रत्याय दर का निर्धारण स्वयं एक जटिल समस्या है।

$$\sigma = \sqrt{\frac{\sum fd^2}{n}} = \sqrt{\frac{64,00,000}{1}} = 2,529,82$$

Project Y **Mean 8,000**

1	7,000	–1,000	10,00,000	.2	2,00,000
2	8,000	0	0	.6	0
3	9,000	+ 1,000	10,00,000	.2	2,00,000
				1.0	4,00,000

$$\sigma = \sqrt{\frac{\sum fd^2}{n}} = \sqrt{\frac{4,00,000}{1}} = 632.46$$

10

व्यवसाय में प्रक्रियात्मक पूँजी

एक व्यावसायिक उपक्रम के सफल संचालन के लिए दो तरह की सम्पत्तियों की आवश्यकता होती है—**प्रथम** स्थायी सम्पत्तियाँ (Fixed Assets) जो भूमि, भवन, प्लाण्ट एण्ड मशीनरी, फर्नीचर एण्ड फिक्चर्स आदि के रूप में होती हैं जो व्यवसाय में विक्रय के उद्देश्य से क्रय नहीं की जाती हैं तथा **द्वितीय** चालू सम्पत्तियाँ (Current Assets) जो कच्चे माल, अर्द्ध-निर्मित माल, निर्मित माल, देनदार, प्राप्य विनिमय विपत्र तथा नगद अथवा बैंक शेष के रूप में होती हैं। ये सम्पत्तियाँ व्यवसाय में उत्पादन व विक्रय के लिए क्रय की जाती हैं अर्थात् कच्चा माल, अर्द्ध-निर्मित माल में तथा अर्द्ध-निर्मित माल निर्मित माल में तथा निर्मित माल विक्रय द्वारा देनदारों में व देनदार प्राप्य विनिमय पत्रों व रोकड़ में परिवर्तित होते रहते हैं।

जहाँ स्थायी सम्पत्तियाँ व्यवसाय या फर्म में उत्पादन क्षमता की स्थापना के लिए आवश्यक होती हैं वहीं चालू सम्पत्तियाँ स्थायी सम्पत्तियों के अधिक उपयोग तथा दिन-प्रतिदिन के कार्यों के चालन के लिए आवश्यक होती हैं। इन चालू सम्पत्तियों को ही कार्यशील पूँजी और इनका प्रबन्ध ही कार्यशील पूँजी का प्रबन्ध कहलाता है। कार्यशील पूँजी की अनेक अवधारणाएँ हैं जिन्हें हम यहाँ स्पष्ट करेंगे।

कार्यशील पूँजी की अवधारणा

(Concept of Working Capital)

हमने पिछले पृष्ठ पर स्पष्ट किया था कि एक व्यावसायिक फर्म की सफलता के लिए स्थायी सम्पत्तियों की व्यवस्था के साथ चालू सम्पत्तियों की भी आवश्यकता होती है तथा चालू सम्पत्तियों को ही कार्यशील पूँजी कहा जाता है। कार्यशील पूँजी की अनेक अवधारणाएँ हैं जिन्हें हम अधिक स्पष्ट कर सकते हैं। कार्यशील पूँजी की प्रमुख अवधारणाएँ निम्न हैं—

(1) सकल कार्यशील पूँजी (Gross Working Capital)—यह कार्यशील पूँजी की परिमाणात्मक अवधारणा है जिसमें कार्यशील पूँजी की मात्रा पर अधिक ध्यान दिया जाता है। सकल कार्यशील पूँजी का तात्पर्य व्यवसाय में लगी हुई समस्त चालू सम्पत्तियों के योग से होता है। चालू सम्पत्तियाँ वे सम्पत्तियाँ होती हैं जो एक वर्ष अथवा अधिकतम एक परिचालन अवधि (Operating Cycle Period) में रोकड में परिवर्तित हो जाती हैं। इस रूप में फर्म के चिट्ठे के सम्पत्ति पक्ष पर कच्चा माल, अर्द्धनिर्मित माल, निर्मित माल, देनदार, प्राप्य विपत्र, नगद, बैंक शेष तथा अन्य चालू सम्पत्तियों का योग ही सकल कार्यशील पूँजी होता है।

(2) शुद्ध या निवल कार्यशील पूँजी (Net working Capital)—यह कार्यशील पूँजी की गुणात्मक अवधारणा है तथा इस रूप में शुद्ध कार्यशील पूँजी चालू सम्पत्तियों का चालू दायित्वों पर आधिक्य होता है। अर्थात् जब हम कुल चालू सम्पत्तियों में से चालू दायित्वों को घटा देते हैं तो हमें शुद्ध कार्यशील पूँजी प्राप्त हो जाती है। ऐसे में कहा जा सकता है कि यदि संस्था की चालू सम्पत्तियाँ और चालू दायित्व दोनों बराबर होते हैं तो संस्था में शून्य कार्यशील पूँजी होती है तथा यदि चालू दायित्व चालू सम्पत्तियों से अधिक होते हैं तो संस्था में ऋणात्मक कार्यशील पूँजी होती है।

किसी भी संस्था का संचालन सम्पत्तियों से ही हो सकता है दायित्वों से नहीं। जब किसी संस्था में चालू दायित्व चालू सम्पत्तियों से अधिक होते हैं तो संस्था अपने चालू दायित्वों का भुगतान नहीं कर सकती है अतः उसके दिवालिया घोषित होने की सम्भावना रहती है।

(3) स्थायी या नियमित कार्यशील पूँजी (Permanent or Regular Working Capital)—कार्यशील पूँजी का वह भाग जो संस्था चालू सम्पत्तियों में स्थायी अथवा नियमित रूप से विनियोग रखती है तथा इस पर मौसमी परिवर्तन आदि का प्रभाव नहीं पड़ता है तो इसे स्थायी या नियमित कार्यशील पूँजी कहते हैं अतः इस पूँजी

की वित्त व्यवस्था संस्था को दीर्घकालीन साधनों से जो स्वामी कोष या ऋण-कोष हो सकते हैं, से करनी चाहिए। सामान्य तथा स्थायी या नियमित कार्यशील पूँजी में कच्चे माल का सुरक्षा स्तर व न्यूनतम स्तर, तैयार माल का आवश्यक न्यूनतम स्तर व बैंक तथा रोकड़ का आवश्यक न्यूनतम स्तर का योग, शामिल किया जाता है।

(4) परिवर्तनशील अथवा मौसमी कार्यशील पूँजी (Variable or Seasonal Working Capital)—कार्यशील पूँजी की स्थायी अथवा नियमित मात्रा की व्यवसाय में निरन्तर आवश्यकता होती ही है, इसके अतिरिक्त एक व्यवसाय के सफल संचालन के लिए परिवर्तनशील अथवा मौसमी कार्यशील पूँजी की भी आवश्यकता होती है। मौसमी कार्यशील पूँजी की व्यवसाय में मौसम विशेष में अधिक आवश्यकता होती है। उदाहरण के लिए सूती वस्त्र उद्योग में कपास की फसल आने पर कच्चे माल के क्रय हेतु अधिक कार्यशील पूँजी की आवश्यकता होती है।

निम्न रेखाचित्रों से स्थायी तथा अस्थायी या परिवर्तनशील कार्यशील पूँजी को देखा जा सकता है।

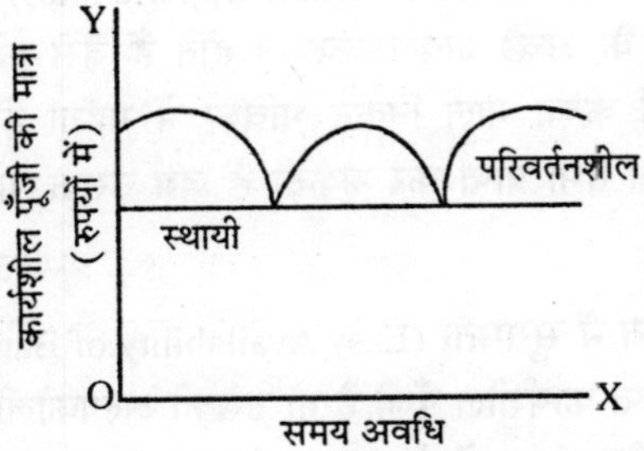

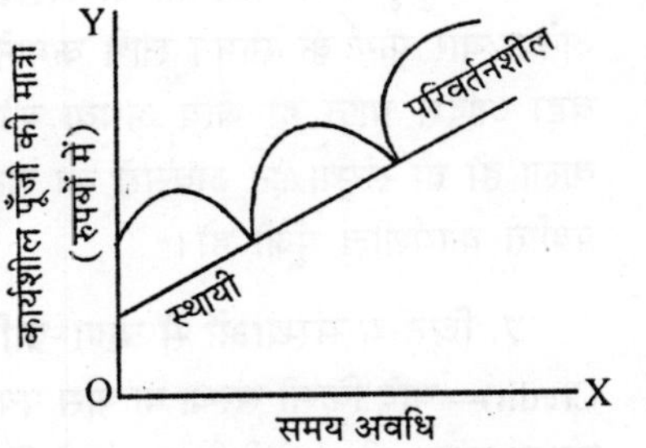

पर्याप्त कार्यशील पूँजी का महत्त्व

(Importance of Adequate Working Capital)

व्यावहारिक जीवन में उत्तम किस्म एवं पर्याप्त मात्रा में स्थायी सम्पत्तियों का निर्माण एवं प्रबन्ध ही व्यवसाय को सफलता प्रदान नहीं करता है। बल्कि स्थायी सम्पत्तियों के पूर्ण उपयोग के लिए पर्याप्त कार्यशील पूँजी की आवश्यकता होती है तथा पर्याप्त कार्यशील पूँजी से व्यवसाय को अनेक लाभ प्राप्त होते हैं—

1. शोधन क्षमता व साख क्षमता (Solvency and Credit Worthiness)—पर्याप्त कार्यशील पूँजी से फर्म की अपने लेनदारों (Creditors) को समय पर भुगतान करने की क्षमता बढ़ती है जिससे फर्म की साख प्राप्ति की सीमा व क्षमता भी बढ़ जाती है।

2. नगद छूट (Cash Discount)—फर्म के पास पर्याप्त कार्यशील पूँजी होने पर वह पूर्तिकर्त्ताओं से उपयुक्त नगद छूट नगद भुगतान प्रदान करके प्राप्त कर सकती है।

3. विक्रेताओं को समय पर भुगतान (Timely Payment to Suppliers or Sellers)—फर्म अपने पूर्तिकर्त्ताओं से जितने दिन की उधार की शर्तों पर माल क्रय करती है उतने दिन की समाप्ति पर उनका भुगतान करने में सक्षम होती है।

4. लाभांश की घोषणा व भुगतान (Declaration of Dividend and its Payment)—जब फर्म के पास पर्याप्त कार्यशील पूँजी तथा उसमें पर्याप्त रोकड़ कोष होते हैं तो फर्म घोषित लाभांश का समय पर भुगतान करने में सक्षम होती है।

5. कार्यकुशलता में सुधार (Improvement in Operational Efficiency)—पर्याप्त कार्यशील पूँजी फर्म में उत्पादन कार्य को निरन्तर तथा बिना रुकावट के चालू रखना सम्भव बनाती है। कर्मचारियों व मजदूरों को वेतन व मजदूरी का समय पर भुगतान होने पर उनका मनोबल भी ऊँचा रहता है। इससे फर्म की उत्पादकता व लाभदायकता बढ़ती है।

6. अनुकूल अवसरों का लाभ (Exploitation of Favourable Opportunities)—अनेक बार फर्म के सामने लाभ कमाने के अच्छे अवसर उत्पन्न होते हैं जैसे कोई बड़ा आदेश प्राप्त हो जाय अथवा कोई कच्चा माल निकट भविष्य में महँगा होने वाला हो तो संस्था इन अवसरों का लाभ तभी प्राप्त कर सकती है जब उसके पास पर्याप्त कार्यशील पूँजी हो।

7. वित्तीय संस्थाओं से ऋण-प्राप्ति में सुगमता (Easy Availability of Bank Credit)—यदि किसी संस्था के पास पर्याप्त कार्यशील पूँजी है तो उसकी अल्पकालीन शोधन क्षमता ठीक होती है अतः उसे वित्तीय संस्थाओं से सुगमता से ऋण मिल सकता है।

8. आकस्मिकताओं का सफल मुकाबला (Successful Overcome of Unforseen Contingencies)—पर्याप्त कार्यशील पूँजी संस्था को अनजानी तथा अनायास उत्पन्न आकस्मिकताओं का सामना करने में सक्षम बनाती है।

9. स्थायी सम्पत्तियों का प्रभावी उपयोग (Effective Utilisation of Fixed Assets)—स्थायी सम्पत्तियों की पर्याप्तता व गुणवत्ता तभी उपयोगी होती है जब उनका भरपूर प्रभावी उपयोग किया जाय और यह पर्याप्त कार्यशील पूँजी द्वारा ही सम्भव होता है।

आवश्यकता से अधिक कार्यशील पूँजी के दोष या खतरे

(Dangers of Excessive Working Capital)

किसी भी संस्था के पास कार्यशील पूँजी न तो कम होनी चाहिए और न ही आवश्यकता से अधिक बल्कि अनुकूल कार्यशील पूँजी की मात्रा होनी चाहिए। आवश्यकता से अधिक कार्यशील पूँजी निम्न रूपों में हानिकारक होती है—

1. सामग्री में अत्यधिक विनियोग (Over Investment in Inventories)—जब किसी संस्था के पास आवश्यकता से अधिक कार्यशील पूँजी होती है तो वह अनावश्यक सामग्री में फँस जाती है तथा सामग्री के अप्रचलन एवं बर्बाद होने का डर सदैव बना रहता है। फर्म को इस अति विनियोग से हानि भी होती है।

2. सट्टा प्रवृत्ति (Speculative Nature)—माल का स्टॉक अधिक रखने से फर्म में सट्टे द्वारा लाभ कमाने की प्रवृत्ति बढ़ती है जिससे फर्म अपने सामान्य व्यवसाय पर कम ध्यान दे पाती है।

3. ग्राहकों को उदार साख (Liberal Trade Credit)—जब फर्म के पास आवश्यकता से अधिक कार्यशील पूँजी तथा माल का स्टॉक होता है तो ग्राहकों को उदार तथा अधिक साख दी जाती है जिससे साख वसूली में अधिक समय लगता है और डूबत देनदार बढ़ जाते हैं।

4. लाभों पर विपरीत प्रभाव (Adverse Impect on Profits)—जब आवश्यकता से अधिक कार्यशील पूँजी होती है तो इसका फर्म की लाभदायकता पर विपरीत असर पड़ता है। फर्म को माल व सामग्री के अप्रचलन तथा डूबत ऋणों के कारण भी हानि होती है।

5. प्रबन्धकीय अकुशलता (Managerial Inefficiency)—आवश्यकता से अधिक कार्यशील पूँजी प्रबन्धकीय अकुशलता की प्रतीक होती है तथा यह लाभों में कमी, तरलता में कमी, विनियोग पर कम प्रत्याय आदि के रूप में प्रकट होती है।

6. अंशधारियों में असन्तोष (Dissatisfaction among Share Holders)—जब लाभदायकता घटती है तथा अंशधारियों को नीची दर से लाभांश दिया जाता है तो उनमें असन्तोष बढ़ना स्वाभाविक ही होता है।

कार्यशील पूँजी के वित्तीयन के सम्बन्ध में रणनीति

(Strategies of Financing Working Capital)

कौनसी सम्पत्तियों का वित्तीयन किन स्रोतों से किया जाय, इसके सम्बन्ध में विशेषज्ञों के विचार अलग-अलग हैं। पूर्व में हम इस बात का अध्ययन कर चुके हैं कि कार्यशील पूँजी का एक भाग व्यवसाय में स्थायी रूप से लगा होता है तथा कुछ भाग परिवर्तनशील होता है। विशेषज्ञों ने तीन प्रकार की रणनीतियाँ कार्यशील पूँजी के वित्तयन के लिए बतायी हैं जो निम्न हैं—

(1) सम्पत्तियों की प्रकृति व साधनों की प्रकृति में समानता की नीति (Matching Approach or Hedging Approach)—इस नीति के अनुसार कार्यशील पूँजी का स्थायी भाग दीर्घकालीन साधनों से तथा अस्थायी भाग अल्पकालीन साधनों से प्राप्त किया जाय। इस नीति को जोड़ीदार नीति (Matching Policy) अथवा सुरक्षा नीति (Hedging Policy) कहते हैं। इस नीति की मुख्य बात यह है कि सम्पत्ति की प्रकृति तथा वित्त साधन की प्रकृति में समानता होनी चाहिए। इसे नीचे के रेखाचित्र से देखा जा सकता है—

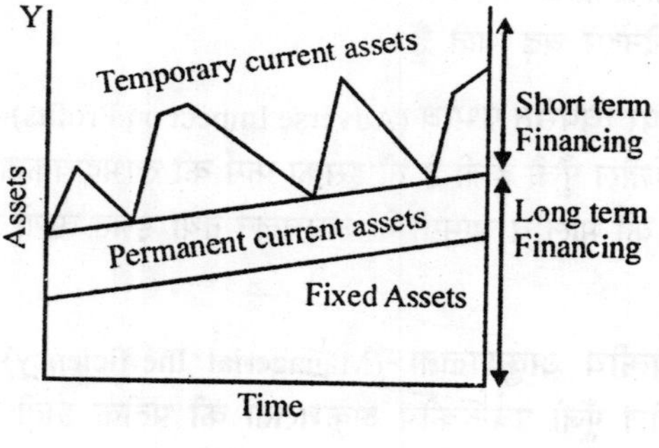

(2) रूढ़िवादी नीति (Conservative Approach)—यह रूढ़िवादी दृष्टिकोण है जिसके अनुसार साधनों की समस्त माँग केवल दीर्घकालीन साधनों से की जानी चाहिए तथा अल्पकालीन साधनों का प्रयोग केवल आपातकाल या संकटकाल में करना चाहिए। इस नीति के अनुसार समस्त स्थायी कार्यशील पूँजी की पूर्ति दीर्घकालीन साधनों से की जाए तथा अस्थायी कार्यशील पूँजी का भी एक भाग दीर्घकालीन साधनों से प्राप्त किया जाए तथा जब फर्म के पास अस्थायी कार्यशील सम्पत्तियाँ न हों तो रोकड़ आधिक्य (Surplus Cash Resources) को शीघ्र विक्रय योग्य प्रतिभूतियों में विनियोजित

कर दिया जाय। रूढ़िवादी नीति कम जोखिमपूर्ण तथा अधिक महँगी नीति है। इसे आगे के रेखाचित्र से देखा जा सकता है—

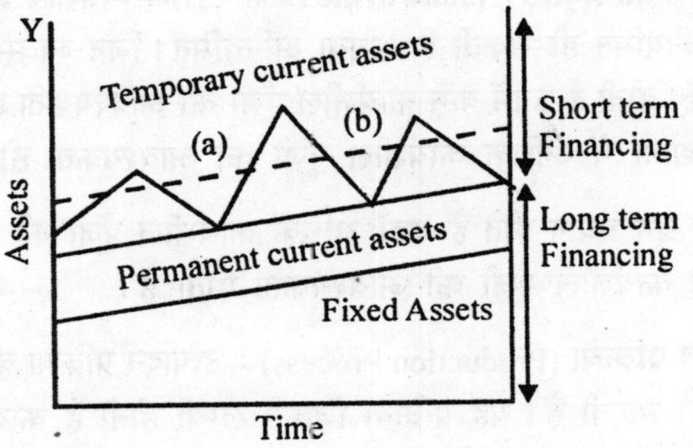

(3) आक्रामक नीति (Aggressive Policy)—यह रूढ़िवादी नीति के ठीक विपरीत नीति है। इस नीति में फर्म स्थायी कार्यशील पूँजी का भी एक भाग अल्पकालीन वित्तीय साधनों से प्राप्त करती है। अल्पकालीन साधनों से अधिक धन प्राप्त करना फर्म को अधिक जोखिम में डालना होता है। इस नीति को भी नीचे के रेखाचित्र से जाना जा सकता है—

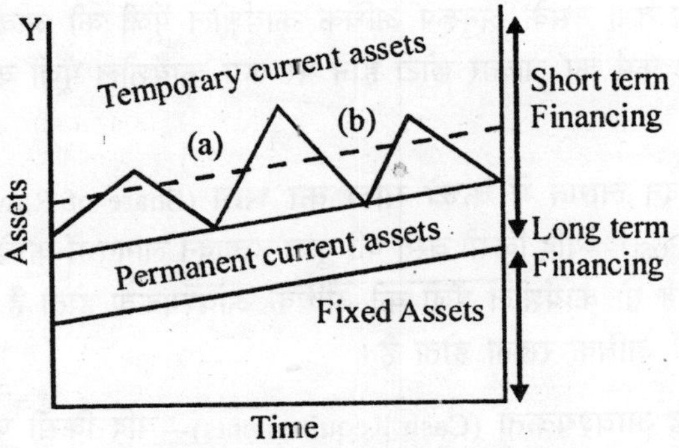

कार्यशील पूँजी के निर्धारक तत्त्व

(Determinants of Working Capital)

किसी व्यावसायिक फर्म के पास कितनी कार्यशील पूँजी होनी चाहिए तथा उसका विनियोजन किन चालू सम्पत्तियों में कितना-कितना हो, का निर्धारण एक कठिन कार्य

है जो अनेक तत्त्वों पर निर्भर करता है। यहाँ कार्यशील पूँजी के प्रमुख निर्धारक तत्त्वों का विश्लेषण किया गया है—

1. व्यवसाय की प्रकृति (Nature of the Business)—व्यवसाय की प्रकृति मौसमी हो सकती है, नियमित हो सकती है अथवा अनियमित। जिन व्यवसायों में नियमित एवं निश्चित माँग होती है उनमें कम कार्यशील पूँजी की आवश्यकता होती है। मौसमी प्रवृत्ति वाले उद्योगों में अधिक कार्यशील पूँजी की आवश्यकता होती है।

जो उद्योग श्रम प्रधान होते हैं वहाँ अधिक कार्यशील पूँजी की तथा मशीनीकृत उद्योगों में कम कार्यशील पूँजी की आवश्यकता होती है।

2. उत्पादन प्रक्रिया (Production Process)—उत्पादन प्रक्रिया की अवधि लम्बी अथवा छोटी हो सकती है। यह प्रक्रिया जितनी लम्बी होती है कार्यशील पूँजी की उतनी ही अधिक आवश्यकता होती है क्योंकि अधिक कच्चा माल तथा अर्द्ध-निर्मित माल अधिक लम्बे समय तक उत्पादन प्रक्रिया तथा भण्डार में रहता है। इतना ही नहीं, ऊपरी व्ययों व प्रत्यक्ष व्ययों के भुगतान के लिए भी अधिक रोकड़ की आवश्यकता होती है। अत: कार्यशील पूँजी भी अधिक चाहिए।

3. फर्म का आकार (Size of the Firm)—फर्म उत्पादन का कार्य कितने बड़े पैमाने पर कर रही है, यदि फर्म के उत्पादन का पैमाना बड़ा होगा तो फर्म का आकार भी बड़ा होगा तथा उसके अनुरूप अधिक कार्यशील पूँजी की आवश्यकता होगी। इसके विपरीत फर्म का आकार छोटा होने पर कम कार्यशील पूँजी की आवश्यकता होगी।

4. उत्पादन लागत में कच्चे माल का भाग (Share of Raw Material in Production Cost)—यदि किसी वस्तु की कुल उत्पादन लागत में कच्चे माल का भाग अधिक होता है तो कार्यशील पूँजी की अधिक आवश्यकता होती है क्योंकि कच्चा माल स्टॉक में अधिक रखना होता है।

5. रोकड़ आवश्यकता (Cash Requirements)—यदि किसी फर्म में मजदूरी तथा विभिन्न व्ययों के भुगतान में रोकड की अधिक आवश्यकता होती है तो रोकड़ कोष अधिक रखने होते हैं। रोकड़ या नगद कोष चालू सम्पत्तियों का भाग है अत: अधिक चालू सम्पत्तियों के कारण अधिक कार्यशील पूँजी की आवश्यकता होती है।

6. माल का आवर्त (Inventory Turnover)—यदि किसी संस्था में माल का आवर्त अधिक होता है तो कार्यशील पूँजी की आवश्यकता कम होती है और आवर्त

कम होता है तो अधिक माल व अधिक कार्यशील पूँजी की आवश्यकता होती है।

7. विक्रय की शर्तें (Terms of Sales)—एक फर्म की विक्रय एवं साख की शर्तें भी कार्यशील पूँजी की मात्रा निर्धारण में सहायक होती हैं। जहाँ माल नगद में बेचा जाता है वहाँ कम कार्यशील पूँजी की आवश्यकता होती है। नगद छूट तथा वसूली नीतियाँ भी कार्यशील पूँजी की मात्रा को प्रभावित करती हैं। वसूली नीति कठोर होने तथा नगद छूट का प्रलोभन होने पर कम कार्यशील पूँजी की आवश्यकता पड़ती है।

8. क्रय की शर्तें (Terms of Purchase)—यदि माल अधिक लम्बी अवधि की उधार अवधि के लिए प्राप्त होता है तो कम कार्यशील पूँजी की आवश्यकता होगी तथा माल की नियमित पूर्ति होने पर कम तथा पूर्ति में रुकावटें होने पर अधिक कार्यशील पूँजी की आवश्यकता होती है। माल नगद खरीदा जाने अथवा नगद छूट का लाभ प्राप्त होने पर भी कार्यशील पूँजी की अधिक आवश्यकता होती है।

9. क्रय व विक्रय में सम्बन्ध (Relation in Purchase and Sales)—अनेक व्यवसायों में उधार क्रय व नगद विक्रय का कार्य होता है, ऐसे में कम कार्यशील पूँजी की आवश्यकता होती है। इसके विपरीत नगद क्रय तथा उधार विक्रय की अवस्था में अधिक कार्यशील पूँजी की आवश्यकता होती है।

10. व्यावसायिक उच्चावचन (Business Fluctuations)—व्यवसाय में तेजी-मन्दी के चक्र चलते रहते हैं। सामान्यत: तेजी व मन्दी में कार्यशील पूँजी की आवश्यकता बढ़ जाती है जबकि सामान्य स्थिति में कार्यशील पूँजी की कम आवश्यकता पड़ती है। मन्दी काल में माल न बिकने तथा उधार संग्रह न होने के कारण अधिक कार्यशील पूँजी की आवश्यकता पड़ती है जबकि तेजी में अधिक कच्चे माल के क्रय व उत्पादन के लिए कार्यशील पूँजी की अधिक आवश्यकता होती है।

11. लाभांश नीति (Dividend Policy)—यदि फर्म की लाभांश नीति उदार होती है तो अधिक कार्यशील पूँजी की आवश्यकता होती है जबकि कठोर साख नीति के सन्दर्भ में लाभ का अधिक भाग रोक कर रखा जाता है तो कार्यशील पूँजी स्वत: ही आन्तरिक साधनों से पोषित होती है तथा अतिरिक्त पूँजी की कम आवश्यकता होती है।

12. व्यवसाय की विकास दर (Rate of Growth of Business)—यदि फर्म के व्यवसाय की वृद्धि दर अधिक है तो फर्म को अधिक कार्यशील पूँजी की आवश्यकता होती है। विकास दर नीची होने पर कम कार्यशील पूँजी की आवश्यकता होती है।

13. बैंकिंग सम्बन्ध (Banking Relations)—यदि फर्म के अपने बैंकों से अच्छे सम्बन्ध हैं तो कम कार्यशील पूँजी से काम चल सकता है क्योंकि आवश्यकता के समय बैंकों से सहायता मिल जाती है। बैंक सम्बन्ध खराब होने पर अधिक कार्यशील पूँजी की आवश्यकता होती है।

14. बाजार परिस्थितियाँ (Market Conditions)—कार्यशील पूँजी की आवश्यकता बाजार परिस्थितियों विशेषत: प्रतियोगिता की स्थिति से भी प्रभावित होती है। अधिक प्रतियोगिता के कारण अधिक साख देने तथा अधिक माल स्टॉक में रखने हेतु कार्यशील पूँजी की अधिक आवश्यकता होती है।

15. असामान्य कारक (Abnormal Factors)—हड़ताल तथा तालाबन्दी जैसे असामान्य कारणों से कार्यशील पूँजी की आवश्यकता बढ़ जाती है। मुद्रास्फीति के कारण भी अधिक कार्यशील पूँजी की आवश्यकता पड़ती है।

16. कर दरें (Tax Rates)—कर दरें ऊँची होने पर अग्रिम कर भुगतान के लिए पूँजी की अधिक आवश्यकता होती है।

कार्यशील पूँजी अनुमान की विधियाँ

(Methods of Estimating Working Capital)

कार्यशील पूँजी का अनुमान लगाने के लिए अनेक विधियों का विकास हुआ है। यहाँ हम दो विधियों को उदाहरणों की सहायता से स्पष्ट करेंगे—

1. परिचालन चक्र विधि (Operating Cycle Method)।

2. परम्परागत विधि अथवा पूर्वानुमान विधि (Traditional Method or Forecasting Method)।

1. परिचालन चक्र विधि

(Operating Cycle Method)

कार्यशील पूँजी का अनुमान करने की यह एक सर्वोत्तम विधि है। इस विधि में हमें दो कारक ज्ञात करने होते हैं—**प्रथम** इस विधि में किसी अवधि विशेष अथवा एक वर्ष की अवधि के कुल परिचालन व्ययों की गणना करनी होती है तथा **द्वितीय** एक परिचालन चक्र की अवधि विशेष अथवा एक वर्ष की अवधि में पूरे किये गये परिचालन चक्रों की संख्या। कुल परिचालन व्ययों में परिचालन-चक्रों का भाग देकर कार्यशील पूँजी की मात्रा ज्ञात कर ली जाती है। यहाँ हम दोनों बातों को स्पष्ट कर

सकते हैं।

(1) परिचालन व्यय (Operating Expenses)—किसी भी फर्म में कुल परिचालन व्यय किसी अवधि विशेष अथवा वर्ष भर में उपभोग की गई सामग्री का मूल्य, ईंधन व शक्ति, विक्रय एवं वितरण व्यय, प्रशासनिक व्यय आदि का योग होता है।

परिचालन व्ययों की गणना में अमूर्त सम्पत्तियों के अपलेखन तथा ह्रास को शामिल नहीं किया जाता है क्योंकि ये गैर-रोकड़ व्यय हैं तथा इनसे कार्यशील पूँजी प्रभावित नहीं होती है।

कर तथा लाभांश आदि को भी लाभों का नियोजन माना जाता है तथा परिचालन व्ययों में इन्हें शामिल नहीं किया जाता है। पूँजीगत व्ययों को भी इनमें शामिल नहीं किया जाता है। कुल परिचालन व्ययों की गणना करते समय फर्म द्वारा कोई नये उत्पाद प्रारम्भ किये जा रहे हैं अथवा कुछ पुराने उत्पादों को छोड़ा जा रहा है तो इनके प्रभावों को ध्यान में रख कर आवश्यक समायोजन कर लिया जाता है। परिचालन व्ययों की गणना में आन्तरिक तथा बाह्य घटकों के कारण होने वाले सम्भावित प्रभावों को भी ध्यान में रखा जाता है।

(2) परिचालन चक्र की अवधि (Duration of Operating Cycle)—परिचालन चक्र की अवधि का अभिप्राय उस समस्त अवधि से होता है जो अवधि रोकड़ के कच्चे माल, कच्चे माल के अर्द्ध-निर्मित माल, अर्द्ध-निर्मित माल के निर्मित माल, निर्मित माल के विक्रय द्वारा देनदारों एवं प्राप्य विनिमय विपत्रों तथा देनदारों व विनिमय विपत्रों से रोकड़ के परिवर्तन में लगती है।

Operating Cycle

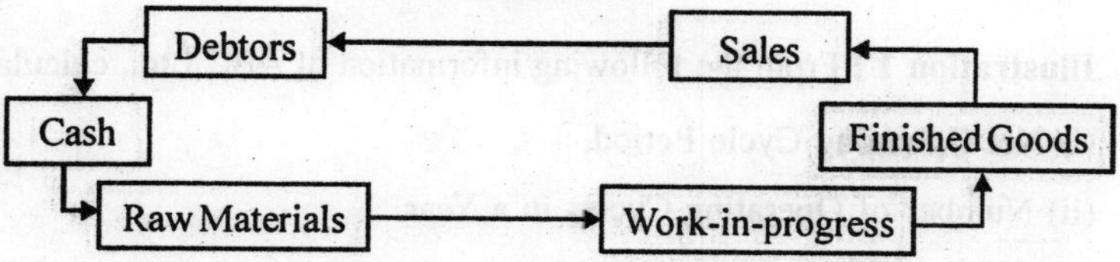

चित्र : परिचालन चक्र

सारांश के रूप में परिचालन चक्र की अवधि परिचालन की विभिन्न अवस्थाओं में लगे कुल समय का योग होती है तथा सूत्र रूप में इसकी गणना निम्न प्रकार से की जा सकती है—

$O = R + W + F + D - C$

यहाँ O = परिचालन चक्र अवधि (Operating Cycle Period)

F = निर्मित माल संग्रहण अवधि (Finished goods Storage Period)

D = देनदार संग्रहण अवधि (Debtors Collection Period)

C = लेनदार भुगतान अवधि (Creditors Payment Period)

परिचालन अवधि के विभिन्न घटकों की गणना निम्न प्रकार की जा सकती है—

1. Raw Material Storage Period =

$$\frac{\text{Average Stock of Raw Material}}{\text{Average Cost of Raw Material Consumption Per Day}}$$

2. Work-in progress period = $\frac{\text{Average stock of work-in-progress}}{\text{Average cost of production per Day}}$

3. Finished goods storage period = $\frac{\text{Average stock of finished goods}}{\text{Average cost of goods sold per day}}$

4. Debtors collection period = $\frac{\text{Average book debts}}{\text{Average credit sales per day}}$

5. Credit period = $\frac{\text{Average trade creditors}}{\text{Average credit purchases per day}}$

उपरोक्त विधि को उदाहरणों की सहायता से स्पष्ट किया जा सकता है—

Illustration 1 : From the following information of ABC Ltd., calculate

(i) Net Operating Cycle Period.

(ii) Number of Operating Cycles in a Year.

	Rs.
1. Raw materials consumed during the year	9,00,000
2. Average stock of raw material	75,000
3. Cost of production during the year	7,50,000
4. Average stock of work-in-progress	45,000

5. Cost of finished goods sold during the year	12,00,000
6. Average stock of finished goods	60,000
7. Average collection period from debtors	45 days
8. Average credit period availed	30 days
9. No. of days in a year	360 days

Solution : Calculation of net operating cycle period of ABC Ltd., :

Days

(a) Raw material storage period (R) :

$$= \frac{\text{Average stock of raw material}}{\text{Average cost of raw material consumption per day}}$$

$$= \frac{\text{Rs.}75{,}000}{\text{Rs. }9{,}00{,}000 \div 360} = \frac{\text{Rs.}75{,}000}{\text{Rs.}2{,}500} = 30 \text{ Days}$$ 30

(b) Work-in-progress holding period (W) :

$$= \frac{\text{Average stock of work-in-progress}}{\text{Average cost of production per day}}$$

$$= \frac{\text{Rs. }45{,}000}{\text{Rs. }7{,}50{,}000 \div 360} = \frac{\text{Rs.}45{,}000}{\text{Rs.}20{,}83.33} = 21.60 \text{ or}$$ 22

(c) Finished goods storage period (F) :

$$= \frac{\text{Average stock of finished goods}}{\text{Average cost of goods sold per day}}$$

$$= \frac{\text{Rs. }60{,}000}{\text{Rs. }12{,}00{,}000 \,\%\, 360} = \frac{\text{Rs.}60{,}000}{\text{Rs.}3{,}333.33} = 18$$ 18

(d) Debtors collection period (D) : 45

Total Opening Cycle Period 115

[(a) + (b) + (c) + (d)]

Less : Average credit period availed 30

(i) Net Operating Cycle Period 85

(ii) Number of Operating Cycles

Completed in a year 4.2

(360 days × 85 days)

Illustration 2. Calculate the operating cycle and the working capital requirements from the following figures of A Ltd.

	Balance as at 1st Jan. Rs.	Balance as at 31st Dec. Rs.
Raw Materials	80,000	1,20,000
Work-in-progress	20,000	60,000
Finished Goods	60,000	20,000
Sundry Debtors	40,000	40,000
Wages and manufacturing Expenses	–	2,00,000
Distribution and Other Expenses	–	40,000
Purchases of Materials	–	4,00,000
Total Sales	–	10,00,000

(i) The Company obtains a credit for 60 days from its suppliers.

(ii) All goods were sold for credit.

Solution : Computation of Operating Cycle :

(i) **Raw Material Storage Period** (R) :

$$= \frac{\text{Average stock of raw materials}}{\text{Daily Average Consumption}}$$

$$= \frac{(\text{Rs. } 80{,}000 + 1{,}20{,}000)/2}{\text{Rs. } 3{,}60{,}000 / 365}$$

$$= \frac{\text{Rs.}1{,}00{,}000}{\text{Rs.}986.3} = 101.38 \text{ days}$$

Material Consumed :

= Opening Stock + Purchases – Closing Stock

= Rs. 80,000 + 4,00,000 – 1,20,000 = Rs. 3,60,000

(ii) Work-in-progress Period (W) :

$$= \frac{\text{Average stock of work-in-progress}}{\text{Daily average factory cost}}$$

$$= \frac{(\text{Rs.}20{,}000 + 60{,}000)/2}{\text{Rs.}5{,}20{,}000/365}$$

$$= \frac{\text{Rs.}40{,}000}{\text{Rs.}1{,}424.65} = 28.07 \text{ days}$$

Factory Cost :

	Rs.
Opening Work-in-Progress	20,000
Material Consumed (as above)	3,60,000
Wages and Mfg. Expenses	2,00,000
	5,80,000
Less : Closing Work-in-Progress	60,000
	5,20,000

(iii) Finished Goods Storage Period (F)

$$= \frac{\text{Average Stock of Finished Goods}}{\text{Daily Average Cost of Goods Sold}}$$

$$= \frac{(\text{Rs.}60{,}000 + 20{,}000)/2}{\text{Rs.}5{,}60{,}000/365}$$

$$= \frac{\text{Rs.}40{,}000}{\text{Rs.}1{,}534.24} = 26.07 \text{ days}$$

Cost of Goods Sold :

	Rs.
Opening Stock of Finished Goods	60,000
Factory Cost (as above)	5,20,000

	5,80,000
Less : Closing Stock of Finished Goods	20,000
	5,60,000

(iv) Debtors Collection Period (D) :

$$= \frac{\text{Average Debtors}}{\text{Daily Average Sales}}$$

$$= \frac{(\text{Rs.}40{,}000+40{,}000)/2}{\text{Rs.}10{,}00{,}000/365}$$

$$= \frac{\text{Rs.}40{,}000}{\text{Rs.}2{,}739.72} = 14.6 \text{ days}$$

(v) Creditors Payment Period (Given) : 60 Days

1. Operating Cycle Period

= Raw Material Storage Period + Work-in-Progress Period + Finished Goods Storage Period + Debtors Collection Period – Creditors Payment Period

= 101.38 + 28.07 + 26.07 + 14.60 – 60 = 110 days

2. Number of Operating Cycles per year $= \frac{365}{110}$

= 3.318

3. Total Operating Expenses :

	Rs.
Cost of Goods Sold	5,60,000
Distribution and Other Expenses	40,000
	6,00,000

4. Estimated Required Working Capital :

$$= \frac{\text{Total Operating Expenses}}{\text{No. of Operating Cycles}}$$

$$= \frac{\text{Rs.6,00,000}}{3.318} = \text{Rs.1,80,832}$$

पूर्वानुमान विधि (Forecasting Method of Working Capital)

भारत में यह विधि सर्वाधिक प्रचलित विधि है। इस विधि में प्रत्येक चालू सम्पत्ति का महीनों में वित्त की मात्रा का अनुमान लगाया जाता है तथा उसके बाद इस मासिक आवश्यकता को सम्बन्धित अवधि से गुणा करके प्रत्येक चालू सम्पत्ति के लिए आवश्यक कार्यशील पूँजी की गणना कर ली जाती है। प्रत्येक चालू सम्पत्ति के लिए कुल अवधि की गणना में विगत अनुभव, फर्म की साख नीति, स्कन्ध नीति व भुगतान अवधि का ध्यान रखा जाता है। इस प्रकार सभी चालू सम्पत्तियों के लिए आवश्यक कुल राशि में से फर्म को प्राप्त होने वाली सम्भावित व्यापारिक साख (उधार क्रय की सुविधा) को घटा दिया जाता है तथा कुछ सम्भावित आकस्मिकताओं के लिए धन-राशि जोड़ दी जाती है। इस प्रकार अनुमानित कार्यशील पूँजी की मात्रा ज्ञात हो जाती है। इस राशि में से बैंक से समझौते के अन्तर्गत उपलब्ध राशि को घटाने पर वह कार्यशील पूँजी राशि ज्ञात होगी जिसकी प्रबन्ध को व्यवस्था करनी होगी।

इस विधि को कुछ उदाहरणों की सहायता से स्पष्ट किया जा सकता है।

Illustration 3 : On 1st April, 2010 the Managing Director-cum-Chairman of XYZ Ltd. wants to know the amount of working capital that will be required during the year 2010-11. You are requested to prepare the working capital forecast on the basis of following information supplied to you by the management.

Production during the previous year was 50,000 units and this year it will be 60,000 units.

The expected ratios of the cost to selling price are as under :

(i) Raw Materials	60%
(ii) Direct Wages	10%
(iii) Overheads	20%

(i) Raw materials are expected to remain in stock on an average of two months; (ii) Each unit is expected to be in process on an average one month; The raw materials being fed into the pipeline immediately and the labour and overheads costs accruing evenly during the month. (iii) Finished goods will stay in the warehouse before dispatch to customers for approximately 3 months. (iv) Credit allowed by creditors is 2 months. (v) Credit allowed to debtors is 3 months. (vi) Wages and overheads are paid on the 1st of each month for the previous month. (vii) Selling price is Rs. 10 per unit.

There is regular production and sales cycle. The company normally keeps cash in hand to the extent of Rs. 20,000.

Solution : पहले हम विभिन्न चालू सम्पत्तियों की अवधि के अनुसार गणना करेंगे—

Working Notes :

1. Raw Material Inventory : The cost of materials is 60% of the sales value of the year.

The total sales is 60,000 units @ Rs. 10 = Rs. 6,00,000.

Therefore yearly material requirement is 60% of Rs. 6,00,000 i.e. $\frac{\text{Rs. } 6,00,000}{1} \times \frac{60}{100} = \text{Rs. } 3,60,000$ and monthly consumption would be $\frac{\text{Rs. } 3,60,000}{12} = \text{Rs. } 30,000$ and 2 months raw material are expected to remain in stores, therefore, it will be 30,000 × 2 = Rs. 60,000.

2. Debtors : The average monthly sales would be Rs. 6,00,000 ÷ 12 = Rs. 50,000. Credit allowed is 3 months, therefore, sundry debtors would be Rs. 50,000 × 3 = Rs. 1,50,000.

3. Work-in-Progress (Each unit would be in process for one month) would be computed as under :

(a) Raw materials cost in work-in-progress (One month's requirement) Rs. 30,000

(b) Labour cost in work-in-Progress Rs. 2,500

(1 month's work in progress and labour is fed evenly it means $\frac{1}{2}$ months wages on an average would be outstanding)

Annual labour cost Rs. 60,000 and monthly Rs. 5,000, therefore for $\frac{1}{2}$ month would be Rs. 2,500.

(c) Overheads ($\frac{1}{2}$ month on an average as explained above) Rs. 5,000

Total Rs. 37,500

4. Finished Goods in Stock :

(On an average 3 months cost of production)

Raw materials Rs. 30,000 × 3 =	Rs. 90,000
Labour (Wages) Rs. 5,000 × 3 =	Rs. 15,000
Overheads Rs. 10,000 × 3 =	Rs. 30,000
	Rs. 1,35,000

5. Creditors : Suppliers provide two months credit for raw materials purchases. Therefore two months raw materials purchases i.e. Rs. 30,000 × 2 = Rs. 60,000 would be outstanding.

6. Direct Wages Outstanding would be equal to one months wages i.e. Rs. 5,000.

7. Overheads Payable : The overheads of 1 month i.e. Rs. 10,000 would be outstanding.

The Estimated Working Capital Requirements would be as under :

	Rs.	Rs.
Current Assets :		
Raw Materials (1)	60,000	
Work-in-Progress (3)	37,500	
Finished Goods (4)	1,35,000	
Debtors (2)	1,50,000	
Cash in Hand	20,000	4,02,500
Current Liabilities		
Creditors (5)	60,000	

Director Wages Outstanding (6)	5,000	
Overheads Outstanding (7)	10,000	75,000
Estimated Working Capital Requirements		Rs. 3,27,500

Illustration 4 : Gujrat Growing Industries Ltd. is newly set up enterprise with the help of the following particulars, determine the magnitude of working capital :

1. Various elements of cost bear the following relationship to the selling prices i.e. Rs. 200 per unit.

Materials	40%
Labour	30%
Overhead	10%

2. Production in 2010 is estimated to be 6,000 units.

3. Materials are expected to remain in the stores for an average period of one month.

4. Finished goods are likely to stay in warehouse for two months on average.

5. Each unit of production will be in process for half a month on average.

6. 50% of the sales will be on credit. Customers are allowed two months credit.

7. Credit period allowed by the suppliers is one month.

8. The lag in payment to labour is one month. 50% of the overhead consists of salaries of non-production staff.

9. Allow 20% to your computed figures for contingencies.

10. Assume that sales and production follow a constant pattern.

Solution :

Statement of Working Capital Requirements

	Rs.
(A) Current Assets	
(i) Stock of Materials (1 month) (500 × 80 × 1)	40,000
(ii) Work-in-Progress (1/2 month) :	
Material (500 × 80 × $\frac{1}{2}$)=20,000	
Labour (600 × 60 × ¼) = 7,500	
Overhead (500 × 20 × ¼) =	2,500
30,000	
(iii) Stock of Finished Goods (2 months)	
(500 × 160 × 2)	1,60,000
(iv) Debtors (2 months) (500 × $\frac{1}{2}$ × 160 × 2)	80,000
Total Current Assets (A)	3,10,000
(B) Current Liabilities :	
(i) Creditors for materials (1 month) (500 × 80 × 1)	40,000
(ii) Outstanding Labour (1 month) (500 × 60 × 1)	30,000
Total Current Liabilities (B)	70,000
Net Working Capital (A – B)	2,40,000
Add : Provision for contingencies @ 20%	48,000
Total Working Capital Required	2,84,000

Working Notes :

(i) Production per month = 6,000 Units ÷ 12 = 500 Units per month

(ii) Amount to be blocked in one unit :

Material 40% of Rs. 200 = Rs. 80

Labour 30% of Rs. 200 = Rs. 60

Overhead 10% of Rs. 200 = Rs. 20

(iii) Debtors have been calculated on Cash cost basis and profit has been ignored.

(iv) It is assumed that material is introduced at the beginning of the process and labour and overhead are evenly incurred in the process of production. Therefore one-half month material and one-fourth month labour and overhead will be invested in the process.

Illustration 5 : Gemini Industrial Enterprises proposes to manufacture a cosmetic product which has been developed its research and development department. The cost of production is estimated as follows :

	Cost per unit
	Rs.
Raw materials	80
Direct Labour	40
Overheads	40
Total	160

The new product will be sold at Rs. 200 per unit. For the 1st year, sales are estimated at 1,04,000 units. The company is a going concern with its marketing network and it thinks that the maximum credit to be allowed to the customers will be eight weeks. Other relevant data are given below :

Raw Materials Stock Required	:	4 Weeks
Processing Time (WIP Stage)	:	2 Weeks
Finished Goods Stock	:	6 Weeks
Credit Allowed by Suppliers	:	4 Weeks
Cash and Bank Balances Required	:	Rs. 50,000

Prepare a statement showing the amount of working capital required by the company. You may make assumptions that may be necessary.

Solution :

Statement Showing Requirement of Working Capital

Working Capital Items	Requirements in weeks	No. of Units Per Week	Cost Per Unit (Rs.)	Amount Required (Rs. in Lakhs)
Raw Material	4	2,000	80	6.40
Work-in-Progress	2	2,000	120*	4.80
Finished Goods	6	2,000	160	19.20
Debtors	8	2,000	200	32.00
Cash + Bank Balance Required				0.50
				62.90
Less : Credit from Suppliers	4	2,000	80	6.40
Total amount of working capital required				56.50

Note : Work-in-Progress has been valued at 100% cost of raw material, 50% of Direct Labour and 50% Overheads i.e. Rs. 80 + Rs. 20 + Rs. 20 = Rs. 120 Per Unit.

Illustration 6 : X & Co. is desirous to purchase a business and has consulted you, and one point on which you are asked to advise them is the average amount of working capital which will be required in the first year's working.

You are given the following estimates and are instructed to add 10 per cent to your computed figure to allow for contingencies :

	Figure for the Year Rs.
(i) Average amount locked up for stocks :	
Stock of Finished Product	5,000

Stock of Stores, Materials, etc.	8,000
(ii) Average credit given :	
Inland sales–6 weeks credit	3,12,000
Export–1½ weeks credit	78,000
(iii) Lag in payment of wages and other outgoings :	
Wages–1½ Weeks	2,60,000
Stores, materials, etc.–1½ months	48,000
Rent, Royalties, etc. – 6 months	10,000
Clerical Staff – ½ month	62,400
Manager – ½ month	4,800
Miscellaneous expenses – 1½ months	48,000
(iv) Payments in advance :	
Sundry expenses (paid quarterly in advance)	8,000
(v) Undrawn profits on the average throughout the year	11,000

Set up your calculations for the average amount of working capital required.

Solution :

Statement of Average Working Capital Requirements

Inventories	Rs.	Rs.
Stock of finished Products	5,000	
Stock of Stores, Materials, etc.	8,000	13,000
Book Debts :		
Inlant Sales–6 Weeks Sale of Rs. 3,12,000 p.a.	36,000	
Export Sales–1½ Weeks Sale of Rs. 78,000 p.a.	2,250	38,250
Advance Payments of Expenses		2,000
Investment in Current Assets		53,250
Less : Lag in Payments :		

Wages	7,500	
Stores, Materials, etc.	6,000	
Rent, Royalties, etc.	5,000	
Clerical Staff	2,600	
Manager	200	
Miscellaneous Expenses	6,000	27,300
Net Working Capital		25,950
Add : 10% for Contingencies		2,595
Average Working Capital Requirement		28,545

Working Notes : (i) Undrawn profit has not been taken into consideration since it is a source of funds which may not be used as working capital. It does not affect the total amount required as working capital. Further, the figures given in the question reveal a loss and not a profit.

(ii) Sample Calculations :

Book Debts in respect of inland sales $3{,}12{,}000 \times \frac{6}{52} =$ Rs. 36,000

Wages Outstanding $2{,}60{,}000 \times \frac{1\frac{1}{2}}{52} =$ Rs. 7,500

Stores, etc. $48{,}000 \times \frac{1\frac{1}{2}}{12} =$ Rs. 6,000

Rent, Royalty etc. $10{,}000 \times \frac{6}{12} =$ Rs. 5,000

Clerical Staff $62{,}400 \times \frac{1}{12} \times \frac{1}{2} =$ Rs. 2,600

Manager $4{,}800 \times \frac{1}{12} \times \frac{1}{2} =$ Rs. 200

Miscellaneous Expenses $48,000 \times \frac{3}{24} = \text{Rs. } 6,000$

कार्यशील पूँजी का नगद लागत आधार पर अनुमान

(Estimation of Working Capital Requirement on Cash Cost Basis)

हमने अध्याय के प्रारम्भ में ही जब शुद्ध कार्यशील पूँजी का अर्थ स्पष्ट किया था तब यह बताया था कि शुद्ध कार्यशील पूँजी कुल चालू सम्पत्तियों में से चालू सम्पत्तियों को घटाने पर बचा शेष होता है अर्थात् कुल चालू सम्पत्तियों का चालू दायित्वों पर आधिक्य ही कार्यशील पूँजी होता है। इसलिए कार्यशील पूँजी के पूर्वानुमान के लिए हमें प्रत्येक चालू सम्पत्ति के मद एवं चालू दायित्व के मद का अनुमान करना होता है। व्यवहार में हम एक दूसरे दृष्टिकोण का भी सहारा ले सकते हैं। इस दृष्टिकोण के अनुसार प्रत्येक चालू सम्पत्ति का अनुमान उसके लिए फर्म के लिए लागू नगद लागत के आधार पर किया जा सकता है। उदाहरण के लिए विविध देनदारों तथा निर्मित माल में कोषों का वास्तविक विनियोजन इन सम्पत्तियों के मूल्य से कम होता है। उदाहरण के लिए हमारे विविध देनदार 2 लाख रुपये मूल्य के हो सकते हैं जिसमें हमारा 40,000 रुपया लाभ हो सकता है अत: उनकी उत्पादन लागत 1,60,000 रुपया है। इस उत्पादन लागत में भी कुछ मदें गैर-रोकड़ मदें हो सकती हैं जैसे ह्रास की राशि 10,000 रुपये हो सकती है अत: इन 2 लाख रुपये के देनदारों में हमारे वास्तव में विनियोजित कोष 1.50 लाख रुपया है अत: इसकी वित्त व्यवस्था के लिए 2 लाख रुपये नहीं बल्कि 1.5 लाख रुपये की ही आवश्यकता है। इसी तरह से सामान्यतया ही निर्मित माल का मूल्यांकन उत्पादन लागत पर करते हैं परन्तु कुछ उत्पादन लागत गैर-रोकड़ लागत होती है। अत: कुछ विशेषज्ञों का कहना है कि देनदारों तथा निर्मित माल की उत्पादन लागत पर नहीं बल्कि रोकड़ लागत पर गणना करनी चाहिए। अत: देनदारों को विक्रय मूल्य के प्रतिशत पर नहीं बल्कि नगद लागत के प्रतिशत के रूप में गणना की जानी चाहिए और इसी तरह निर्मित माल की गणना भी रोकड़ लागत के प्रतिशत के रूप में करनी चाहिए। रोकड़ लागत के आधार पर कार्यशील पूँजी की गणना को आगे उदाहरण द्वारा समझाया गया है।

Illustration 7 : A newly formed company has applied for a short-term loan to a commercial bank for financing its working capital requirements. You are requested by the bank to prepare an estimate of the requirements of the working capital for the company. Add 10% to your estimated figure to cover unforeseen contingencies. The information about the projected profit and loss account of this company is as under :

		Amount (Rs.)
Sale		21,00,000
Cost of Goods sold		15,30,000
Gross Profit		5,70,000
Administrative expenses	Rs. 1,40,000	
Selling expenses	1,30,000	
		2,70,000
Profit before Tax		3,00,000
Provision for Tax		1,00,000

Cost of goods sold has been derived as follows :

Material used	8,40,000
Wages and Manufacturing Expenses	6,25,000
Depreciation	2,35,000
	17,00,000
Less : Stock of Finished Goods (10% produced not yet Sold)	–1,70,000
	15,30,000

The figures given above relate only to the goods that have been finished and not to work in progress, goods equal to 15 per cent of the year's production (in terms of physical units) are in progress on an average, requiring full materials but only 40 per cent of the other expenses. The company believes in keeping two months consumption of material in stock.

All expenses are paid one month in arrear. Suppliers of material grant one and half months credit; Sales are 20 per cent cash while remaining sold on two months credit, 70 per cent of the income tax has to be paid in advance in quarterly instalments. You can make such other assumptions as you deem necessary for estimating working capital requirements. Estimate working capital requirements on cash cost basis.

Solution

Statement of Working Capital Requirement

(On cash cost basis)

		Amount (Rs.)
(A) Current Assets :		
(i) Raw Material in stock, 2 months : $\left(\frac{\text{Rs. } 8,40,000\times 2}{12}\right)$		1,40,000
(ii) Work-in-Progress :		
(a) Raw Material $\left(\frac{\text{Rs. } 8,40,000\times 15}{100}\right)$		1,26,000
(b) Other expenses		
Wages and manufacturing expenses $\left(\frac{\text{Rs. } 6,25,000\times 40\times 15}{100\times 100}\right)$		37,500
(iii) Stock of Finished Goods :		
[Rs. 1,70,000 – Rs. 23,500 (10% of Rs. 2,35,000 Depreciation)]		1,46,500
(iv) Debtors, 2 Months Credit :		
(a) Cost of Goods sold	Rs. 15,30,000	
Less : Depreciation	2,11,500	
	13,18,500	
(b) Administrative expenses	1,40,000	
(c) Selling expenses	1,30,000	
Total	15,88,500	

Credit sales 4/5 of Rs. 15,88,500 = Rs. 12,70,000

$\left(\frac{\text{Rs. } 12{,}70{,}000 \times 2}{12}\right)$	2,11,800
	6,61,500
(v) Cash Required (Assumed)	50,000
Total Investment outlay in current assets	7,11,500

(B) Current Liabilities

(i) Average time-lag in payment of expenses 1 month

(a) Wages and manufacturing expenses	Rs. 6,25,000	
(b) Administrative expenses	Rs. 1,40,000	
(c) Selling Expenses	Rs. 1,30,000	
	Rs. 8,95,000/12	74,583

(ii) Creditors, $1\frac{1}{2}$ months credit

$\left(\frac{\text{Rs. } 8{,}40{,}000 \times 3}{24}\right)$	1,05,000
Total Current Liabilities	1,79,583

(C) Net Working Capital :

Current Assets – Current Liabilities (A – B)	
Rs. 7,11,000 – Rs. 1,79,583	5,31,917
Add : 10% Contingencies	53,192
Total Requirement of Working Capital	Rs. 5,85,109

Assumptions : This problem has been sold on the basis of following assumptions :

1. Working capital requirements are estimated on cash cost basis, therefore non-cash i.e. effect of depreciation has been removed from cost of

sales. Debtors and finished goods are value at cash cost.

2. Administrative and selling expenses are not included in calculating the value of work-in-progress.

3. Profit is also a non-cash item therefore it has not been included in estimating working capital. Taxes can be paid out of profits, therefore they have been ignored.

4. Rs. 50,000 has taken as cash required for day to day work.

Illustration 8 : X Ltd., sells goods at a gross profit of 20%. It includes depreciation as part of cost of production. The following figures for the 12 month; period ending 31st December, 2009 are given to enable you to ascertain the requirements of working capital of the company on a cash cost basis.

In your working, you are required to assume that :

(i) a safety margin of 15% will be maintained;

(ii) cash is to be held to the extent of 50% of current liabilities;

(iii) there will be no work-in-progress;

(iv) tax is to be ignored.

Stocks of raw materials and finished goods are kept at one month's requirements.

All working notes are to form part of your answer.

	Rs.
Sales–at 2 month's credit	27,00,000
Materials consumed (Suppliers' credit is for 2 months)	6,75,000
Wages (Paid at the beginning of the next month)	5,40,000
Manufacturing expenses outstanding at the end of the year (cash expenses are paid one month in arrear)	60,000
Total Administrative Expenses (paid as above)	1,80,000
Sales promotion in expenses–paid quarterly and in advance	90,000

Solution :

Working Notes :

		Rs.
(i) Total Manufacturing Expenses :		
Sales		27,00,000
Less : Margine of gross profit 20%		5,40,000
Manufacturing Cost		21,60,000
Less : Materials	6,75,000	
Wages	5,40,000	
Manufacturing Expenses		12,15,000
(ii) Cash Manufacturing Expenses		9,45,000
Rs. 60,000 × 12		7,20,000
(iii) Hence Depreciation (Rs. 9,45,000 – 7,20,000)		2,25,000
(iv) Total Cash Cost of Sales :		
Total Manufacturing Costs		21,60,000
Less : Depreciation		2,25,000
Cash Cost of Manufacture		19,35,000
Add : Administrative Expenses		1,80,000
Add : Sales Promotion Expenses		90,000
Total Cash Cost		22,05,000
(v) Cash in Hand :		
Current Liabilities See Note (vi)		2,32,500
50% Thereof		1,16,250

(vi) Ascertainment of the requirement of working capital on cash cost basis :

Current Assets	Rs.

Debtors $\left(\text{Rs.}\frac{22,05,000}{6}\right)$		3,67,500
Sales Promotion Expenses Prepaid $\left(\text{Rs.}\frac{90,000}{4}\right)$		22,500
Raw Materials $\left(\text{Rs.}\frac{6,75,000}{12}\right)$		56,250
Finished Goods $\left(\text{Rs.}\frac{19,35,000}{12}\right)$		1,16,250
Cash in Hand		1,16,250
Total Current Assets		**7,23,750**
Current Liabilities		
Sundry Creditors $\left(\text{Rs.}\frac{6,75,000}{6}\right)$	1,12,500	
Manufacturing Expenses	60,000	
Administrative Expenses $\left(\text{Rs.}\frac{1,80,000}{12}\right)$	15,000	
Wages due	45,000	
Total Current Liabilities		2,32,500
Net Working Capital		4,91,250
Add : Margin 15%		73,688
Working Capital required on cash cost basis		5,64,938

दोहरी पारी कार्य का कार्यशील पूँजी अनुमान पर प्रभाव

(Effect of Double Shift Working on Working Capital Requirement Estimates)

जब एक फर्म अपना उत्पादन कार्य एक पारी की बजाय दो अथवा अधिक पारी में चलाती है तो इसका कार्यशील पूँजी अनुमानों पर प्रभाव पड़ता है। दो पारी में

कार्य करने का सबसे बड़ा लाभ तो यह होता है कि स्थायी सम्पत्तियों का गहन उपयोग होने लगता है तथा अतिरिक्त सम्पत्तियों में बहुत कम सीमान्त विनियोग की आवश्यकता होती है।

दो पारी कार्य की स्थिति में कार्यशील पूँजी की आवश्यकताओं में वृद्धि होगी परन्तु कार्यशील पूँजी की आवश्यकता दुगुनी नहीं होगी।

दो पारी कार्य की दशा में सामग्री के स्कन्ध के उत्पादन बढ़ाने के कारण वृद्धि होगी परन्तु यह वृद्धि उत्पादन वृद्धि की तुलना में कम बढ़ेगी क्योंकि न्यूनतम स्कन्ध में कोई अधिक वृद्धि नहीं होगी। अतः माल के स्कन्ध को उत्पादन दुगुना करने पर दो गुना करने की आवश्यकता नहीं होगी।

उत्पादन प्रक्रिया में सामग्री (Work-in-Progress) दो पारी कार्य से नहीं बढ़ेगी क्योंकि पहली पारी में जो माल प्रक्रिया में है उसे दूसरी पारी में पूरा किया जायेगा अतः जितना माल एक पारी में Work-in-Progress में रहता था, उतना ही माल दो पारी की स्थिति में भी रहेगा, यदि दूसरी पारी के श्रमिकों को ऊँची दर से भुगतान न किया जाता हो। स्थायी ऊपरी व्यय स्थिर रहेंगे तथा केवल परिवर्तनशील ऊपरी व्ययों में ही उत्पादन के अनुपात में वृद्धि होगी। अर्द्ध–परिवर्तनशील ऊपरी व्यय परिवर्तनशीलता तत्त्व के अनुसार परिवर्तित होंगे।

Illustration 9 : ABC Ltd. has been operating its manufacturing activities till 31st March, 2010 on a single shift basis with the following cost structure :

	Per Unit Rs.
Cost of Materials	12.00
Wages (40% fixed)	10.00
Overheads (80% fixed)	10.00
Profit	4.00
Selling Price per unit	36.00

Sales during 2009-10 were of Rs. 8,64,000. As on 31-3-2010 the company held.

Rs.

Stock of raw materials (at cost)	72,000
Work-in-progress (valued at prime cost)	44,000
Finished Goods (Valued at total cost)	1,44,000
Sundry Debtors	2,16,000

The demand of the product has increased in the market place, therefore, the company has proposed to double the production by working an extra shift. It is expected that a 10% discount will be available from suppliers of raw materials in view of increased business. Selling price of the product will remain the same. The credit period allowed to customers will remain the same. Credit availed from suppliers will continue to remain at the present level i.e. 2 months. Lag in payment of wages and expenses will remain at the present level of half a month.

You are required to estimate the additional working capital, if the policy to increase production is implemented.

Solution : इस प्रश्न को हल करने के लिए सर्वप्रथम हमें 2009–10 की बिक्री की गई वस्तु की इकाइयाँ ज्ञात करेंगे जिसके आधार पर 2010–11 का दो पारी में उत्पादन का स्तर ज्ञात करके लागत ज्ञात कर सकें।

Sales in Unit 2009-10

$$= \frac{\text{Sales in Rs.}}{\text{Selling Price per Unit}} = \frac{8,64,000}{\text{Rs.}36} = 24,000 \text{ Units}$$

Statement of Cost at Single Shift and Double Shift Working

		24,000 Units		48,000 Units	
		Per Unit	Total	Per Unit	Total
		Rs.	Rs.	Rs.	Rs.
Raw Materials		12	2,88,000	10.80	5,18,400
Wages–	Variable	6	1,44,000	6.00	2,88,000
	Fixed	4	96,000	2.00	96,000
Overheads–	Variable	2	48,000	2.00	96,000
	Fixed	8	1,92,000	4.00	1,92,000

Total Cost	32	7,68,000	24.80	11,90,400
Profit	4	96,000	11.20	5,37,600
	36	8,64,000	36.00	17,28,000

Stock of Raw Materials in Units on 31-3-2010

$$= \frac{\text{Value of Stock}}{\text{Cost per Unit}} = \frac{72,000}{\text{Rs.}12} = 6,000 \text{ Units}$$

Stock of work in progress in units on 31-3-2010

$$= \frac{\text{Value of Work-in-Progress}}{\text{Cost per Unit}} = \frac{\text{Rs. }44,000}{\text{Rs.}22} = 2,000 \text{ Units}$$

Stock of finished goods in units on 31-3-2010

$$= \frac{\text{Value of Stock}}{\text{Cost per Unit}} = \frac{\text{Rs. }1,44,000}{\text{Rs.}32} = 4,500 \text{ Units}$$

Comparative Statement of Working Capital Requirement

	Single Shift			Double Shift		
	Unit	Rate	Amount	Unit	Rate	Amount
		Rs.	Rs.		Rs.	Rs.
Current Assets :						
Inventories :						
(a) Raw Materials	6,000	12	72,000	12,000	10.80	1,29,600
(b) Work-in-progress	2,000	22	44,000	2,000	18.80	37,600
(c) Finished Goods	4,500	32	1,44,000	9,000	24.80	2,23,200
Sundry Debtors	6,000	36	2,16,000	12,000	36.00	4,32,000
Total Current Assets : (A)			4,76,000			8,22,400
Current Liabilities :						
Creditors for Materials	4,000	12	48,000	8,000	10.80	86,400
For Wages	1,000	10	10,000	2,000	8.00	16,000

For Expenses	1,000	10	10,000	2,000	6.00	12,000
Total Current Liabilities : (B)			68,000			1,14,400
Working Capital : (A) – (B)			4,08,000			7,08,000
Lesss : Profit Included in Debtors	6,000	4	24,000	12,000	11.2	1,34,400
			3,84,000			5,73,600

Increase in working capital requirement

= Rs. 5,73,600 – Rs. 3,84,000

= Rs. 1,89,600

Notes : 1.Work-in-Progress में स्कन्ध की मात्रा परिवर्तित नहीं होगी।

2. Work-in-Progress का Prime Cost के आधार पर मूल्य निर्धारित किया गया है जो निम्न प्रकार है—

	Single Shift	Double Shift
	Rs.	Rs.
Materials	12.00	10.80
Wages– Variable	6.00	6.00
Fixed	4.00	2.00
	22.00	18.80

Illustration 10 : The summarised balance sheet of a manufacturing company for three years is given hereunder :

	As at 30.9.2008	As at 30.9.2009	As at 30.9.2010
Capital Rs.	Rs.	Rs.	Rs.
7½% Pref. Shares of Rs. 20 each	4,00,000	4,00,000	4,00,000
Ordinary Shares of Rs. 20 each	16,00,000	16,00,000	16,00,000
	20,00,000	20,00,000	20,00,000

Capital Reserves :			
Share Premium A/c	2,00,000	2,00,000	2,00,000
Revenue Reserves and Surplus	8,00,000	8,00,000	15,00,000
	30,00,000	30,00,000	37,00,000
Current Liabilities :			
Trade Creditors	4,80,000	5,60,000	6,00,000
Bank Overdraft	–	–	2,00,000
Proposed Dividends	1,10,000	1,10,000	1,10,000
	35,90,000	36,70,000	46,10,000
Fixed Assets :			
Land & Buildings	8,00,000	8,00,000	8,00,000
Plant & Machinery	11,00,000	11,00,000	20,00,000
Trade Investment	5,00,000	5,00,000	5,00,000
Current Assets :			
Stock	3,00,000	3,20,000	5,60,000
Debtors	4,00,000	4,40,000	7,40,000
Cash	4,90,000	5,10,000	10,000
	35,90,000	36,70,000	46,10,000
Sales	24,00,000	35,20,000	74,00,000

Note :

(a) Calculate the working capital for each of the three years and comment on trend.

(b) Indicate by a ratio whether debtors as a whole are paying their dues more or less promptly over the three years.

(c) The management would like to know whether stocks held are adequate to the needs of the business over the three years. Work out a ratio in order to assist them.

Solution :

(a) Working Capital for each of the three years

	As at 30.9.2008	As at 30.9.2009	As at 30.9.2010
	Rs.	Rs.	Rs.
Current Assets :			
Stock	3,00,000	3,20,000	5,60,000
Debtors	4,00,000	4,40,000	7,40,000
Cash	4,90,000	5,10,000	10,000
Total (A)	11,90,000	12,70,000	13,10,000
Current Liabilities :			
Trade Creditors	4,80,000	5,60,000	6,00,000
Bank Overdraft	–	–	2,00,000
Proposed Dividends	1,10,000	1,10,000	1,10,000
Total (B)	5,90,000	6,70,000	9,10,000
Net Working Capital :			
(A) – (B)	6,00,000	6,00,000	4,00,000

The working capital has remained static in 2008 and 2009 whereas it has declined in 2010. This is despite the fact that in each year there are profits which go to enrich the working capital. The main reason for the decline in working capital in 2010 is the investment of more funds in plant and machinery from out of working capital. It may be noticed that the cash balance has declined and in addition there has arisen an overdraft of Rs. 2,00,000 in 2010.

(b) To indicate whether the debtors are paying in time or not the average debt collection period could be calculated.

$$\text{i.e. Debtors} \times \frac{365}{\text{Total Credit Sales}}$$

	2008	2009	2010
Average Debt			
Collection Period	$\frac{4,00,000 \times 365}{24,00,000}$	$\frac{4,40,000 \times 365}{35,20,000}$	$\frac{7,40,000 \times 365}{74,00,000}$
	= 61 Days	= 44 Days	= 37 Days

It is evident that the debtors are paying more or less promptly.

(c) To know whether the stocks held are adequate or not, stock turnover ratio could be calculated.

i.e. $\frac{\text{Sales}}{\text{Stock}}$, i.e. number of times turnover.

Stock turnover ratio :

2008 = 24,00,000 ÷ 3,00,000 = 8 times

2009 = 35,20,000 ÷ 3,20,000 = 11 times

2010 = 74,00,000 ÷ 5,60,000 = 13.21 times

Stock held are less than adequate in comparative sense.

□□□

11

वित्तीय प्रबन्ध

सार्वजनिक उपक्रम में वित्तीय प्रबन्ध का अध्ययन करने से पूर्व यह उचित ही होगा कि हम सार्वजनिक उपक्रमों के अर्थ तथा भारत में इनके विकास पर एक दृष्टि डालें। भारत एक विकासशील राष्ट्र है जिसमें अन्य विकासशील देशों की तरह से सार्वजनिक उपक्रमों का विकास एक अनिवार्य वास्तविकता समझा गया है। व्यापक निर्धनता, जनसंख्या विस्फोट, बेरोजगारी में निरन्तर वृद्धि, अदृश्य बेरोजगारी, अशोषित प्राकृतिक साधन, निर्बल अवसंरचना, विकास के अनुरूप सामाजिक तथा आर्थिक संस्थाओं का न होना, अत्यधिक आर्थिक एवं सामाजिक विषमता आदि अनेक ऐसी समस्याएँ हैं जिनका समाधान सार्वजनिक क्षेत्र का विस्तार करके सम्भव माना गया है।

सार्वजनिक उपक्रमों का अर्थ

(Meaning of Public Sector Undertakings)

एनसाइक्लोपीडिया ऑफ ब्रिटानिका के अनुसार, ''सार्वजनिक उपक्रम का अर्थ एक ऐसे उपक्रम से है जिस पर केन्द्रीय, प्रान्तीय अथवा स्थानीय सरकार का स्वामित्व होता है। ये उपक्रम मूल्य के बदले वस्तुओं एवं सेवाओं की पूर्ति करते हैं और सामान्यत:

स्वावलम्बी आधार पर चलाये जाते हैं।'' **प्रो. ए. एच. हैन्सन** के अनुसार, ''लोक उपक्रम का तात्पर्य सरकार के स्वामित्व एवं संचालन के अन्तर्गत आने वाले औद्योगिक, कृषि, वित्तीय तथा व्यापारिक संस्थानों से है।'' इस प्रकार कहा जा सकता है कि सार्वजनिक उपक्रमों में वे सभी औद्योगिक, व्यापारिक, कृषि तथा अन्य कारखाने एवं संस्थान आते हैं जिनका स्वामित्व एवं प्रबन्ध सरकार के हाथों में होता है तथा जिनका व्यापारिक सिद्धान्तों पर संचालन किया जाता है।

भारत में सार्वजनिक उपक्रमों का विकास

(Development of Public Sector Undertakings in India)

भारत के लिए सार्वजनिक उपक्रमों का विचार नया नहीं है। आज से दो हजार वर्ष पूर्व भी देश में अनेक सार्वजनिक उद्यम विद्यमान थे। परन्तु वर्तमान युग में सार्वजनिक उपक्रमों का तेजी से विकास स्वतन्त्रता प्राप्ति के बाद ही हुआ है। स्वतन्त्रता से पूर्व सरकार के पास सिंचाई, डाक-तार विभाग, रेलवे और आयुध कारखाने ही थे, परन्तु उसके बाद सरकारी क्षेत्र का बहुत विस्तार हुआ है। अब सार्वजनिक क्षेत्र में बिजली का उत्पादन एवं वितरण, सभी प्रकार के यातायात, हवाई जहाज एवं आयुध सामग्री, कोयला, खनिज लोहा, इस्पात से बनी वस्तुएँ, तेल की खोज एवं शोधन, रसायन और उर्वरक, मशीनों के औजार, औषध तथा औषध-निर्माण उद्योग, वस्त्र तथा अन्य उपभोक्ता वस्तुएँ, आयात तथा निर्यात व्यापार, खाद्यान्नों की वसूली तथा वितरण, बैंकिंग, बीमा, पर्यटन विकास, होटल इत्यादि सम्मिलित हैं। भारत में केन्द्रीय सरकार के अलावा राज्य सरकारों तथा स्थानीय सरकारों ने भी अनेक प्रकार की इकाइयाँ स्थापित की हैं अथवा उनका उत्पादन अपने हाथ में लिया है। हाल के ही वर्षों में निजी क्षेत्र के साथ मिलकर भी इकाइयाँ स्थापित की हैं तथा कुछ मामलों में निजी क्षेत्र के अंशधारियों के स्वामित्व वाली इकाइयों का प्रबन्ध भी सरकार ने हाथ में लिया है। सार्वजनिक क्षेत्र का आधिपत्य केवल मूलभूत संरचना के क्षेत्र तक ही सीमित नहीं है बल्कि विभिन्न प्रकार की विधायनों अथवा सेवा उद्योग के क्षेत्र में भी है। केन्द्रीय सरकार, राज्य सरकारों एवं स्थानीय सरकारों, तीनों के स्वामित्व वाले उद्योगों के सम्बन्ध में पूर्ण सूचना उपलब्ध नहीं है। भारत में सार्वजनिक उपक्रमों के विकास तथा पिछले पाँच वर्षों में उनकी लाभ की स्थिति का अध्ययन करने के बाद यह कहा जा सकता है कि सार्वजनिक उपक्रमों का वित्तीय निष्पादन सन्तोषजनक नहीं है तथा इसके लिए एक सीमा तक इनका वित्तीय प्रबन्ध जिममेदार है। अन्य उपक्रमों की तरह सार्वजनिक उपक्रमों में भी आज के युग में प्रबन्ध का तात्पर्य वित्तीय प्रबन्ध से ही है, क्योंकि प्रत्येक प्रबन्धकीय निर्णय का वित्तीय प्रभाव होता है। अतः प्रबन्ध

के प्रत्येक स्तर पर प्रबन्धकों को अपनी क्रियाओं के वितीय परिणामों के प्रति जागरूक रहना चाहिए तथा प्रत्येक निर्णय का मूल्यांकन उसके परिणामस्वरूप लगने वाली लागत के सन्दर्भ में करना चाहिए। सार्वजनिक उपक्रमों के प्रबन्धकों में वित्तीय जागरूकता का अभाव तथा इनके द्वारा लिये जाने वाले निर्णयों में गैर-आर्थिक तत्त्वों का प्रवेश ही सार्वजनिक उपक्रमों की असन्तोषजनक वित्तीय निष्पत्ति का कारण है। सार्वजनिक उपक्रमों का स्वतन्त्रता के बाद का इतिहास वित्तीय अनुशासन की कमी, नियमों एवं कार्यविधियों से अत्यधिक जुड़े रहने तथा प्रबन्धकों में अपने कार्य को करने के अनुभव तथा प्रशिक्षण के अभाव के उदाहरणों से भरा पड़ा है।

बहुत से सार्वजनिक उपक्रमों में वह आधारभूत संगठन संरचना नहीं है जिसमें कुशल वित्तीय प्रबन्ध सम्भव हो सके। एक बड़ी संख्या में सार्वजनिक उपक्रमों के पास अपने खातों को तैयार करने तथा आन्तरिक अंकेक्षण हेतु नियमावली (Manual) नहीं है। बहुत से उपक्रमों में लागत लेखों तथा सामग्री नियन्त्रण की व्यवस्थित विधियाँ प्रयोग में नहीं लायी जाती हैं। बहुत से उपक्रमों में साख संग्रह की उचित व्यवस्था नहीं है, अतः सामग्री तथा प्राप्यों में अनावश्यक पूँजी फँसी हुई है। इस प्रकार इस विवरण से स्पष्ट होता है कि सार्वजनिक उपक्रमों में प्रबन्ध का पेशेवार विकास नहीं हुआ है।

सार्वजनिक उपक्रमों में वित्त कार्य का महत्त्व (Importance of Finance Function in Public Enterprises)

सार्वजनिक उपक्रमों में वित्त कार्य सबसे महत्त्वपूर्ण है। जिन उपक्रमों में पूर्णकालिक संचालक होते हैं उनमें प्रायः एक वित्त संचालक होता है। अन्य मामलों में केवल वित्त विभाग ही एक ऐसा विभाग है जिसका अध्यक्ष सभी संचालक सभाओं में भाग लेता है। वित्त विभाग का अध्यक्ष सभी निर्णयों में अपना हाथ रखता है, क्योंकि उसे उन सभी मामलों में अपनी सहमति देनी होती है जिनके वित्तीय परिणाम होते हैं। इस प्रकार वित्त विभाग का अध्यक्ष अन्य सभी विभागों के अध्यक्षों से अधिक महत्त्वपूर्ण हो जाता है।

सार्वजनिक उपक्रमों में वित्तीय प्रबन्ध में सरकारी वित्त व्यवस्था का प्रत्यारोपण हुआ है। जब नियोजन के प्रारम्भिक वर्षें में सार्वजनिक उपक्रमों की स्थापना की गई तथा उन्हें भारत सरकार के एकीकृत कोष से बड़ी मात्रा में धन दिया गया तब संसद एवं सरकार उस राशि की सुरक्षा चाहती है, अतः सरकारी जाँच एवं नियन्त्रण की विधियों को सार्वजनिक उपक्रमों की भिन्न प्रकृति तथा विशिष्ट परिस्थितियों को देखे बिना लागू किया। इससे वित्त तथा प्रशासन कार्य का दोहराव हुआ जो सार्वजनिक

उपक्रमों के लिए हितकर नहीं है। सार्वजनिक उपक्रमों के वित्त सलाहकारों की स्थिति तथा उनके कार्यों से इस दोहराव की स्थिति पर प्रकाश पड़ता है।

वित्त सलाहकार की स्थिति एवं उसके कार्य (Position and Functions of Financial Adviser)

सार्वजनिक उपक्रमों की स्वायत्तता तथा सार्वजनिक जवाबदेही दोनों को एक साथ प्राप्त करने के लिए सार्वजनिक उपक्रमों के वित्तीय प्रबन्ध में वित्त सलाहकार की भूमिका अत्यधिक महत्त्वपूर्ण बनायी गयी है। सरकारी वित्त व्यवस्था को ही सार्वजनिक उपक्रमों में लागू किया गया तथा सभी सार्वजनिक उपक्रमों में वित्त सलाहकार नियुक्त किये गये। ये वित्त सलाहकार भारत सरकार के वित्त मन्त्रालय द्वारा नियुक्त किये जाते थे तथा ये अखिल भारतीय लेखा सेवा के व्यक्ति होते थे। इनकी नियुक्ति में उपक्रम के संचालकों की कोई सहमति अथवा कथन नहीं होता था। यह दो कप्तानों युक्त जहाज की स्थिति होती थी जिसमें उपक्रम के प्रमुख कार्यकारी अधिकारी तथा वित्त सलाहकार के मध्य झगड़ा एवं गलतफहमी के अनेक उदाहरण देखे जाते थे। वित्त सलाहकार अनेक उदाहरणों में अपने आप को प्रबन्ध-टीम का सदस्य भी नहीं मानता था।

प्रशासनिक सुधार आयोग ने सिफारिश की थी कि वित्त-सलाहकार अपने आपको प्रबन्ध टोली का सदस्य माने तथा वह यह न माने कि वह सरकार के वित्तीय हितों को देखने वाला बाह्य व्यक्ति है। प्रशासनिक सुधार आयोग ने वित्त सलाहकार के प्रबन्ध लेखांकन कार्य पर अधिक बल देने की बात कही थी।

भारत सरकार ने प्रशासनिक सुधार आयोग की सिफारिशों को स्वीकार कर लिया है तथा अब वित्त सलाहकार की नियुक्ति का अधिकार उपक्रम के संचालक मण्डल को दिया गया है। परन्तु वित्त सलाहकार जो महत्त्वपूर्ण स्थिति रखता था वह आज भी बनी हुई है। आज भी वह अनेक उद्यमों में मुख्य कार्यकारी अधिकारी के बाद महत्त्वपूर्ण स्थिति में होता है। सरकारी निर्देशों के अनुसार वह मुख्य कार्यकारी अधिकारी का वित्तीय मामलों में मुख्य सलाहकार होता है। वे सभी वित्तीय मामले, जो संचालक मण्डल के सामने रखे जाते हैं, उन पर उसकी सहमति होनी चाहिए और यदि उसका मत भिन्न है तो वह भी संचालक मण्डल के सामने विचार हेतु रखा जाना चाहिए। सार्वजनिक उपक्रमों को निर्देश दिये गये हैं कि संचालक मण्डल की बैठकों में वित्त सलाहकार को अधिक से अधिक आमन्त्रित किया जाय। वित्त सलाहकार को यह भी अधिकार है कि उपक्रम की कार्यप्रणाली के सम्बन्ध में कमियों एवं अनियमितताओं से संबंधित सभी महत्त्वपूर्ण मामले संचालक मण्डल की बैठकों के

कार्य विवरण में सम्मिलित करवा सके। सरकार ने सार्वजनिक उपक्रमों की संसदीय समिति की सिफारिशों के आधार पर वित्त सलाहकारों के मुख्य कार्यों एवं दायित्वों को निर्धारित कर दिया है। वित्तीय आवश्यकताओं का निर्धारण तथा उन्हें प्राप्त करने के साधनों का निर्धारण, सभी प्रचालकों के वित्तीय परिणामों का विश्लेषण करना तथा उच्च प्रबन्ध को उसकी जानकारी देना, लागत कम करने तथा कुशलता एवं लाभदायकता बढ़ाने हेतु विशेष अध्ययन करना, परियोजना रिपोर्टों एवं साध्यता अध्ययनों की जाँच करना, वार्षिक तथा दीर्घकालीन बजटों के निर्माण में मुख्य समन्वयक की भूमिका निभाना, सामग्री एवं उपकरणों के क्रय हेतु उपयुक्त कार्य-विधियों का विकास करना, मुख्य कार्यकारी अधिकारी को मूल्य नीतियों, अन्तर-विभागीय मामलों तथा कार्यों के सम्बन्ध में सलाह देना, वेतन, महंगाई भत्ता, बोनस, ग्रेच्यूटी जैसे सेवा मामलों पर सलाह देना, लेखा (लागत लेखा एवं सामग्री लेखा सहित) तथा आन्तरिक अंकेक्षक के मुख्य अधिकारी के रूप में कार्य करना, उपक्रम के वार्षिक खातों की बाह्य अंकेक्षण के बाद समय पर नियमानुसार तैयारी को देखना, सभी कर मामलों को देखना, नकदी की रक्षा करना तथा उसका वितरण करना, सरकार के लिए आवश्यक उपक्रम की निष्पादन रिपोर्टों को तैयार करना आदि वित्तीय सलाहकार के कार्य माने गये हैं।

▣▣▣